教育部职业教育与成人教育司推荐教材
中等职业学校物流服务与管理专业教学用书

国际物流与货运代理实务

第3版

主　编　龙桂先
副主编　周文胜　覃广林
参　编　李秀华　宁筱梅

机械工业出版社

本书是中等职业学校物流服务与管理专业的核心课程教材。主要内容包括：国际物流概述、国际物流网络、国际物流与国际贸易、国际物流运输管理、国际货运基础知识、国际货物运输代理企业的业务经营、集装箱运输业务、国际货运检验与包装、国际货运代理与报关、国际货运代理与保险。

本书可作为于中等职业学校物流类专业的教学用书，也可供从事职业培训、物流企业管理人员参考。

图书在版编目（CIP）数据

国际物流与货运代理实务/龙桂先主编. —3版. —北京：机械工业出版社，2016.6（2026.1重印）

教育部职业教育与成人教育司推荐教材. 中等职业学校物流服务与管理专业教学用书

ISBN 978-7-111-52503-5

Ⅰ.①国… Ⅱ.①龙… Ⅲ.①国际贸易-物流-中等专业学校-教材②国际货运-货运代理$-中等专业学校-教材 Ⅳ.①F252②F511.41

中国版本图书馆CIP数据核字（2015）第302575号

机械工业出版社（北京市百万庄大街22号 邮政编码100037）

策划编辑：朱 华 责任编辑：周晓伟 王 辙

封面设计：陈 沛 责任校对：任秀丽

责任印制：郜 敏

河北虎彩印刷有限公司印刷

2026年1月第3版·第8次印刷

184mm×260mm·13印张·318千字

标准书号：ISBN 978-7-111-52503-5

定价：35.00元

电话服务	网络服务
客服电话：010-88361066	机 工 官 网：www.cmpbook.com
010-88379833	机 工 官 博：weibo.com/cmp1952
010-68326294	金 书 网：www.golden-book.com
封底无防伪标均为盗版	机工教育服务网：www.cmpedu.com

中等职业学校物流服务与管理专业教学用书编审委员会

前 言

中等职业学校物流服务与管理专业教学用书自2004年出版以来，经过2008年的修订，内容得到充实和完善，深受广大师生和业界读者的欢迎，取得了较好的社会效益。

在本套教材多年的使用、实践过程中，我们对物流企业的岗位技能要求及用人需要做了深入的调查和了解，广泛收集了各院校和读者对本套教材的反馈意见和建议，深感有必要在新形势下对本套教材从结构到内容方面再次进行调整和修订，以使本套教材更能适应物流行业对人才的实际要求，更方便广大师生使用，更适合职业院校学生的培养目标和教学特点。

于是，在第2版的基础上，我们充分借鉴和吸收国内外物流学的基本理论和最新研究成果，对本套教材做了新的全面的修订。修订后的教材密切结合我国物流业的发展与物流职业教育的实际，充分体现“以学生为主体”“以能力为本位”和“以就业为导向”的理念；按照人才培养目标与物流服务岗位能力培养的要求，参照物流职业资格标准，突出岗位能力和职业素质培养；淡化专业基础、专业理论与专业实训内容的界限，按照物流服务活动相关流程工作岗位的要求重组课程体系和课程内容；在课程内容设计上，依据物流技术标准和物流工作岗位所需掌握的知识、技能、素质，制订全新的课程标准和教材内容。

同时，在每个单元前面增设“知识目标”和“技能目标”，使读者能简明扼要地了解需要掌握的知识点和应该学会的技能；在进入新内容之前有“案例导入”作铺垫，增加了教材的趣味性。每单元后增加了“技能训练”，包括任务描述、任务准备、任务实施、任务评价、任务小结、任务拓展等。通过完成任务的过程，让学生将所学的知识融入到实践中去，做到学以致用，以增强学生实际工作的能力。

《国际物流与货运代理实务》第3版由龙桂先任主编，周文胜、覃广林任副主编，李秀华、宁筱梅任参编，广西财经学院09级物流管理专业学生代亚丽、丘美玲、梁凤敏、高然、王濄谦协助编写。编写分工如下：周文胜负责单元一，周文胜、龙桂先负责单元二，龙桂先负责单元三、单元九、单元十，覃广林、李秀华负责单元四，李秀华负责单元五、单元六、单元七，宁筱梅负责单元八，所有的技能训练均由龙桂先设计。

本套教材在编写过程中，参考和引用了许多专家和学者的研究成果，在此谨对这些专家和学者们表示衷心的感谢，有些资料的引用由于疏忽未注明出处，编者在此表示歉意。

同时，本书的出版也得到了广西财经学院管理科学与工程学院工程管理优势特色专业的大力支持。

限于编者的水平，书中难免有不妥之处，敬请广大专家和读者批评指正。

编 者

目录

前言

上篇 国际物流

下篇 国际货运代理实务

上篇　国际物流

单元一　国际物流概述

知识目标

1. 通过本单元的学习和实践活动，了解国际物流的基本概念和特点，熟悉国际物流系统的构成，了解国际物流的发展历程与发展趋势。

2. 分析案例导入中各种物资获得的途径，拟写国际物流采购清单，起草国际物流采购计划书。

技能目标

- 质量要求：能很好地运用国际物流特点完成计划书。
- 方法要求：熟悉国际物流系统构成，不出现应用错漏。
- 安全要求：严格按照国际物流系统运作流程实施任务，程序不紊乱。
- 文明要求：能按照学习现场管理规章要求实施活动，自觉合作完成任务。
- 任务完成时间要求：4 学时。

案例导入

早上 6:30，史密斯的闹钟（日本制造）准时响起。他开始了新的一天的生活。

起床之后，史密斯先把咖啡壶（中国制造）放在炉子上煮咖啡，然后去洗手间洗漱。每天这个时候，史密斯最享受的莫过于对着镜子仔仔细细地用电动剃须刀（中国香港制造）刮脸了。

洗漱完毕，史密斯一边喝着咖啡，一边打开微型电煎锅（印度制造）准备早餐。

吃过早餐，史密斯来到衣柜前，开始计划今天的着装。他最终选择了一件白色的西装衬衫（斯里兰卡制造）、一条名牌牛仔裤（新加坡制造）和一双高档网球鞋（韩国制造）。

此时，史密斯的落地收音机（印度制造）已自动打开，正在播放轻音乐。整点报时的“嘟嘟”声响起，史密斯低头看看腕上的手表（中国台湾制造），校对好时间。

出门之前，史密斯拿出袖珍计算器（墨西哥制造），计算一下他今天最多可以花多少钱。

史密斯来到楼下，从车库里开出自己的宝马车（德国制造），然后去加油站给汽车加油（沙特出产）。

史密斯早已加入失业一族，他今天的计划依然是寻找一份报酬丰厚的工作。可结果仍然让他感到失望。他很郁闷，不明白为什么在美国要找一份让人满意的工作这么难。

晚上回到家，史密斯决定先放松一下。他脱去自己的网球鞋，换上一双轻便拖鞋（巴西制造），然后给自己倒上一杯葡萄酒（法国制造），打开个人计算机（马来西亚制造），上网去查看电子邮件。

晚饭过后，史密斯打开电视机（印尼制造）观看新闻。经济形势持续滑坡，就业前景一片暗淡。史密斯感觉有些绝望，他微闭双目，开始默默祈祷：上帝呀，现在我唯一的希望就是我们新当选的总统——奥巴马（肯尼亚后裔）！

问题：

为什么要组织国际物流呢？

课题一　国际物流基本概念

随着国际经济交流与合作的快速发展，商品、物资的跨国界流动便形成了国际物流，它是国际贸易活动的重要组成部分。高效的国际物流可以增强本国商品在国际市场上的竞争能力，扩大本国对外出口，并保证本国需要的设备、原材料等商品的顺利进口，满足国民经济发展的需要。

一、国际物流的概念

所谓国际物流，就是组织货物在国际间的合理流动，也就是发生在不同国家之间的物流。国际物流的实质是按国际分工协作的原则，依照国际惯例，利用国际化的物流网络、物流设施和物流技术，实现货物在国际间的流动与交换，以促进区域经济的发展和世界资源优化配置。

1. 国际物流产生的背景

在过去的20年里，贸易自由化、全球资本市场的成长和整合、信息和通信技术的进步创造出一个正在成长的全球市场，即原来分割型的国家或区域市场正在逐渐演变成一个统一的全球市场。

与市场全球化相对应，企业间的竞争也在全球范围内展开，企业在世界市场上的竞争地位决定它在国内市场上的竞争地位已成为一种普遍的现象。一个企业要获得竞争优势，就必须在全球范围内分配利用资源，开展经营活动，这样随着市场的全球化和竞争的全球化，全球跨国企业也应运而生。

全球跨国企业为了获得竞争优势和增加赢利，纷纷实施国际化战略，在全球范围分配利用资源，使企业分别在不同国家中生产零件、配件，又在另外一些国家中组装或装配整机，企业的这种生产环节之间的衔接也需要依靠国际物流。

不仅是已经国际化的跨国企业，即便是一般有实力的企业也在推行国际战略，企业在全世界寻找贸易机会，寻找最理想的市场，寻找最好的生产基地，这就将企业的经济活动领域必然地由一个地区、一个国家扩展到国际之间。

因此，国际物流是国内物流的延伸和进一步扩展，是跨越国界的、流通范围扩大了的

“物的流通”，是实现货物在两个或两个以上国家（或地区）间的物理性移动而发生的国际贸易活动。

2. 国际物流的发展历程

国际物流活动随着国际贸易和跨国经营的发展而发展。其活动的形成和发展经历了以下几个阶段：

第一阶段：20 世纪 50 年代至 80 年代初。这一阶段物流设施和物流技术得到了极大的发展，建立了配送中心，广泛运用电子计算机进行管理，出现了立体无人仓库，一些国家建立了本国的物流标准化体系等。物流系统的改善促进了国际贸易的发展，物流活动已经超出了一国范围，但物流国际化的趋势还没有得到人们的重视。

第二阶段：20 世纪 80 年代初至 90 年代初。随着经济技术的发展和国际经济往来的日益扩大，物流国际化趋势开始成为世界性的共同问题。美国密歇根州立大学教授波索克斯认为，进入 20 世纪 80 年代，美国经济已经失去了兴旺发展的势头，陷入长期倒退的危机之中。因此，必须强调改善国际性物流管理，降低产品成本，并且要改善服务，扩大销售，在激烈的国际竞争中获得胜利。与此同时，日本正处于成熟的经济发展期，以贸易立国，要实现与其对外贸易相适应的物流国际化，并采取了建立物流信息网络，加强物流全面质量管理等一系列措施，提高物流国际化的效率。这一阶段物流国际化的趋势局限在美、日和欧洲一些发达国家。

第三阶段：20 世纪 90 年代初至今。这一阶段国际物流的概念和重要性已为各国政府和外贸部门所普遍接受。世界各国广泛开展国际物流方面的理论和实践方面的大胆探索。尤其是在 2008 年全球性的金融风暴引发的全球经济危机面前，人们已经形成共识：只有广泛开展国际物流合作才能扭转危机，促进世界经济繁荣，因此，国际物流已经逐渐成为世界各国经济建设普遍关注的问题之一，也成为当今经济竞争中的一个焦点。

二、国际物流的特点

国际物流的总目标是为国际贸易和跨国经营服务，即选择最佳的方式与路径，以最低的费用和最小的风险，保质、保量、适时地将货物从某国的供方运到另一国的需方，使各国物流系统相互“接轨”，因而与国内物流相比，国际物流有以下特点：

1. 物流环境的差异性

国际物流的一个非常重要的特点是各国物流环境的差异，尤其是物流软环境的差异，主要包括国际物流通信系统设置的复杂性、法规环境的差异性和商业现状的差异性等。

由于物流环境的差异，迫使一个国际物流系统需要在几个不同法律、人文、习俗、语言、科技、设施的环境下运行，无疑会大大增加物流的难度和系统的复杂性。

2. 物流活动的高风险性

物流本身的功能要素、系统与外界的沟通就已是很复杂了，国际物流在这复杂系统上再增加不同国家的要素，这不仅是地域的阔大和空间的阔大，而且所涉及的内外因素更多，所需的时间更长，这些因素带来的直接后果是难度和复杂性增加，风险增大。

国际物流的风险性主要包括政治风险、经济风险和自然风险。政治风险主要是指由于经过国家的政局动荡，如罢工、战争等原因造成货物可能受到损害或损失；经济风险又可分为汇率风险和利率风险，主要是指从事国际物流必然要发生的资金流动，因而产生汇率风险和利率风险；自然风险则是指物流过程中可能因自然因素，如台风、暴雨等而引起的风险。

知识卡

大 陆 桥

大陆桥（Land bridge）是指横贯大陆的、以铁路为骨干的、避开海上绕道运输的便捷运输大通道。主要功能是便于开展海陆联运，缩短运输里程。俄罗斯的西伯利亚铁路就是一条跨越亚欧大陆而将太平洋和大西洋联结起来的陆上桥梁，被人们称之为亚欧大陆桥或西伯利亚大陆桥，它为世界经济特别是亚欧经济的发展做出了较大贡献。

由于国际物流市场广阔，线长面广，中间环节多，情况复杂，风险大，而且还有制度、法律和语言上的差异，使从事国际物流的难度增大，因此要求国际物流系统具有较强的应变能力。

3. 物流手段的信息化

国际化信息系统是国际物流，尤其是国际联运非常重要的支持手段。国际信息系统的建立并非易事，一是管理困难，二是投资巨大，再者是由于世界上有些地区物流信息水平较高，有些地区则较低，所以会出现信息水平不均衡，因而使信息系统的建立更为困难。

当前，国际物流信息系统一个较好的建立办法是和各国海关的公共信息系统联机，以及掌握有关各个港口、机场和联运线路、站场的实际状况，为供应或销售物流决策提供支持。国际物流是最早发展电子数据交换(EDI)的领域，以EDI为基础的国际物流将会对物流的国际化产生重大影响。

4. 物流标准化的要求高

要使国际间物流畅通起来，统一标准是非常重要的。目前，美国、欧洲基本实现了物流工具、设施的统一标准，如托盘采用1000mm×1200mm，集装箱已有几种统一规格以及条码技术等，即可大大降低物流费用，降低转运难度。而不向这一标准靠拢的国家，必然会在转运、换车底等许多方面要多耗费时间和费用，从而降低其国际竞争能力。

在物流信息传递技术方面，欧洲各国不仅实现了企业内部的标准化，而且实现了企业之间及欧洲统一市场的标准化，这就使欧洲各国之间系统比其与亚、非洲等国家交流更简单、更有效。

5. 国际物流以远洋运输为主，并由多种运输方式组合

国际物流运输方式有海洋运输、铁路运输、航空运输、公路运输及由这些运输手段组合而成的国际复合运输方式等。国际运输方式的选择和组合，不仅关系到国际物流交货周期的长短，还关系到国际物流总成本的大小，运输方式选择和组合的多样性是国际物流的一个显著特征。

海运是国际物流运输中最普遍的方式，特别是远洋运输是国际物流的重要手段，谁能提高远洋运输效率，降低远洋运输成本，谁就能在国际物流竞争中占有优势地位；反过来国际物流可以促进远洋运输技术的发展。空运是近年来国际物流运输中发展很快的方式。

在国际物流活动中，由于门到门的运输方式越来越受到货主的欢迎，使得能满足这种需求的国际复合运输方式得到快速发展，逐渐成为国际物流中运输的主流。全球复合运输方式的目的，是追求整个物流系统的效率化和缩短运输时间，中国远洋运输公司、美国FedEx、欧洲DHL、日本邮船公司等世界有名的运输公司在向货主提供门到门运输服务方面走在了前列。

三、国际物流的发展趋势

21世纪全球经济将进一步增长，科学技术尤其是信息技术、通信技术的发展；跨国公司的迅猛发展所导致的本土化生产、全球采购以及全球消费趋势的加强；发展中国家经济增长的不可抑制，伴随着经济增长的物流国际化将会得到极大发展，使得当前国际物流的发展呈现出一系列新的特点和趋势，大致可以归纳为以下几个方面：

1. 服务化趋势

经济的服务化发展对物流具有深刻的影响。从经济的服务化发展趋势看，其产生的背景与人均收入水平的提高、劳动时间的缩短、自由时间的增加、社会高龄化的发展、女性在社会经济中扮演的角色日益重要，以及社会信息化发展的程度紧密相连。

物流本身就是直接面向顾客的一项服务性很强的工作，因此，物流服务质量以及服务的可信程度直接影响着物流业的兴衰。

2. 信息化趋势

现代社会已经步入了信息时代，物流的信息化是整个社会信息化的必然要求，也是物流得以发展的最基本要素。物流信息化表现为物流信息的商品化、物流信息收集的数据库化和代码化、物流信息处理的电子化和计算机化、物流信息传递的标准化和实时化、物流信息储存的数字化等，各种技术与观念在未来的物流中将会得到普遍采用。

3. 自动化趋势

自动化的基础是信息化，自动化的核心是机电一体化，物流自动化的外在表现是无人化，其效果是省力化。物流自动化的效果还有：扩大物流作业能力、提高劳动生产率、减少物流作业的差错等。

4. 智能化趋势

智能化是自动化、信息化的一种高层次应用，物流作业过程涉及大量的运筹和决策，如库存水平的确定、运输路径的选择、自动导向车的运行轨迹和作业控制、自动分拣机的运行、物流配送中心经营管理的决策支持等，这些问题都需要借助于大量的知识才能解决，在物流的自动化进程中，物流的智能化是不可回避的技术难题。

资料库

智能化物流系统

世界上最先进的物流系统运用了GPS（全球卫星定位系统）、卫星通信、射频识别（RFID）装置、机器人等，实现了自动化、机械化、无纸化和智能化。如20世纪90年代，美国国防部为在前南地区执行维和行动的多国部队提供的军事物流后勤系统即采用了这些技术，其技术堪称世界之最。

5. 网络化趋势

这里的网络化趋势有两层含义：一是物流配送系统的电子商务网络，即计算机通信网络，包括物流配送中心与供应商或制造商的联系的计算机网络，也包括与下游顾客之间联系的计算机网络，物流的电子商务网络化是物流信息化的必然。二是组织的网络化，供应链理论的发展和应用，必将使物流组织向网络化的方向发展。为了保证全球范围内对产品促销提供快速、全方位的物流支持，现代国际物流需要有完善、健全的物流网络体系，网络上点与点之间的物流活动保持系统性、一致性，这样可以保证整个物流网络有最优的库存总水平及库存分布。同时，运输与配送快速、机动，既能铺开又能收拢，分散的物流单体只有形成网络才能满足现代化生产和流通的需要。

6. 环保化趋势

物流与社会经济的发展是相辅相成的，现代物流一方面促进了国民经济从粗放型向集约型转变，又在另一方面成为消费生活高度化发展的支柱。然而，无论是在“大量生产—大量流通—大量消费”的时代，还是在“多样化消费—有限生产—高效率流通”的时代，都需要从环境的角度对物流体系进行改进，即需要形成一个环境共生型的物流管理系统。

如今经济发展强调的是“可持续发展”，即经济的发展必须建立在维护地球环境的基础上，特别是1987年联合国环境与发展世界委员会发表了名为《我们共同的未来》的研究报告，提出当代对资源的开发和利用必须有利于下一代环境的维护以及持续利用。因此，为了实现长期、持续发展，就必须采取各种措施来维护自然环境，而物流活动过程却会对环境产生很多不利的影响，如汽车运输带来的废气污染环境，货物包装物、衬垫物等会影响卫生以及存在火灾隐患等。所以，在开展物流活动的同时，要考虑环保和可持续发展的问题。

随着人类社会的进步，经济全球化进程的加快，流通经济的发展，物流国际化的发展趋势正在加速进行着，认清国际物流理念，把握物流国际化趋势已成为当今世界各国的学者、企业家乃至社会活动家共同关注的焦点。随着21世纪的世界经济的稳步发展，这个问题必然会更加深入地研究下去。

知识检验

一、填空题

1. 所谓国际物流，就是组织货物在________的合理流动，也就是发生在不同________之间的物流，是________的延伸和进一步扩展。

2. 国际物流运输方式有________、________、________、________及由这些运输手段组合而成的__________等。

3. __________是国际物流的重要手段；________是近年来国际物流运输中发展很快的方式。

4. 国际物流的网络化有两层含义，一是____________________，二是_____________________。

二、选择题

1. 国际物流运输中最普遍的方式是________。

A. 铁路运输　　B. 公路运输　　C. 海洋运输　　D. 航空运输

2. 国际物流的风险性主要包括________。

A. 政治风险　　B. 经济风险　　C. 自然风险　　D. 法律风险

三、简答题

1. 与国内物流相比，国际物流有哪些特点？

2. 国际物流的发展趋势有哪些？

课题二　国际物流系统

一、国际物流系统的构成

国际物流系统是在一定的时间和空间里（包括国内、国家间、区域间和洲际间）为进行物流活动，由物流人员、物流设施、待运物资和物流信息等要素构成的具有特定功能的有机整体。而对国际物流系统进行系统综合、系统分析和系统管理等的一系列过程，就是国际物流系统化。

按照现代物流的要求，国际物流系统是由商品的包装、储存、运输、检验、流通加工和其前后的整理、再包装以及国际配送等子系统组成。运输子系统和储存子系统是物流系统的主要组成部分。

1. 运输子系统

运输的作用是将商品使用价值进行空间移动，物流系统依靠运输作业克服商品生产地和需要地点的空间距离，创造了商品的空间效益。国际货物运输是国际物流系统的核心。商品通过国际货物运输作业由卖方转移给买方。国际货物运输具有路线长、环节多、涉及面广、手续繁杂、风险性大、时间性强等特点。运输费用在国际贸易商品价格中占有很大比重。国际运输主要包括运输方式的选择、运输单据的处理以及投保等有关方面。

随着科技的发展，运输设施现代化、大宗货物散装化和杂件货物集装箱化已经成为运输业革命的重要标志。

2. 储存子系统

国际贸易和跨国经营中的商品从生产厂或供应部门被集中运送到装运港口，有时须临时存放一段时间再装运出口，这是一个集和散的过程。它主要是在各国的保税区和保税仓库进行的，主要涉及各国保税制度和保税仓库建设等方面。从物流角度看，外贸商品停留在仓库里的时间不宜过长，应尽量减少储存时间、储存数量，以便加速货物和资金周转，实现国际物流的高效率运转和国际贸易系统的良性循环。

3. 商品检验子系统

由于国际贸易和跨国经营具有投资大、风险高、周期长等特点，使得商品检验成为国际物流系统中重要的子系统。通过商品检验，确定交货品质、数量和包装条件是否符合合同规定。如果发现问题，可分清责任，向有关方面索赔。在买卖合同中，一般都订有商品检验条款，其主要内容有检验时间与地点、检验机构与检验证明、检验标准与检验方法等。

> **资料库**
>
> **杜 邦 定 律**
>
> 杜邦定律（美国杜邦化学公司提出）认为：63%的消费者是根据商品的包装装潢进行购买的。

4. 商品包装子系统

国际市场和消费者是通过商品来认识企业的，而商品的商标和包装就是企业的面孔，它反映了一个国家的综合科技文化水平。所以，经营出口商品的企业应认真考虑商品的包装设计，并且应做到把包装、储存、装卸和运输有机地联系起来统筹规划，实现现代化国际物流系统所要求的“包、储、运一体化”，即商品的包装应综合考虑储存便捷和运输速度，以便加速物流、方便储运并减少物流费用，符合现代物流系统设计的各种要求。

5. 国际物流信息子系统

国际物流信息的主要内容包括：进出口单证的作业过程、支付方式信息、客户资料信息、市场行情信息和供求信息等。国际物流信息系统的特点是：信息量大、交换频繁；传递量大、时间性强；环节多、点多、线长。

信息系统包括信息流和通信基础设施。信息的顺利传递直接关系到国际物流的效率，而信息的传递又必须以通信基础设施为载体。国际物流中信息流的实效性很强，只有良好的通信基础设施才能保证为国际物流的各个环节及时、准确地提供信息。以国际海运为例，在国际货轮离港的第二天，信息流便分别向发运国和到货国通知货物海运保险申请书并制作运费报告，当货物运送完毕时，信息流按港口类别的集装箱海运日程及时报告行踪，并预报到港时间、地点及服务，如果发生其他障碍，信息流会立刻发出警告信息。这种动态跟踪的信息流，不仅可以随时掌握国际物流的行踪，而且可以使损失减少到最小，而实现这一切的物质条件是通信基础设施的完善。

6. 国际物流流通加工子系统

流通加工是为了促进销售、提高物流效率和物资利用率，以及为维护产品的质量而采取的能使物资或商品发生一定的物理和化学及形状变化的加工过程，它可以确保进出口商品的质量达到要求。出口商品加工的重要作用是使商品更好地满足消费者的需要，不断地扩大出口。同时，它也是充分利用本国劳动力和部分加工能力，扩大就业机会的重要途径。

出口商品流通加工的具体内容包括：一是指装袋、贴标签、配装、挑选、混装、刷标记（刷唛）等出口贸易商品服务；二是生产性外延加工，例如剪断、平整、套裁、打孔、折弯、拉拔、组装、改装以及服装的检验、烫熨等。这种出口加工或流通加工，不仅能最大限度地满足客户的多元化需求，同时还可以实现货物的增值。

7. 国际物流装卸搬运子系统

装卸搬运子系统包括对国际货物运输、保管、包装、流通加工等物流活动进行衔接，即在保管等活动中为进行检验、维护、保养所进行的装卸活动。伴随装卸活动的小搬运，一般也包括在这一活动中。在国际物流活动中，装卸活动是频繁发生的，因而是产品损坏的重要原因。对装卸活动的管理，主要是确定最恰当的装卸方式，以便做到节能、省力、减少损失、加快速度，最终获得较好的经济效益。

上述主要系统中，运输子系统和储存子系统是物流的两大支柱，它们分别解决了供给者和需求者之间场所和时间的分离，分别是国际物流系统创造空间效用及时间效用的主要功能要素，国际物流通过商品的储存和运输实现其自身的时空效益，满足国际贸易的基本需要。国际物流系统运作时，应将上述主要系统有机地联系起来，统筹考虑，全面规划，以实现国际物流系统整体的最大效益。

二、国际物流系统的支撑要素

国际物流系统的建立需要有许多支撑手段，尤其是处于复杂的社会经济系统中，要确定国际物流系统的地位，要协调与其他系统的关系，这些要素更必不可少。它们主要包括：

1. 体制、制度

物流系统的体制、制度决定了物流系统的结构、组织、领导、管理方式。国家对其控制、指挥和管理的方式，是国际物流系统的重要保障。

2. 法律、规章

国际物流系统的运行，不可避免地涉及企业或人的权益问题，法律、规章一方面限制和规范国际物流系统的活动，使之与更大的系统相协调；另一方面是给予保障。合同的执行、权益的划分、责任的确定都要依靠法律、规章来维系。各个国家和国际组织的有关贸易、物流方面的安排、法规、公约、协定、协议等，也是国际物流系统正常运行的保障。

3. 行政、命令

国际物流系统和一般系统的不同之处在于，国际物流系统关系到国家的军事、经济命脉，所以，行政、命令等手段也常常是支持国际物流系统正常运转的重要支撑要素。

4. 标准化系统

标准化系统是保证国际物流环节协调运行、保证国际物流系统与其他系统在技术上实现联结的重要支撑条件。

随着贸易的国际化，标准也日趋国际化。以国际标准为基础制定本国标准，已经成为WTO对各成员的要求。

为了实现国际物流的通用化、国际化、高效化，必须建立一个国际物流的标准化体系。从世界范围看，物流体系的标准化，各个国家都还处于初始阶段，标准化的重点在于通过制定标准规格尺寸来实现全物流系统的贯通，提高物流效率。

资料库

国际标准化组织

目前，世界上有近300个国际和区域性组织制定标准和技术规则。其中最大的是国际标准化组织（ISO）、国际电工委员会（IEC）、国际电信联盟（ITU）、国际物品编码协会（EAN）与美国统一代码委员会（UCC）联盟等，它们创立的ISO、IEC、ITU、EAN、UCC均为国际标准。

三、国际物流系统的运作模式

对国际物流系统进行系统综合、系统分析和系统管理等的一系列过程就是国际物流系统运作。国际物流系统运作一端联结着生产，另一端联结着消费，而这种生产和消费又是国际化的，因而它是一个名副其实的复杂的开放运作系统。

1. 国际物流系统运作的目标

效率化和最优化是国际物流系统运作的两大目标。所谓效率化，就是要把物流的各种功能作为一个系统来构造、组织和管理。国际物流的各个子系统的共同目的就是物流的效率化，正是这个共同目的才产生了使国际物流各职能紧密地联结在一起的必要。所谓最优化，也就是应用物流系统的效率与费用分析使系统运作的构造、组织、管理等过程实现最优化，达到以物流总体系统运作成本最低来实现一定的物流服务。为此，国际物流系统运作必须在适合的区域，利用完善的软、硬环境，以最少的物流费用达到所需的物流服务水平，国际物流系统的运作应将各个子系统应有机地联系起来，统筹考虑，遵循一般系统的运行原理全面规划和设计国际物流模式。

国际物流系统是以实现国际贸易、国际物资交流大系统总体目标为核心的。国际贸易合同签订后的履行过程，就是国际物流系统的实施过程。国际物流系统在国际信息流系统的支撑下，借助于运输和储运等作业的参与，在进出口中间商、国际货运代理及承运人的通力协助下，借助国际物流设施，共同完成一个遍布国内外、纵横交错、四通八达的物流运输网络。

2. 国际物流系统的运作流程

国际物流系统的运作流程如图1-1所示。

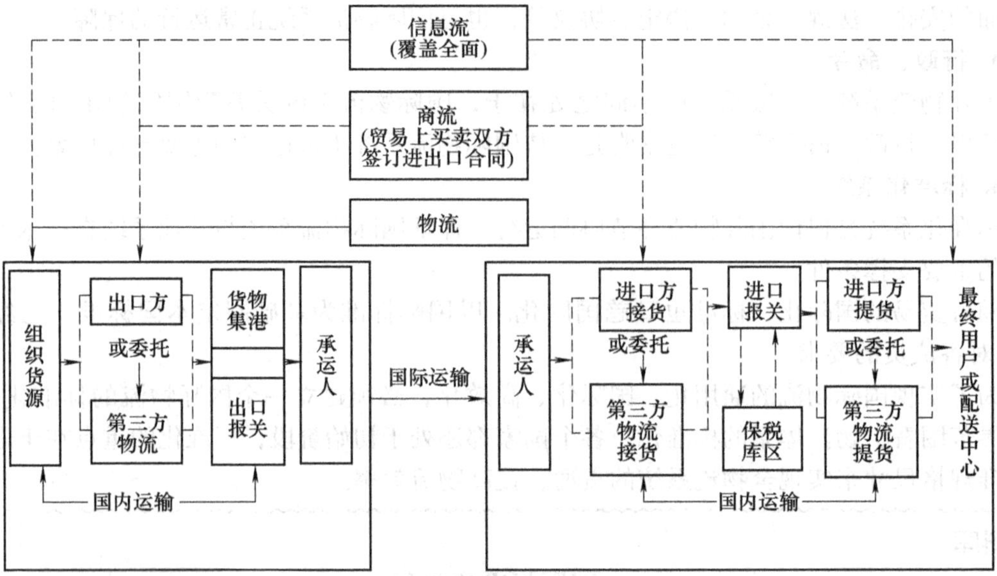

图 1-1　国际物流系统的运作流程

国际物流从货、款、单证的准备一直到交易活动的结束，实质是一个系统输入、转换和输出的过程，在系统运行过程中或一个系统循环周期结束时，由外界信息反馈回来，为原系统的完善提供改进信息，使下一次的系统运行有所改进，如此循环往复，使系统逐渐得到有序的良性循环。国际物流系统遵循一般系统模式的原理，构成自己独特的物流系统模式。图1-2 是一个简单的国际出口物流系统模式。

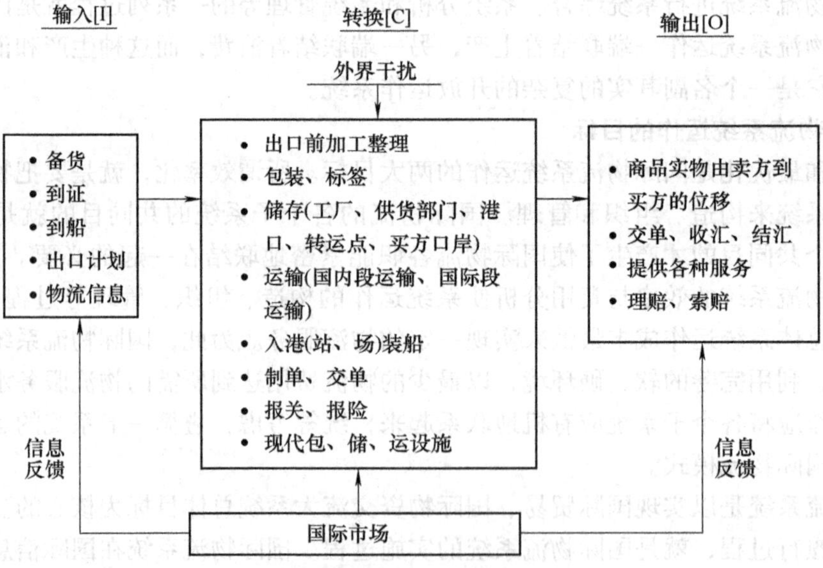

图 1-2　国际出口物流系统模式

在实现输入、输出和转换这三项主要功能时，经常有许多外界不可控因素的干扰，使系统运行偏离原计划的内容。这些不可控因素可能是国际的、国内的、政治的、经济的、技术上的或政策法令、风俗习惯等的制约，这是很难预计控制的，对物流系统的影响很大。因此，国际物流系统应具有很强的应变适应能力，一旦遇到上述情况应能够马上提出改进意见，变换策略，使物流系统具有新的生命力。例如，1956 年 ~1967 年苏伊士运河封闭，直接影响国际货物的外运。这是事前不可能预见的，是因受到外界政治因素严重干扰的结果，使当时日本的对外贸易商品运输受到严重威胁，如果将货物绕道好望角或巴拿马运河运往欧洲，则航线增长、时间增加过多、经济效益太大。为此，日本利用横贯北美大陆的铁路线运输，取得了良好的效果，于是大陆桥运输闻名世界。这说明当时日本的国际物流系统面对外部环境的干扰采取了积极的措施，其系统设计是相当成功的。

3. 国际物流系统运作的手段

国际物流系统的建立和运行，需要有大量的技术装备手段，这些手段的有机联系对国际物流系统的运行具有决定意义。这些要素对实现国际物流和某一方面的功能也是必不可少的。国际物流系统运作手段主要有：

（1）物流设施　它是组织国际物流系统运行的基础物质条件。包括物流站、场，物流中心、仓库，国际物流线路，建筑、公路、铁路、口岸（如机场、港口、车站、通道）等。

（2）物流装备与物流工具　它是保证国际物流系统运行的条件。物流装备包括仓库货架、进出库设备、加工设备、运输设备、装卸机械等。物流工具包括包装工具、维护保养工具、办公设备等。

（3）信息技术及网络　它是掌握和传递国际物流信息的手段。根据所需信息水平的不同，包括通信设备、传真设备、计算机网络设备等。

（4）组织及管理　它是国际物流网络的软件。起着联结、调运、运筹、协调、指挥其他各要素实现国际物流系统目的的作用。

知识检验

一、填空题

1. 按照现代物流的要求，国际物流系统是由商品的____、____、运输、____、____和其前后的整理、再包装以及国际配送等子系统组成的。

2. ________和________是国际物流系统运作的两大目标。

二、选择题

1. ____和____子系统是国际物流系统的主要组成部分。

A. 运输　　B. 包装　　C. 流通加工

D. 储存　　E. 检验　　F. 国际配送

2. 国际物流系统的建立需要有许多支撑手段，它们主要包括____。

A. 体制、制度　　B. 法律、规章　　C. 行政、命令　　D. 标准化系统

三、简答题

1. 什么是国际物流系统？它由哪些子系统构成？

2. 国际物流系统运作的手段有哪些？

课题三　技能训练

任务描述

为史密斯先生列出其一天日用品国际采购清单，制定进口商品国际物流计划书。（说

明：也可以设置多种任务训练学生，如到某一进口商品超市或卖场进行现场调研活动。）

任务目的

考核学生对国际物流组织前的准备事项，了解国际物流组织的必要性。会制作相关单据。

任务准备

将学生每6～8人一组，分为若干组，事先调研了解进口商品集中的门店。

任务实施

准备好国际采购清单，填写单据。

资料参考：国际采购清单（样本如下），国际采购清单、可提供采购物品、供应国、具体要求等内容。

采购清单（样本）

NO.	采购清单	Purchasing List	供应国	Suppliers	Description（描述）
1	聚氯乙烯雨衣	PVC Raincoat	中国	China	Textiles（纺织品）
2	线轴	Bobbin	中国	China	Material：Stany TE250 F6；Tolerances：DIN 16901-130（材质：Stany TE250 F6；公差：DIN 16901-130）
3	浴室地板瓷砖	Bathroom Floor Tile	中国	China	Dimension：30cm × 30cm；Packaging：12 Pcs/Box，36 Boxes/Pallet，22 Pallets/20′FCL（尺寸：30 厘米 × 30 厘米；包装：12 块/盒，36 盒/箱，22 箱/20 尺柜）

范例　　　　货运代理采购清单

NO.	采购清单	Purchasing List	供应国家和地区	Suppliers	Description
1	咖啡壶	Coffee Pot	中国	China	Weight：1.5kg；Dimension：65cm × 28cm × 39cm；Packaging：36Pcs Carton per Pallet，10Pallets/20′FCL；Material：Stainless Steel and PP（重量：1.5 千克，纸箱尺寸：65 厘米×28 厘米×39 厘米；包装：36 箱/托盘，10 个托盘/20 尺柜；材质：不锈钢与 PP）
2	电动剃须刀	Electric Shaver	中国香港	Hong Kong，China	Material：Stainless Steel，Plastic；Specification：17cm ×10cm ×20.5cm；Gross Weight：0.7kg（材质：不锈钢，塑料；规格：17 厘米 ×10 厘米 ×20.5 厘米；毛重：0.7 千克）
3	微型电煎锅	Micro Electric Frying Pan	印度	India	Size：24cm ×24cm ×10cm；Material：Internal Heating Glass，Heat-resistant Glass；Weight：2.6kg（尺寸：24 厘米 ×24 厘米 ×10 厘米；材质：内热玻璃，超耐热玻璃；重量：2.6 千克）

任务评价

项目（或任务）编号		学时		学生姓名			总分		
类别	序号	评价项目	评价内容及要求	评价标准	配分	学生自评	学生互评	教师评价	得分
岗位技能评价	1	质量控制	能够完成国际物流组织活动	不能完成无分	35				
	2	方法技巧运用	能够运用搜索引擎等技巧全球查找最佳货源	会用3种以下总分减半，不会用无分	30				
	3	运用知识能力	能够运用知识点解决案例问题	不会用无分，会用一部分减分	30				
	4	完成时间	是否按时完成任务	不按时完成无分	5				
职业素质评价	5	安全生产	遵守设备（采购软件）安全操作规程	不遵守有关规定扣1~5分					
	6	文明生产	遵守实训室文明生产规则	不遵守有关规定扣1~5分					
	7	沟通交流	积极主动性强	不积极沟通扣1~5分					
	8	团队合作	合作参与意识好	合作不好扣1~5分					

注：按学生自评占20%、学生互评占30%、教师评价占50%计算总分。

任务小结

授课班级		授课时间		授课地点	
授课教师			任务名称		
学生表现					
存在问题及改进方法措施					

任务拓展

戴尔的全球化生产

当顾客需要戴尔计算机时可以拨打戴尔计算机的800免费服务电话，公司人员会根据顾客的要求开始设计计算机。接着公司指派一个销售代表把客户订单输入戴尔计算机的订单管理系统，既要输入客户所需要的笔记本式计算机的基本型号，又要输入客户选择的各种配置以及客户的个人信息、送货地址、账号地址和信用卡信息。戴尔通过与VISA的业务联系核实客户的信用卡，随后客户的订单被正式发送到其生产系统中。

戴尔在全球有六个工厂，分别位于爱尔兰的利默里克、中国厦门、巴西洛索州的埃尔多拉杜、美国田纳西州的纳什维尔、美国得克萨斯州的奥斯汀和马来西亚的槟城。客户的订单利用电子邮件被送到槟城，那里的工厂立即从附近的供应商后勤中心——由不同的供应商联合组建——订购计算机的相关部件。这些供应商后勤中心就像部队一样集结在待运地域。如果你是戴尔的零部件供应商，不管你在世界的哪个角落，你的工作只是保证存放在后勤中心的特定零件储备充足，这样戴尔工厂就可以随时订购零件实现即时生产。

笔记本式计算机包括微处理器（CPU）、主板、内存、硬盘驱动器、显示面板、影卡（图形晶片）、声卡等零部件，均在全球不同国家或地区生产或组装。首先笔记本式计算机是由得克萨斯州奥斯汀的工作人员、中国台湾的一个戴尔工程师队伍和设计师队伍联合设计的。美国英特尔公司设在菲律宾和哥斯达黎加、马来西亚和中国大陆的工厂生产CPU；韩国、日本、中国台湾、德国生产内存；中国大陆或中国台湾生产显卡；中国台湾生产风扇；主板由韩国、日本或中国台湾制造；无线网卡由中国大陆、美国或者马来西亚制造……

一台现代笔记本式计算机的生产流程显示出了一个极为高效的全球化网络生产的缩影，这也凸显出了全球价值链及其组织结构的高效率，供应链的每一个环节协调运作——从客户的电话订购，到组织生产，再到送货上门——是全球经济一体化的体现。

问题讨论：

1. 戴尔公司在竞争激烈的市场中取胜的关键是什么？
2. 国际物流在戴尔全球化生产中起什么作用？

单元二 国际物流网络

知识目标

1. 通过学习国际物流网络的构成，熟悉国际物流节点功能，了解典型国际物流节点，能够为国际采购设计国际物流方案。

2. 根据单元一中某一项国际采购任务设计国际物流方案，包括国际物流连线、国际物流节点等内容。

技能目标

- 质量要求：能很好地运用国际物流网络完成国际采购任务。
- 方法要求：熟悉国际物流连线、国际物流节点等知识，不犯常识性错误。
- 安全要求：严格按照国际物流方案设计流程实施任务，程序不紊乱。
- 文明要求：能按照学习现场管理规章要求实施活动，自觉合作完成任务。
- 任务完成时间要求：6 学时。

案例导入

有一批货物要从中国广东出发，海运去德国，请问走哪条路线好呢？

1. 用北冰洋路线 2. 用印度洋路线

回答：印度洋航线不受季节限制：从中国广州黄埔港出发，走马六甲海峡——安达曼海——孟加拉湾——阿拉伯海——曼德海峡——红海——苏伊士运河——地中海——直布罗陀海峡——大西洋——英吉利海峡——北海——波罗的海——汉堡港。

追问：这样走是否较远，用时较长？

回答：这样走是远，可是有航线，走北冰洋路线虽然比较近，但是没有从广州走的航线，北冰洋就一条由俄罗斯海参崴到摩尔曼斯克的航线。

问题：国际物流连线对于国际物流方案的影响？国际物流节点在国际物流方案中的选择依据是什么？

课题一 国际物流网络的建设

整个国际物流过程是由多次的运动—停顿—运动—停顿所组成。与这种运动相对应的国际物流网络，就是由执行运动使命的线路和执行停顿使命的节点这两种基本元素组成。国际物流网络水平的高低、功能的强弱，则取决于网络中这两个基本元素的配置。

一、国际物流网络的概念

国际物流网络研究的中心问题是确定进出口货源点（或货源基地）和消费者的位置、各层级仓库及中间商批发点（零售点）的位置、规模和数量，从而决定国际物流网络的合理布局和合理化问题。

在合理布局国际物流网络的前提下，国际商品由卖方向买方实体流动的方向、规模、数量就确定下来了，即国际贸易的贸易量、贸易过程（流程）的重大战略问题，进出口货物的卖出和买进的流程、流向，物流费用、国际贸易经营效益等也就都一一确定下来了。

完善和优化国际物流网络有利于扩大国际贸易，提高企业的物流竞争能力和成本优势。因此，建立和优化国际物流网络应注意如下问题：

1）紧密围绕着商品交易计划，乃至国家宏观国际贸易总体规划来规划网络内建库数目、地点及规模。

2）明确各级仓库的供应范围、分层关系及供应或收购数量，注意各层仓库间的有机衔接。诸如：生产厂家仓库与各中间商仓库、港（站、机场）区仓库以及出口装运能力的配合和协同，以保证国内外物流畅通，少出现或不出现在某一层仓库储存数量过多、储存时间过长的不均衡状态。

3）国际物流网点规划要考虑现代物流技术的发展并留有余地，以备将来的扩建。为了发展外向型经济，扩大国际贸易，增强商品在国际市场上的竞争力，建立健全高效、通畅的国际物流体系，以实现国际物流合理化和国际贸易扩大化。

4）要建设与国际物流网络相联系的信息网络。由于国际物流市场瞬息万变，国际物流系统要求有高效率的信息网络。信息的作用是使物流向更低成本、更高服务、更大量化、更精细化方向发展，许多重要的物流技术都是依靠信息才得以实现的，这个问题在国际物流中比国内物流表现更为突出。21世纪是国际物流信息化时代。近年来，各国在国际物流信息网络的发展建设方面均投入了大量的精力和资金，各种国际物流信息网络正在蓬勃发展之中。

二、国际物流连线的概念

国际物流连线是指连接国内外众多物流节点间的运输，如各种海运航线、铁路线、飞机航线以及海、陆、空联合运航线。从广义上讲包括国内连线和国际连线。

这些连线是库存货物的移动（运输）轨迹的物化形式；每一对节点有许多连线以表示不同的运输路线、不同产品的各种运输服务；各节点表示存货流动暂时停滞，其目的是更有效地移动（收或发）；信息流动网络的连线通常包括国内外的邮件，或某些电子媒介（如电话、电传、电报、EDI等），其信息网络的节点则是各种物流信息汇集及处理之点，如员工处理国际订货单据、编制大量出口单证或准备提单或计算机对最新库存量的记录。

国际物流连线实质上也是国际物流流动的路径。它主要包括国际远洋航线及海上通道、国际航空线、国际铁路运输线与大陆桥、国际主要输油管道等。

三、国际物流节点的功能

国际物流节点主要具有以下三项主要功能：

1. 衔接功能

国际物流节点将各个物流线路联结成一个系统，使各个线路通过节点变得更为贯通而不是互不相干，这种作用称为衔接功能。

在物流未成系统化之前，不同线路的衔接有很大困难。例如，轮船的大量输送线和短途汽车的小量输送线，两者的输送形态、输送装备都不相同，再加上运量的巨大差异，所以往往在两者之间不能贯通。物流节点利用各种技术的、管理的方法，则可以有效地起到衔接功能，将中断转化为流畅。

国际物流节点一般采取以下手段来衔接物流：

1）通过转换运输方式，衔接不同运输手段。

2）通过加工，衔接干线物流及配送物流。

3）通过储存，衔接不同时间的供应物流与需求物流。

4）通过箱、托盘等集装处理，衔接整个“门到门”运输，使之成为一体。

2. 信息功能

国际物流节点是整个物流系统或与节点相接的物流信息的传递、收集、处理和发送的集中地，这种信息功能在国际物流网络中起着非常重要的作用，也是使复杂的国际物流能联结成有机整体的重要保证。在国际物流网络中，每一个节点都是物流信息的一个点，若干个这种信息点和国际物流网络中的信息中心结合起来，便形成了指挥、管理、调度整个系统的信息网络，这是国际物流网络建立的前提条件。

3. 管理功能

国际物流网络的管理设施和指挥机构大都设置于物流节点之处。实际上，物流节点大都是集管理、指挥、调度、信息、衔接及货物处理为一体的物流综合设施。整个物流网络的运转有序化、正常化和整个物流网络的效率高低，都取决于物流节点的管理水平。

知识检验

一、选择题

1. 以下哪些仓库属于国际物流网络的节点：________。

A. 制造厂仓库　　B. 国内外中转点仓库　　C. 口岸仓库　　D. 保税区仓库

2. 国际物流网络的基本构成元素有________。

A. 线路　　B. 运输工具　　C. 节点　　D. 装卸设备

二、简答题

1. 简述应该如何建设国际物流网络？

2. 简述国际物流节点是如何发挥其主要功能的。

课题二　国际物流节点的类型

一、国际物流节点的种类

在国际物流网络中，由于各个物流系统的目标不同以及节点在网络中的地位不同，节点的主要作用往往也不同，故迄今尚无明确的分类。这里仅根据其主要功能分为以下几类：

1. 转运型节点

转运型节点是以连接不同运输方式为主要职能的节点。例如，铁道运输线上的货站、编组站、车站等；公路运输线上的车站、货场（站）等；航空运输线上的机场；海运输线上的港口、码头等。还有不同运输方式之间的运转站、终点站、口岸等，货物在这类节点上停滞的时间较短。

2. 储存型节点

储存型节点是以存放货物为主要职能的节点。例如，储备仓库、营业仓库、中转仓库、口岸仓库、港口仓库、货栈等。国际货物在这类节点上停滞时间较长。

3. 流通型节点

流通型节点是以组织国际货物在系统中运动为主要职能的节点。例如，流通仓库、流通中心就属于这类节点。

4. 综合型节点

综合型节点是指在一个节点中全面实现两种以上主要功能，并且在节点中并非独立完成各种功能，而是将若干功能有机结合于一体的集约型节点。例如，国际物流中心。

综合型节点是为适应国际物流大量化和复杂化而产生的。它使国际物流更为精密准确，在一个节点中要求实现多种转化而使物流系统简化。综合型节点是国际物流网络中节点发展的方向之一。

二、国际物流的特殊节点

与国内物流相比，国际物流具有一些特殊节点，如口岸、港口、保税区与自由经济区等。

1. 口岸

（1）口岸的含义　口岸原来的含义是指由国家制定的对外通商的沿海港口。但是现在口岸已不仅仅是经济贸易往来（即通商）的商埠，还包括政治、外交、科技、文化、旅游和移民等方面的往来港口。因此，口岸已不仅仅只设在沿海的港口。随着陆、空交通运输的发展，对外贸易的货物、进出境人员及其行李物品、邮件包裹等，可以通过铁路、公路和航空直达一国腹地。因此，在开展国际联运、国际航空、国际邮包邮件交换业务以及其他有外贸、边贸活动的地方，国家也设置了口岸。

我国改革开放以来，外向型经济由沿海逐步向沿边、沿江和内地辐射，使得口岸也由沿海逐渐向边境、内河和内地城市发展。现在，除了对外开放的沿海港口之外，口岸还包括：国际航线上的飞机场；山脉国境上对外开放的山口；国际铁路、国际公路上对外开放的火车站、汽车站；国际河流和内河上对外开放的水运港口。因此，口岸是由国家指定开展对外经贸、政治、外交、科技、文化、旅游和移民往来、秉公往来人员、货物和交通工具出入国(边)境的港口、机场、车站和通道的总称。简单地说，口岸是国家指定对外往来的门户，是国际货物运输的枢纽。从某种程度上说，它是一种特殊的国际物流节点。

（2）口岸的分类

1）按批准开放的权限，可以将口岸分为一类口岸和二类口岸。一类口岸是由国务院批准开放的口岸(包括中央管理的口岸和由省、自治区、直辖市管理的部分口岸)；二类口岸是由省级人民政府批准开放并管理的口岸。

2）按照出入国境的交通运输方式划分，可将口岸分为港口口岸、陆地口岸和航空口岸。

①港口口岸是指国家在江河湖海沿岸开设的供人员和货物出入国境及船舶往来停靠的通道，包括港内水域及紧接水域的陆地。港口口岸又可以分为海港港口口岸和内河港口口岸。

②陆地口岸是指国家在陆地上开设的供人员和货物出入国境及陆上交通运输工具停站的通道，包括国(边)境以及国家批准内地可以直接办理对外进出口经济贸易业务往来的人员出入境的铁路口岸和公路口岸。

③航空口岸又称空港口岸，是指国家在开辟有国际航线的机场上开设的供人员和货物出入国境及航空器起降的通道。

2. 港口

（1）港口及其种类　港口是水陆空交通的集结点和枢纽，工农业产品和外贸进出口物资的集散地，也是船舶停泊、装卸货物、上下旅客、补充给养的场所。由于港口是联系内陆腹地和海洋运输(国际航空运输)的一个天然界面，因此，人们也把港口作为国际物流的一个特殊节点。

港口按其基本功能，可分为商港、渔港、军港和避风港四大类型。这里所阐述的港口，仅指与国际物流有关的商港，例如美西航线诸港图(图2-1)。现代商港不仅是水陆空运输的枢纽和货物集散地，而且也是一个巨大的生产单位，其规模的大小一般以其吞吐量的大小来表示。

（2）港口的作用　按照综合物流的观点，港口在现代国际生产、贸易和运输系统中处于十分重要的战略地位，并且发挥着日益重要的作用。港口不仅使货物水陆空运输的中转地，而且提供了发展转口贸易、自由港和自由贸易区的机会，特别是集装箱枢纽港将成为国际贸易供应链总的一环，成为综合枢纽中的一个中心节点。

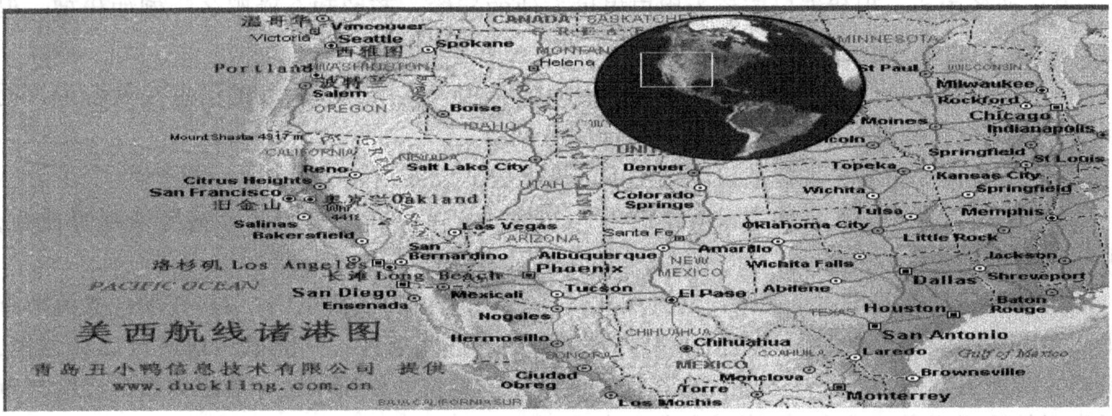

图2-1　美西航线诸港图（资料提供：青岛丑小鸭信息技术有限公司）

当前，港口商业化的趋势增强，今后它在国际贸易与国际物流方面的作用将得到进一步的加强。

资料库

综合物流时代

21世纪将是综合物流时代，交通运输将以综合物流服务系统为标志，实现又一次革命。新的运输模式将打破传统的各种运输方式各自为政的局面，使各种运输方式及其服务方式之间日趋兼容和集成，形成综合型的集、疏、运枢纽，港口不再是单一终点。

港口之所以能在现代国际生产、贸易和物流系统中发挥战略作用，主要是由港口的以下特点所决定的：

1）港口在整个物流供应链上是最大货物的集结点：全球经济一体化使国际贸易量急速增加，港口作为海洋运输的起点与终点，无论是集装箱货还是散货，远洋运输总是承担这其中最大的运量，因而港口在整个物流供应链上总是最大量货物的集结点。当需要从事附加的工业、商业和技术活动时，选择在港口这样的集结点进行往往最能取得规模经济效益。

2）港口往往是生产要素的最佳结合点：如果两个大陆之间或者两个相距甚远的国家之间，在生产要素方面有着最大的禀赋差异，那么，要把这些生产要素以最有利的方式结合，港口往往是最合乎逻辑的选址。许多国家依赖于进口原材料的钢铁厂往往都建在港口地区，其原因就在于此。在港口地区建设出口工业，利用钢铁作为原材料生产汽车和机械，就可以节省大量成本，增强在国际市场上的竞争力。

3）港口往往是最重要的信息中心：对于国际物流来说，港口仍然是不同运输方式汇集的最大、最重要的节点。在港口地区落户的有货主、货运代理行、船东、船舶代理行、商品批发部、零售商、包装公司、陆上运输公司、海关、商品检验机构及其他各种有关机构。因此，港口就成为一个重要的信息中心。

(3) 港口的功能　在综合物流时代，港口的功能发生了很大的变化。现代港口的功能更加广泛，将朝着全方位增值服务中心的方向发展，具备5个中心的功能，即：

1）物流服务中心：港口首先应该为船舶、汽车、货车、飞机、货物、集装箱提供中转、装卸和仓储等综合物流服务，尤其是提高多式联运效率和港口竞争能力。

2）商务中心：现代港口应该为用户提供方便的运输、商贸和金融服务，例如代理、保险、融资、货代、船代、通关等。

3）信息与通信服务中心：现代港口不但应该为用户提供市场决策的信息及其咨询，而且还要建成电子数据交换(EDI)系统的增值服务网络。

4）现代产业中心：现代港口应该发挥区域优势，发展相关产业。

5）后援服务中心：现代港口应该提供人才培训、供应和海员服务及贸易谈判等设施，并提供舒适的生活娱乐空间，加强港城一体化关系，优化城市功能。

上述这些功能的宗旨是使港口起到简化贸易和物流过程的作用，使港口在现代物流节点上尽量减少间隔和提供最大的增值服务。只有满足了这些条件，并能成功地进行市场营销，港口才能增强竞争力，提高其在综合运输物流链中的地位和作用，也才能成为腹地经济与贸易发展的重要门户，成为地区物流的枢纽与中心。

3. 自由经济区

(1) 自由经济区的含义　第二次世界大战后，许多国家为了加强本国的经济实力和扩大对外贸易，不仅在本国经济特区内放宽了对外国投资的限制，而且增设了更多的自由经济区，以促进贸易的发展。所谓自由经济区，是指某一国家或地区在其关境以外所划出的一定范围内，新建或扩建码头、仓库、厂房等基础设施和实行免除关税的优惠待遇，吸引外国企业从事贸易和出口加工等业务活动的区域。

(2) 自由港和自由贸易区　各国或地区设置的自由经济区名目繁多，规划不一，主要有以下几种：自由港和自由贸易区、保税区、出口加工区、过境区、自由边境区等。这些经济特区从某种意义上说，也可成为国际物流的特殊节点。这里仅介绍自由港和自由贸易区。

自由港(Free Port)有的称为自由口岸。自由贸易区(Free Trade Zone)有的称为对外贸易区、自由区、工商业自由贸易区等。无论自由港或自由贸易区都是划在关境以外，对进出口商品全部或大部分免征关税，并且准许在港内或区内开展商品自由储存、展览、拆散、改装、重新包装、整理、加工和制造等业务活动，以便于本地区的经济和对外贸易的发展，增加财政收入和外汇收入。

知识卡

自由贸易区

1975 年联合国贸发大会对自由贸易区做了以下定义：“指本国海关关境中一般设在口岸或国际机场附近的一片地域，进入该地域的外国生产资料、原材料可以不办理任何海关手续，进口产品可以在该地区内进行加工后复出口，海关对此不加以任何干预。”

自由贸易区是国际物流中多功能的综合物流节点。在自由贸易区内，可以提供仓储、再加工、展示及各种服务，未售出的各种商品可以前来储存，或针对市场需要对商品进行分类、分级和改装，或进行商品展销，以便选择有利时机就地销售或改运临近市场销售。许多自由贸易区都直接经营转口贸易，因其具有优越的地理位置和各种方便及优惠的条件，所以大量货物都是在流经自由贸易区后投放世界市场的。最重要的是各国的自由贸易区普遍豁免关税和减免其他税收，还有土地使用、仓库、厂房租金、水电供应、劳动工资等方面采取低收费的优惠政策。这是大量商品、物品聚集于此的重要原因。

一般来说，自由港或自由贸易区可以分为两种类型：一种是把港口或设区所在城市都列为自由港或自由贸易区，如中国香港整个是自由港。在中国香港，除了个别商品外，绝大多数商品可以自由进出，免征关税，甚至允许任何外国商人在那里兴办工厂或企业。另一种是把港口或设区的所在城市的一部分划为自由港或自由贸易区，外国商品只有运入这个区内才能享有免税等优惠待遇。

据统计，全世界目前大约有各种形式、各种名称的自由贸易区 700 多个，遍及五大洲 100 多个国家和地区。其中约 1/3 是由发达国家设立的，其余 2/3 是由发展中国家设立的。

许多国家对自由港或自由贸易区的规定大同小异，归纳起来，主要是三个规定：

1）关税方面的规定：对于允许自由进出自由港或自由贸易区的外国商品，不必办理报关手续，免征关税。少数已征收进口税的商品，例如烟、酒等的再出口，可退还进口税。但是，如果港内或区内的外国商品转运入所在国的国内市场销售，则必须办理报关手续，缴纳进口税。这些报关的商品，既可以是原来货物的全部，也可以是一部分；既可以是原样，也可以是改样；既可以是未加工的，也可以是加工的。有些国家对在港内或区内进行加工的外国商品往往有特定的征税规定。例如，美国政府规定，用美国的零配件和外国的原材料装配或加工的产品，进入美国市场时，只对该产品所包含的外国原材料的数量或金额征收关税，同时对于该产品的增值部分也可免征关税。

2）业务活动的规定：对于允许进入自由港或自由贸易区的外国商品，可以储存、展览、拆散、分类、分级、修理、改装、重新包装、重新贴标签、清洗、整理、加工和制造、销毁、与外国的原材料或所在国的原材料混合、再出口或向所在国国内出售。由于各国情况不同，有些规定也有所不同。例如，在加工制造方面，瑞士规定储存在区内的外国商品不得进行加工和制造，如要从事这项业务，必须取得设立在伯尔尼的瑞士联邦海关厅的特别许可方可进行。但是在第二次世界大战后，许多国家为了促进经济与对外贸易的发展，都在放宽或废除这类规定。

3）禁止和特别限制的规定：许多国家通常对武器、弹药、爆炸品、毒品和其他危险品以及国家专卖品如烟草、酒、盐等禁止输入或持特种进口许可证才能输入；有些国家对少数消费品的进口要征收高关税；有些国家对某些生产资料在港内或区内的进口使用也要缴纳关税，例如，意大利规定在的雅斯特自由贸易区内使用的外国建筑器材、生产资料等也包括在应征关税的商品之内。此外，有些国家如西班牙等，还禁止在区内零售。

4. 保税区

有些国家如日本、荷兰等，没有设立自由港或自由贸易区，但实行保税区制度。保税区（Bonded Area）又称为保税仓库区，是海关所设置的或经海关批准注册的属海关监督的特定地区和仓库。外国商品存入保税区内，可以暂时不缴纳进口税；如再出口，不缴纳出口税；如要运进所在国的国内市场，则需办理报关手续，缴纳进口税。运入区内的外国商品可进行储存、改装、分类、混合、展览、加工和制造等。此外，有的保税区还允许在区内经营金融、保险、房地产、展销和旅游业务。

知识卡

保税区的类型

西方国家在保税区的仓库，有的是公营的，有的是私营的；有的货物储存的期限为一个月到半年，有的期限可达三年；有的允许进行加工和制造，有的不允许进行加工和制造。

按照职能的不同，保税区一般分为指定保税区、保税货棚、保税仓库、保税工厂、保税陈列场等。

因此，许多国家对保税区的规定与自由港、自由贸易区的规定基本相同，起到了类似自由港或自由贸易区的作用。

《中国保税区发展前瞻及招商引资策略分析报告前瞻》数据显示，截至2010年末，我国国家级高新区有83家，国家级经济技术开发区有107家；通过规划论证正在建设的国家生态工业示范园区数量达到39个，其中通过验收的国家生态工业示范园区有12个。

2008年12月，国务院正式批准设立广西凭祥综合保税区。此外，截至2012年我国还有郑州、北京天竺、上海外高桥、苏州工业园、重庆寸滩、重庆西永、天津、海口、绥芬河、广西钦州、深圳福田、深圳市沙头角、盐田港、青岛、烟台、成都、宁波、西安、新疆、武汉东湖共21个综合保税区。

知识检验

一、填空题

1. 与国内物流相比，国际物流具有一些特殊节点，如______、______、______与______等。

2. 各国或地区设置的自由经济区名目繁多，规划不一，主要有以下几种：______、______、______、______等。

3. 现代商港不仅是______和______，而且也是一个巨大的生产单位，其规模的大小一般以其______的大小来表示。

二、选择题

1. 国际物流节点类型包括以下哪些：______。

A. 储存型节点　B. 转运型节点　C. 综合型节点　D. 流通型节点

2. 按批准开放的权限，可以将口岸分为______。

A. 一类口岸　B. 二类口岸　C. 航空口岸　D. 港口口岸

三、简答题

1. 港口的作用和功能有哪些？

2. 大量商品、物品聚集于自由港和自由贸易区的重要原因是什么？

3. 我国的一类口岸有哪些？本地区有哪些一类口岸（请学生自查有关资料，锻炼动手能力）？

4. 我国目前批准设置的保税区有哪些？

课题三　国际物流连线

一、国际海运航线

国际海运航线分为国际远洋航线和近洋航线。国际远洋航线(Ocean Going Shipping Line)也叫国际大洋航线，是指贯通一个或数个大洋的航线，它包括：太平洋航线、大西洋航线、印度洋航线、北冰洋航线以及通过巴拿马运河或苏伊士运河的航线等；我国各港口至欧洲、非洲、美洲和大洋洲等处的货运路线也属于远洋航线。近洋航线(Near-Sea Shipping Line)是指本国各港口至临近国家港口间的海上运输航线，例如我国各港口至日本海、马六甲海峡、印度尼西亚沿海、鄂霍次克海的各海港的航线。

国际海运航线中主要海峡与通道有：英吉利海峡、马六甲海峡、霍尔木兹海峡、苏伊士运河、巴拿马运河。

航线的选择关系到国际货运的经济效益以及货物运输的安全，因此在航线的选择时要综合考虑自然条件、货运、港口、技术等因素，并且还需关注国际政治形势的变化，以及有关国家的经济政策、航运政策等。

二、国际航空线

国际航空线是国际货物空运的线路，由各国国际航空站和空中航道组成。

国际航线主要集中在北半球的中纬地区，大致形成一个环绕纬带的航空带。航线密集在北美、欧洲和东亚等经济发达地区。跨洲飞行的航线，以欧亚航线、北太平洋航线和北大西洋航线最为繁忙。

加入世界贸易组织之后，中国航空运输在整个运输周转量中比重逐渐增长，其在我国国际货物运输中的地位逐步提高。《2014 年民航行业发展统计公报》显示，2014 年，国内航线完成运输周转量 508.00 亿吨公里，比上年增加 46.96 亿吨公里，增长 10.2%，其中港澳台航线完成 16.17 亿吨公里，比上年增加 1.95 亿吨公里，增长 13.7%；国际航线完成运输周转量 240.11 亿吨公里，比上年增长 29.44 亿吨公里，增长 14.0%。其中国内航线完成货邮运输量 425.7 万吨，比上年增长 4.7%，其中港澳台航线完成 22.3 万吨，比上年增长 12.5%；国际航线完成货邮运输量 168.4 万吨，比上年增长 9.0%。

2012 年，国务院发布了《国务院关于促进民航业发展的若干意见》，明确提出放宽国内航空货运市场准入，鼓励和引导外资、民营资本投资民航业。近两年国内民营快递业发展迅速，并且先后有顺丰和圆通直接涉足航空领域，按照目前的发展态势，未来几年，国内民营快递市场对改装小货机的需求会越来越大。截至 2014 年底，中国民航开辟的定期航班航线总数达到 3142 条，其中国内航线（包括港澳航线）2652 条，国际航线 490 条。

三、国际铁路运输线与大陆桥

1. 国际铁路运输线

国际铁路运输线是指可以办理国际铁路联运的线路。国际铁路联运，发货人由始发站托运，使用一份铁路运单，铁路方面便可根据运单将货物运往终点站交给收货人。在由一国铁路向另一国铁路移交货物时，不需收、发货人参加，亚欧各国按国际条约承担国际铁路联运的义务，铁路当局面对全程运输负连带责任。

国际铁路运输线可以是贯穿两个或两个以上国家之间的铁路运输线，也可以是横贯大陆连接不同大洋的铁路运输路线。前者如西伯利亚大铁路，东起海参崴，途经伯力、赤塔、伊尔库茨克、新西伯利亚、鄂木斯克、车里雅宾斯克、古比雪夫，止于莫斯科，全长 9300 多公里。后来又向远东延伸至纳霍德卡和东方港。该线东连朝鲜和中国；西接北欧、中欧、西欧各国；再由莫斯科往南可连接伊朗。我国与俄罗斯、东欧国家及伊朗之间的贸易，主要采用此干线。后者为加拿大、美国连接东西两大洋的铁路运输线。

2. 大陆桥

大陆桥运输则是利用大陆桥进行国际集装箱海陆联运的一种运输方式，主要功能是便于开展海陆联运，缩短运输里程。例如新亚欧大陆桥——由太平洋西岸的中国连云港开始的陇海、兰新铁路，向西延伸至中国西部边境阿拉山口，与哈萨克斯坦共和国的德鲁日巴站接轨，经亚洲、欧洲诸国直到大西洋的陆上通道。

国际上主要的大陆桥有：西伯利亚大陆桥（Siberian Land Bridge）、新亚欧大陆桥（A-E. Land Bridge）、美国大陆桥（U. S. Land Bridge）、美国小陆桥（U. S, Mini-Land

Bridge)、美国微型陆桥（U. S. Micro-Land Bridge），又称半陆桥（Semi-Land Bridge）。目前，广泛使用的大陆桥有西伯利亚大陆桥、新亚欧大陆桥和北美大陆桥（包括美国大陆桥和加拿大大陆桥）。

四、国际管道运输线

国际管道运输线是指用于国际管道运输的地下管道线路，主要用于能源输送，例如油品(原油和成品油)、天然气(包括油田伴生气)。另外，煤、磷灰石、铁矿石、铜矿石等固体散装物料的管道输送也正在被开发。在全球180多万公里的管道中，输油管道占近40%，输气管道占50%强，化工和其他管道约占10%。

管道运输是随着石油生产的发展而产生的一种特殊运输方式，具有运量大、不受气候和地面其他因素限制、可连续作业以及成本低等优点。因此，管道运输在世界各国各地区的油田、油港和炼油中心之间起着纽带作用，在原油和油品的进出口贸易中，是与油轮相辅相成的重要运输方式，还将随着石油、天然气等流体燃料需求量的增长而发展。

目前，各国主要利用管道进行国内和国际间的流体燃料运输，有不少国家在国内已建成油、气管道网。大型国际管道已横跨北美、北欧、东欧乃至跨越地中海连接欧非两大陆。年输送原油量亿吨以上和天然气百亿立方米以上的管道相继建成，对加速流体燃料运输起着重要作用。但世界管道运输网分布很不均匀，主要集中在北美和欧洲，美国和俄罗斯的管道运输最为发达。

知识检验

一、填空题

1. 国际海运航线分为______航线和______航线。
2. 国际海运航线中主要海峡与通道有：______、______、______、______、______。

二、简答题

国际海运航线的选择要考虑哪些因素？

课题四 技能训练

任务描述

根据单元一国际采购任务中同一线路进行组配，设计最佳路线方案，描绘路线图。

任务准备

学生按照之前的分组完成任务，事先明确单元一中的国际采购任务。

任务目的

考核学生国际物流线路设计能力，了解国际物流线路设计的必要性。会制作最佳路线方案，描绘路线图。

任务实施

准备好国际采购任务，制作最佳路线方案，描绘路线图。

范例

成都客户从洛杉矶进口传感器1000件，总重量30吨，体积$10m^3$。

最佳路线方案：成都—(公路)—上海—(水路)—洛杉矶

路线图：成都—上海—横滨—火奴鲁鲁—洛杉矶

任务评价

项目（或任务）编号		学时		学生姓名		总分	

类别	序号	评价项目	评价内容及要求	评价标准	配分	学生自评	学生互评	教师评价	得分
岗位技能评价	1	质量控制	能够完成国际物流组织活动	不能完成无分	35				
	2	方法技巧运用	能够运用搜索引擎等技巧全球查找最佳路线	会用3种以下总分减半，不会用无分	30				
	3	运用知识能力	能够运用知识点解决案例问题	不会用无分，会用一部分减分	30				
	4	完成时间	按时完成任务	不按时完成无分	5				
职业素质评价	5	安全生产	遵守设备安全操作规程	不遵守有关规定扣1~5分					
	6	文明生产	遵守实训室文明生产规则	不遵守有关规定扣1~5分					
	7	沟通交流	积极主动性强	不积极沟通扣1~5分					
	8	团队合作	合作参与意识好	合作不好扣1~5分					

注：按学生自评占20%、学生互评占30%、教师评价占50%计算总分。

任务小结

授课班级		授课时间		授课地点	
授课教师			任务名称		
学生表现					
存在问题及改进方法措施					

单元三　国际物流与国际贸易

知识目标

1. 通过自主设计进出口业务流程，学习国际物流与国际贸易之间的关系，熟悉常用的国际贸易术语，进一步掌握国际贸易的设计和执行过程。

2. 分析南京思科纺织服装公司与其加拿大客户的此次贸易过程，通过自己对国际物流与国际贸易的了解，结合基本的外贸常识，设计出此次贸易的具体业务流程。

技能目标

● 质量要求：能熟练地运用国际贸易进出口知识，设计出符合规定的国际贸易业务流程。

● 方法要求：准确掌握国际贸易常识、进出口业务流程等知识，不犯常识性错误。

● 安全要求：严格按照国际贸易相关规定，设计合理有效的进出口流程和国际物流方案。

● 文明要求：能保证按照我国国际贸易的相关规定，设计并实施企业合法的外贸活动。

● 任务完成时间要求：6 学时。

案例导入

这是一笔南京思科纺织服装公司（简称“思科公司”）和加拿大客户就女式全棉上衣交易的贸易实务案例。通过本案例，学生将了解贸易公司各部门以及货运代理公司等的工作流程。

本案例涉及贸易公司业务部、单证储运部、财务部三个部门，以及工厂、货运代理公司等。在实际业务中，租船订舱、报验、申领核销单、申请配额等工作往往是在贸易公司的各个部门同时进行的，次序不分先后。出口到加拿大的纺织品有配额限制，在准备单证时需注意及时申请“输加拿大纺织品出口许可证”，另需注意缮制“加拿大海关发票”等单证，及时寄出给客户用于进口清关。案例基本资料见表 3-1。

表 3-1　案例基本资料

外贸公司(思科公司)	NANJING SICO TEXTILE GARMENT CO. ,LTD. (南京思科公司) HUARONG MANSION RM2901 NO. 85 GUANJIAQIAO, NANJING 210005, CHINA TEL:0086-25-35784312 FAX:0086-25-35784513
国外客户(简称 FF)	FASHION FORCE CO. ,LTD P. O. BOX 8935 NEW TERMINAL, ALTA, VISTA OTTAWA, CANADA TEL:001-613-4563508 FAX:001-613-4562421

（续）

交易商品	COTTON BLAZER 全棉运动上衣
成交方式	CIF
付款方式	即期信用证(L/C AT SIGHT)
通知行	中国银行江苏省分行
出口口岸	上海
服装加工厂	无锡季节制衣有限公司
面、辅料工厂	无锡百合纺织有限公司
货运代理公司	上海凯通国际货运代理有限公司
承运船公司	中国远洋集装箱运输有限公司
备注说明：本案例涉及思科公司的部门有三个：业务部、单证储运部、财务部。其中，业务部负责接洽业务，单证储运部负责出运安排、制单、核销，财务部门负责应收、应付账款。	

（案例来源：百度文库——外贸流程案例分析（思科公司）http：//wenku. baidu. com/view/b2b8733383c4bb4cf7ecd112. html）

问题：按照我国进出口程序的相关规定，思科公司此次业务流程应怎样设计？请分小组讨论。

课题一　国际物流与国际贸易的关系

进入20世纪80年代以后，世界进出口贸易额快速增长，虽然2008年遭遇全球性的金融危机导致全球商品贸易急冻，但是到2010年，全球经济在慢慢复苏（图3-1）。在大量跨越国境的贸易中，不可忽视的是货物跨国转移所带来的国际物流量的上升。世界贸易组织和世界货币基金组织的统计数据表明，北美、日本和欧洲是世界上贸易活动最活跃的三个区域，这三个区域每年的贸易额之和超过了全球贸易额的40%，也是国际物流发展比较早、比较成熟的地区。

由此可见，首先，国际物流是随着国际贸易的发展而发展起来的，是国际贸易的必然组成部分，各国之间的相互贸易最终是通过国际物流来实现。国际物流的发展极大地改善了国际贸易的环境，为国际贸易提供了各种便利的条件，世界贸易的飞速增长与国际物流的发展是分不开的。国际贸易的进一步发展需要国际物流的支持，如果国际物流的发展无法跟上国际贸易发展的脚步，将会大大阻碍国际贸易的纵深发展。所以，发达的国际物流是企业开展国际贸易的前提和保证。

其次，作为企业价值链的基本环节，国际物流不仅使国际商务活动得以顺利实现，还会推动国际贸易的发展，因为国际物流的发达，可以使国与国、地区与地区的距离“缩短”，为国际企业带来新的价值增值，成为全球化背景下的“第三利润源泉”。

最后，由于国际化信息系统的支持和世界各地域范围的物资交流，国际物流可以通过物流的合理组织促进世界经济的发展，改善国际间的友好交往，并由此推进国际政治、经济格局的良性发展，从而促进整个人类的物质文化和精神文化的发展。

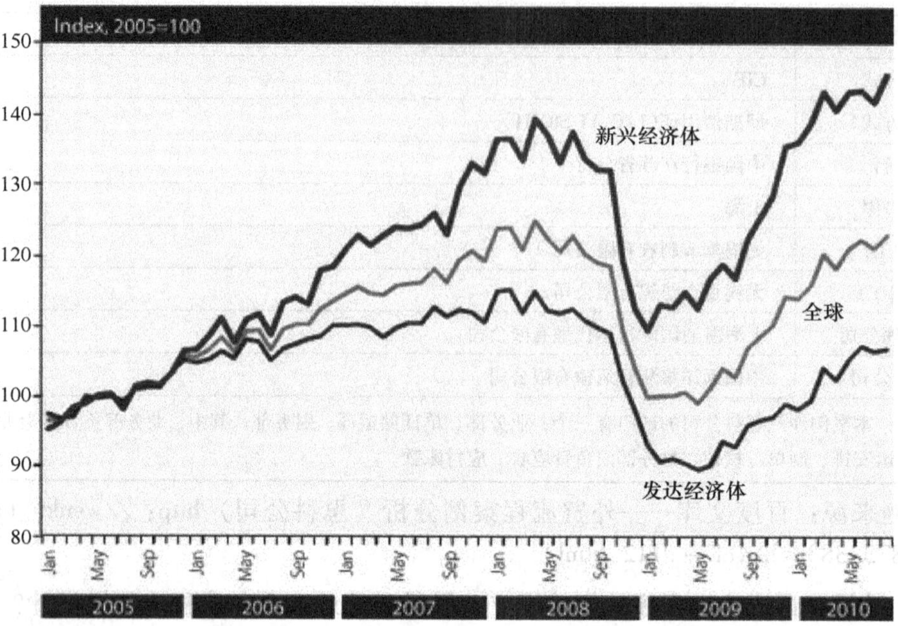

图 3-1　2005～2010 年全球商品贸易额变化曲线

知识检验

简答题

1. 国际物流与国际贸易有何关系？
2. 在现在的国际贸易背景下，应如何发展我国的国际物流？

课题二　与国际物流相关的国际贸易常识

一、国际贸易术语及国际贸易惯例

国际贸易术语是国际贸易实践的产物，每一种国际贸易术语都有其特定的含义，代表某种特定的交货条件，表明买卖双方各自承担不同的责任、费用和风险，而责任、费用和风险的大小又影响着成交商品的价格，所以，国际贸易术语又是商品价格的一部分。例如表示某商品的价格为每吨 100 美元 FOB 上海，这里除了人们正常理解的价格中包括的计量单位——吨；单位价格——100；计价货币——美元外，还包括贸易术语——FOB 上海。

知识卡

国际贸易术语

又称为价格术语（Trade terms，Price terms），是指用一个简短的概念或三个英文字母的缩写来表示商品的价格构成，说明交货地点，明确货物交接过程中有关的责任、风险、费用的划分问题。

国际贸易较国内贸易复杂，从一国出口到另一国进口往往要经过诸多环节，某一环节稍出差错将影响整笔交易的顺利进行。国际贸易术语简单几个字母中已全面概括了买卖双方的有关手续、费用和风险的划分，从而简化了交易洽商的内容，缩短了成交过程，节省了业务费用。目前国际上关于贸易术语方面较有影响力的惯例主要有三个：

《1932 年华沙—牛津规则》（Warsaw Oxford Rules 1932）：这是 1932 年国际法协会通过的专门解释 CIF 术语的贸易惯例。

《1941 年美国对外贸易定义修订本》（Revised American Foreign Trade Definitions 1941）：这是 1941 年经美国商会、美国进口商协会、全国对外贸易协会所组成的联合委员会通过，并由全国对外贸易协会公布的有关贸易术语的贸易惯例。该修订本对 FOB 术语作了六种解释，其中第五种解释 FOBVessel(装运港船上交货)与国际商会制定的《国际贸易术语解释通则》含义相似。

《2000 年国际贸易术语解释通则》（INCOTERMS 2000）（以下简称 2000 通则）：这是 1999 年 7 月 1 日由国际商会在《1990 年国际贸易术语解释通则》的基础上修订的国际惯例，它是国际商会对上述通则的第六次修订，于 2000 年 1 月 1 日起生效。《2000 通则》对 13 种贸易术语进行了解释，在国际贸易中较前两个惯例，使用广泛，影响面较大。

我国法律规定，凡中国法律没有规定的，适用国际贸易惯例。《联合国国际贸易销售合同公约》规定，合同没有排除的惯例、已经知道或应当知道的惯例、经常使用反复遵守的惯例适用于合同。

国际商会《2000 通则》所解释的 13 种贸易术语中，FOB、CFR、CIF、FCA、CPT、CIP 是在实际业务中使用较多的六种术语。掌握其含义以及在使用中应注意的问题十分重要。现简要介绍如下：

1. FOB 术语的解释

FOB 术语的全称为 Free On Board（……named port of shipment）船上交货(……指定装运港)，习惯上称为装运港船上交货。装运港船上交货是国际贸易中常用的贸易术语之一。按照《2000 年国际贸易术语解释通则》规定，装运港船上交货是指当货物在指定装运港越过船舷时，卖方即完成交货；买方必须自该交货点起，负担一切费用和货物灭失或损坏的风险。FOB 术语要求卖方办理货物出口清关。本术语只适用于海运或内河运输。

2. CFR 术语的解释

CFR 术语的全称为 Cost and Freight（……named port of destination），即成本加运费(……指定目的港)，习惯上称为运费在内价。

按《2000 年国际贸易术语解释通则》规定，成本加运费是指当货物在装运港越过船舷时，卖方即完成交货。卖方必须支付将货物运至指定目的港所必需的运费和费用，但交货后货物灭失或损坏的风险，以及由于交货后发生的事件而引起的任何额外费用，自卖方转移至买方。本术语只能用于海运和内河运输。

3. CIF 术语的解释

CIF 术语的全称为 Cost，Insurance and Freight（……named port of destination），即成本加保险费、运费(……指定目的港)。

按《2000 年国际贸易术语解释通则》规定，成本加保险费、运费是指当货物在指定装运港越过船舷时，卖方即完成交货。卖方必须支付将货物运至指定目的港所必需的费用和运费，但交货后货物灭失或损坏的风险，以及由于发生事件而引起的任何额外费用，自卖方转移至买方。然而，在 CIF 术语中卖方还必须为货物在运输中灭失或损坏的买方风险取得海上保险。因此，卖方订立保险合同，并支付保险费。CIF 术语要求卖方办理货物出口清关。本术语只能用于海运和内河运输。

4. FCA、CPT、CIP 术语的解释

在我国外贸业务中，FOB、CFR、CIF 是最常用的三种术语。由于这三种术语只能用于海运和内河运输，如果采用其他的运输方式，则可采用 FCA、CPT、CIP 三种术语。

（1）FCA 术语的解释　FCA 术语的全称为 Free Carrier（……named place），即货交承运人(……指定地点)，是指卖方将已经出口清关的货物交给由买方指定的承运人照管时，就算完成交货义务。

按《2000 通则》规定，FCA 术语适用于任何运输方式，包括多式联运。由买方负责指定承运人，订立自装运地至目的地的运输合同。卖方在合同规定的时间、地点，将货物交给买方指定的承运人，并及时通知买方；卖方承担货交承运人之前的一切费用和风险；并负责办理货物出口清关；还负责向买方提交交货的通常单据或具有同等效力的电子信息。

为了方便 FCA 术语的使用，《2000 通则》对“承运人”的含义作了解释：“承运人”是指在运输合同中，通过铁路、公路、空运、海运、内河运输或上述运输的联合运输方式承担履行运输或承担办理运输业务的任何人。

（2）CPT 术语的解释　CPT 术语的全称为 Carriage Paid to（……named place of destination），即运费付至(……指定目的地)，是指卖方将货物交给由他指定的承运人，支付将货物运至指定目的地的运费，但货物在被如此交付后发生的一切风险和其他费用，由买方负担。

CPT 术语与 FCA 术语一样，适用于任何运输方式，包括多式联运。按《2000 年国际贸易术语解释通则》规定，卖方负责办理货物出口清关；订立将货物运至目的地的合同并支付运费，在合同规定的时间、地点将货物交给承运人，及时通知买方；承担货交承运人前的一切风险；向买方提供交货的通常单据或具有同等效力的电子信息。

CPT 术语下的卖方义务仅比 FCA 术语下多了办理出口运输，因此 CPT 术语的价格构成中含有出口运费，其余在交货地点、风险划分上，FCA 术语与 CPT 术语是相同的。值得注意的是，虽然 CPT 术语要求卖方负责办理货物的运输支付运费，但并不要求卖方负担运输途中的风险和由此产生的额外费用。卖方只承担货物交给承运人控制之前的风险，在多式联运情况下，承担货物交给第一承运人之前的风险。

（3）CIP 术语的解释　CIP 术语的全称为 Carriage Insurance Paid to（……named place of destination），即运费、保险费付至(……指定目的地)，是指卖方要负责订立货物运至指定目的地的运输合同并支付运费，为货物在运输途中的买方风险取得保险，即订立保险合同并支付保险费。在将货物交给承运人时即完成交货义务。

CIP 术语下的卖方义务是在 CPT 术语的基础上，增加了办理保险并支付保险费。其他在运输方式、交货地点、风险划分都与 CPT 术语相同。值得注意的是，CIP 术语要求卖方办理货物运输保险并支付保险费，但货物从交货地点运往目的地的运输途中的风险由买方承担，所以卖方的投保属于代办性质。按照《2000 通则》的规定，CIP 术语与 CIF 术语相同，如买卖双方未约定具体的投保险别，按惯例卖方投保最低险别即可，保险金额为 CIP 术语价格基础上加成 10%。

5. 其他贸易术语的解释

（1）EXW 术语的解释　EXW 术语的全称为 EX Works（……named place），即工厂交货

(……指定地点)，是指卖方在其所在地(工厂、工场、仓库等)将备妥的货物交给买方，即履行了交货义务。按《2000 通则》，采用 EXW 术语，卖方要在规定的时间和地点将合同规定的货物准备好，由买方自己安排运输工具到交货地点接受货物，并承担一切风险、责任和费用将货物从交货地点运到目的地。这一术语是卖方承担义务最小的术语，适用于卖方不愿意承担任何装货义务的情况。EXW 术语适用于各种运输方式，所以该术语在一些国家，特别是陆地接壤国家间应用得比较普遍。

在使用该术语时，买方要承担的责任、风险和费用是所有术语中最大的。但按该术语成交价格低廉，对许多进口商具有一定的吸引力。

(2) FAS 术语的解释　FAS 术语的全称为 Free Alongside Ship (……named port of shipment)，即装运港船边交货(……指定装运港)，是指卖方在约定的时间内将合同规定的货物交到指定的装运港买方所指派的船只的船边即完成交货义务。买卖双方负担的风险和费用均以船边为界划分。如果买方所派的船只不能靠岸，卖方要负责用驳船把货物运至船边，仍在船边交货。装船的责任和费用由买方承担。与 FOB 术语一样，FAS 术语适用于海运和内河航运，但卖方的交货地点不是在装运港船上，而是在装运港船边，因而卖方所负担的风险、费用仅止于船边。此外，卖方还应负责办理出口清关手续。

(3) DAF 术语的解释　DAF 术语的全称为 Delivered at Frontier (……named place)，即边境交货(……指定地点)，是指卖方在约定的日期或期限内，在边境指定的交货地点，将仍处于运输工具上尚未卸下的货物交给买方处置，即完成交货义务。DAF 术语主要适用于出口国与进口国之间为陆地接壤国家，按此术语成交，买卖双方要在两国边境确定一个交货地点，卖方按约定时间将货物运到此交货地点，办理出口清关手续，支付至边境交货为止的一切费用。买方负责在边境交货地点受领货物，办理货物进口手续，承担受领货物之后的一切风险及费用，包括在交货地点将货物从运输工具上卸下的卸货费用及后程运输的费用。

(4) DES 术语的解释　DES 术语的全称为 Delivered Ex Ship (……named port of destination)，即目的港船上交货，是指卖方负担一切责任、风险和费用，将符合合同的货物运到指定的目的港，在目的港船上完成交货。买方则从此时起，负担有关货物的风险、费用，包括办理进口手续、卸货等。按照这一术语成交，货物在运输途中因各种原因导致的货损及支出的各种费用，均由卖方负担。这一术语适用于海运或内河运输及多式联运。

(5) DEQ 术语的解释　DEQ 术语的全称为 Delivered Ex Quay (……named port of destination)，即目的港码头交货，是指卖方在指定的目的港码头将货物交给买方，负担货物卸到码头上为止的一切风险和费用，但不负责办理进口清关手续，即完成交货。买方负责办理货物进口手续，并在码头接收货物。采用此术语只有当货物经由海运、内河运输或交货地点为目的港码头时，才能使用 DEQ 术语。

(6) DDU 术语的解释　DDU 术语的全称为 Delivered Duty Unpaid (……named place)，即未完税交货(……指定目的地)，是指卖方在合同规定的期限内，负担一切风险和费用(不包括进口手续及进口税、费)，将货物运到指定目的地，但不负责卸货，即完成交货义务。买方负责办理货物进口清关，并在指定交货地接收货物。这是一个在进口国内地交货的贸易术语。按照《2000 通则》规定，本术语适用于任何运输方式。

(7) DDP 术语的解释　DDP 术语的全称为 Delivered Duty Paid (……named place of desination)，即完税后交货(……指定目的地)，是指卖方在规定期限内，承担一切风险、费用将货物运至指定的进口国目的地，将在运输工具上尚未卸下的货物交给买方，就算完成了交货义务。这一术语是卖方负担义务最多的术语，等于送货上门。卖方要负担货物运至目的地的一切风险和费用，包括办理进口清关、缴纳进口税费。按照《2000通则》规定，卖方可以要求买方协助办理进口清关，但费用和风险仍由卖方负担。如果双方当事人愿意从卖方的义务中排除货物进口时需支付的某些费用，如增值税，应在合同中订明。本术语是卖方承担的风险、责任、费用最大的一种术语。可适用于任何运输方式。

二、国际贸易合同的其他条款

1. 货物品质条款

（1）约定品质条款的意义　品质条款是国际货物买卖合同中重要条款之一。所谓品质，是指货物内在质量与外观形态的综合。货物品质的优劣，不仅关系到货物的使用效能及售价高低、货品销路与厂商声誉，也关系到承运人或其代理人接受货运的可能性、业务行为及其责任风险。

（2）国际贸易合同中表示品质的方法　货物品质的表示方法可以归纳为两类，即凭文字说明表示和凭实物样品表示。

1）凭实物表示品质：凭实物表示品质即凭样品买卖，样品是指从一批商品中抽出来的或由生产、使用部门设计、加工出来的，足以反映和代表整批商品品质的少量实物。凡以样品表示商品品质并以此作为交货依据的，称为“凭样品买卖”，即“Sale by Sample”。

例如，质量应严格符合卖方2014年10月15日提供的样品。样品号码：NT234陶瓷花瓶。

Quality：Quality to be strictly as per Sample Submitted by Seller on 15th October, 2004. Sample Number：NT234。

2）凭文字说明表示品质：凭文字说明表示品质，是指用文字、图表、照片等方式来说明成交商品的品质。例如，凭规格买卖，规格是指用来反映商品品质的主要指标，如化学成分、含量、纯度、容量、大小、长短、粗细等。

例如，品质：饲料蚕豆，水分最高15%，杂质最高2%。

Quality：Feeding Broadbean，Moisture（max）15%，Admixture（max）2%.

此外，还有凭等级买卖、凭标准买卖、凭说明书和图样买卖、凭商标和品牌买卖、凭产地名称买卖等。

2. 合同中的数量条款

商品的数量是国际货物买卖合同中不可缺少的主要条款之一。《联合国国际货物销售合同公约》规定：如果卖方交付的货物数量大于合同规定的数量，买方可以收取也可以拒绝多交部分的货物。如果买方收取多交部分货物的全部或一部分，它必须按合同价格付款。如果卖方交货数量少于约定的数量，卖方应在规定的交货期届满前补交，但不得使买方遭受不合理的不便或承担不合理的开支，即使如此，买方也有保留要求损害赔偿的权利。

资料库

“约”

按《跟单信用证统一惯例》规定，这种“约”字，可解释为交货数量有不超过10%的增减幅度。为了明确责任和便于合同的履行，最好在合同的数量条款中不宜采用“约”字。

在规定商品数量条款时，应尽可能使用明确、具体的词句，避免在合同执行时引起不必要的纠纷。

3. 合同中的包装条款

商品包装条款是买卖合同中的重要条款之一。由于国际贸易中商品一般需要经过长距离的辗转运输，因此，适当包装的商品，既有利于储存、保管、运输、装卸、销售，又有利于消费者的选购和携带。同时，包装精美的商品，还有利于吸引顾客，扩大销路，增加售价，多创外汇。此外，商品的包装还在一定程度上反映出一个国家的生产水平、科学技术水平和文化艺术水平。因此，商品包装的作用不仅限于保护商品的品质和数量，而且已发展成为增强商品竞争力、扩大销路、增加外汇收入的重要手段之一。为了适应我国对外贸易发展的需要，使我国的出口商品具有竞争力，我国出口商品包装应达到科学、经济、牢固、美观、适销和多创外汇的要求。

4. 合同中的国际货物运输保险条款

在对外贸易中，由于买卖双方往往是远隔重洋，商品从卖方转到买方手中，通常需要长时间、远距离的运输，并且在整个运输过程中，又要经过多次装卸、存储、搬运，商品难免会遇到这样或那样的风险而遭受损失。为了保障货物遭到损失后能得到一定的经济补偿，买方或卖方一般都在货物装运之前向保险公司投保货物运输保险。国际货物运输保险的种类很多，其中包括海运货物保险、陆运货物保险、空运货物保险和邮运货物保险，其中海运货物保险起源最早，历史最久。其他运输方式下的保险是在海洋货物保险的基础上发展起来的。

货运保险是指由被保险人在货物装运以前，向保险公司投保货物运输保险，交纳保险费并取得保险单证。如果货物在运输途中遇到自然灾害或意外事故发生，保险公司对保险责任范围内的损失给予赔偿。

三、进出口业务程序

进出口业务程序是指买卖双方为了买卖某种商品，通过一定程序就交易的各项条件进行洽谈，最后达成协议的整个过程，也叫做交易磋商。交易磋商的目的是签订合同，一旦双方对各项交易条件协商一致，买卖合同即告成立。

交易磋商可以通过书面、口头两种形式进行。口头磋商主要是指通过参加各种博览会、交易洽谈会、随团出访、邀请外商来访等形式面对面地谈判。书面磋商是指通过信件、电报、电传、传真或E-mail等形式进行谈判。进出口业务的程序一般要经过询盘、发盘、还盘和接受四个环节。其中，从法律角度讲，发盘和接受是达成交易、签订合同必不可少的两个基本环节和法律步骤。

1. 询盘(Inquiry)

询盘又称为询价，是指在对外贸易洽谈中，由买卖双方中的一方就某项商品的有关交易条件向另一方发出的询问。询盘一般由买方向卖方发出，也可由卖方向买方发出，其目的是为探询对方对交易的诚意和了解对方交易的条件，以便为下一步彼此间进行详细而周密的洽谈奠定基础。因此，询盘在法律上不具有约束性，发出询盘的一方对能否达成协议不负有任何责任。询盘往往是交易的起点。

例1：“对海尔＊＊＊型号电冰箱有兴趣，请报最低价。”

即“Interested in Hair ＊＊＊, please quote lowest price”。

例2：“可供永久牌自行车，如感兴趣，请递盘。”

即“Can supply Forever bicycle，if interested please bid.”

在国际贸易中，通常采用下列一类词语来表示询盘，如：

“请发盘……”即“PLEASE OFFER……”

“请报价……”即“PLEASE QUOTE……”

“对……感兴趣，请……”即“INTERESTED IN …… PLEASE……”

知识卡

发　盘

《联合国国际货物销售合同公约》规定：“向一个或一个以上特定的人提出订立合同的建议，如果内容十分确定并且表明发盘人在其发盘得到接受时承受约束的意旨，即构成发盘。”

2. 发盘(Offer)

发盘又称为发价或报价，法律上称为要约。在实际业务中，发盘可以由卖方提出，也可以由买方提出。前者称为卖方发盘(Selling Offer)，又称为售货发盘；后者称为买方发盘(Buying Offer)或递盘(Bid)。

根据《联合国国际货物销售合同公约》规定，构成一项有效发盘的条件包括：

1）发盘必须向一个或一个以上特定的人提出。受盘人可以是自然人，也可以是法人，但必须特定化，而不能是泛指广大的公众。因此，一般的商业广告，即使内容明确完整，由于没有特定的受盘人，不能构成有效的发盘，而只能看作是询盘。

2）发盘的内容必须十分确定。即发盘中所列的条件必须是完整、明确和终局的。《联合国国际货物销售合同公约》规定，发盘至少包括三个要素：标明商品的名称；明示(或默示)地规定商品的数量或规定如何确定商品数量的方法；明示(或默示)地规定商品的价格或规定如何确定商品价格的方法。发盘的确定性和终局性，是指发盘没有含糊不清、模棱两可的字眼，没有保留的交易条件。

3）发盘要表明发盘人在得到接受时承受约束的意旨。即在发盘被有效接受时合同即告成立。受盘人只要接受发盘的条件，发盘人就要承担与受盘人订立合同的法律责任。

4）发盘必须送达受盘人。根据《联合国国际货物销售合同公约》的规定，发盘于送达受盘人时生效。如发盘由于在传递中遗失以至受盘人未能收到，则该发盘无效。

下面是一个有效发盘的实例：

例如：OFFER 5000 DOZEN SPORT SHIRTS SAMPLED MARCH 15th USD 75.50 PER DOZEN CIF NEW YORK EXPORT STANDARD PACKING Mar/June SHIPMENT IRREVOCABLE SIGHT L/C SUBJECT REPLY HERE 20th.

即：兹发盘5000打运动衫，规格按3月15日样品，每打CIF纽约价75.50美元，标准出口包装，5至6月份装运，以不可撤销信用证支付，限20日复到。

3. 还盘(Counter Offer)

还盘是指受盘人不同意或不完全同意发盘人在发盘中提出的条件，为了进一步协商，对发盘提出修改意见。还盘可以用口头方式或书面方式表达出来，一般与发盘采用的方式相符。

例如：“YOURS TENTH COUNTER OFFER USD70 CIF NEW YORK REPLY THIRTEENTH HERE.”

即：你方10日电还盘70美元CIF纽约限13日复到。

还盘的法律后果是对发盘的拒绝或否定。一项发盘一旦被受盘人还盘，原发盘即失去效力，原发盘人就不再受其约束。所以，还盘人不得在还盘后再接受原发盘，即使在原发盘的有效期内也如此，除非原发盘人对该项"接受"给予确认。还盘可用"还盘"字样表示，也可以只用与发盘条件不同的内容通知对方，以求修改、附加对方的交易条件。

4. 接受(Acceptance)

接受在法律上称为承诺，是指受盘人在发盘规定的有效期内，以声明或行为表示同意发盘人提出的各种条件。接受与发盘一样，既是一种商业行为又是一种法律行为。受盘人对发盘(或还盘)一旦表示接受，合同即告成立，发盘(或还盘)中的交易条件对发盘人(或还盘人)、受盘人都构成法律约束力。

根据《联合国国际货物销售合同公约》规定，构成一项有效接受的条件包括：

1）接受必须由特定的受盘人做出。发盘是向特定人提出的，因此，只有特定的受盘人才能对发盘做出接受。由第三者所作出的接受是无效的接受，不具有法律效力，只能作为一项新的发盘，必须由原发盘人予以确认，合同才能成立。

2）接受必须表示出来。根据《联合国国际货物销售合同公约》规定，接受必须由受盘人以一定的方式表示出来。即接受可以采用口头或书面的声明表示，也可以用行为表示出来。例如，受盘人收到发盘后在其有效期内发运货物或支付货款或开出信用证，这些都属于用行为表示接受的各项交易条件。目前，我国在进出口业务中仍然要求以书面形式订立合同，所以用行为表示接受在我国尚不适用。

3）接受必须在发盘有效期内送达发盘人。发盘中通常都有有效期，受盘人必须在发盘有效期内(若发盘未规定具体有效期,则在"合理时间"内)做出接受的表示并送达发盘人，才具有法律效力。在发盘有效期之后才到达发盘人的接受称为逾期接受，它构成一项新的发盘。

4）接受的内容必须与发盘完全相符。《联合国国际货物销售合同公约》规定：对发盘表示接受但载有增加、限制或其他变更的答复，即为拒绝该发盘，并构成还盘。接受的内容应当与发盘内容完全一致，并不提出任何更改、添加或限制的意见，也无保留条件，否则该项"接受"无法律效力，只能构成一项还盘。但是,《联合国国际货物销售合同公约》对载有添加、限制或变更发盘条件的接受又有实质性和非实质性变更之分。例如，对发盘中商品价格、质量、数量、支付条件、交货地点和时间、赔偿责任范围及争端解决办法的更改，均视为对原发盘的实质性修改，此类"接受"均无法律效力。如果增加或变更的条件不属于上述内容的变更之列，则视为非实质性修改，不影响接受的法律效力，除非发盘人毫不迟延地以口头或书面方式表示反对其间的差异。

例如："你15日电我方接受。"

"YOURS FIFTEETH ACCEPT."

在进出口交易磋商中，当一方发盘被另一方接受后，进出口合同即告成立，买卖双方就确立了合同关系。

5. 签订合同

（1）进出口合同的形式　合同的形式一般情况下有口头形式和书面形式两种。《联合国国际货物销售合同公约》规定：销售合同无须以书面订立或书面证明，在形式方面也不受任何其他条件的限制。销售合同可以用包括人证在内的任何方法证明。所以，根据《联合国国际货物销售合同公约》的解释，合同的形式可以是口头的，也可以是书面的。1986年12月我国政府在向联合国交存对《联合国国际货物销售合同公约》的核准书时，对《联合国国际货物销售合同公约》第11条、第29条的有关规定提出了保留，即我国不同意国际货物买卖合同采用书面以外的形式订立、更改或终止，应采用书面形式方为有效。

在进出口业务中，合同的书面形式可采用正式的合同书（Contract）、确认书（Confirmation）、协议（Agreement），也可采用备忘录（Memorandum）、意向书（Letter of Intent）、订单（Order）等形式。在我国外贸业务中，最常用的合同形式是合同书和确认书。合同书的内容比较全面、详细，除了包括交易的主要条件，如品名、品质、规格、数量、包装、价格、运输、支付外，还包括保险、商检、索赔、仲裁、不可抗力等条款。所以，合同书是正规的、适用交易数额大的货物买卖合同。确认书是合同书的简化形式。合同书与确认书的法律效力都是相同的，通常都制作一式两份，由双方合法代表分别签字后各执一份，作为合同订立的证据和履行合同的依据。

（2）进出口合同的内容　我国对外贸易企业与外商签订的买卖合同，不论采取哪种形式，都是调整交易双方经济关系和规定彼此权利与义务的法律文件，其内容通常都包括约首、合同条款和约尾三个部分。

1）约首部分：一般包括合同名称、合同编号、缔约双方名称和地址、电报挂号、电传号码等项内容。

2）合同条款：合同条款是合同的主体，它包括品名、品质、规格、数量、包装、价格、运输、支付外，还包括保险、商检、索赔、仲裁、不可抗力等项内容。

3）约尾部分：一般包括订约日期、订约地点和双方当事人签字等项内容。

国际货物买卖合同范本见附录B。

知识检验

一、填空题

1. 进出口业务的程序一般要经过________、________、________和________四个环节。其中，从法律角度讲，________和________是达成交易、签订合同必不可少的两个基本环节和法律步骤。

2. 进出口合同内容通常都包括________、________和________三个部分。

二、选择题

1. 按《跟单信用证统一惯例》规定，如果合同中规定交货数量为“约1000t”，以下________可以被接受。

A. 800t　B. 900t　C. 990t　D. 1000t　E. 1010t　F. 1100t

2. 国际商会《2000通则》所解释的13种贸易术语中，最为常用的三种贸易术语是________。

A. FCA　B. FOB　C. CFR　D. CIF　E. CPT　F. CIP

三、简答题

1. 请按下表格式对国际商会《2000通则》所解释的13种贸易术语特点进行整理比较

	EXW		FOB		CFR		CIF		FCA		CPT		CIP	
义务	买	卖	买	卖	买	卖	买	卖	买	卖	买	卖	买	卖
按期交货														
收货付款														

（续）

	EXW		FOB		CFR		CIF		FCA		CPT		CIP	
安排运输														
安排保险														
办理出口手续														
办理进口手续														
风险划分界线														
适用运输方式														

2. 分析以下案例

某公司与德商签订出口合同，数量为100t，CIF Bremen GBP 80 per MT，水分最高15%，杂质不超过3%，交货品质以中国进出口商品检验检疫局品质检验为最后依据。在成交前我方曾向对方寄送样品，合同签订后又电告对方，确认成交货物与样品相似。货物装运前由中国进出口商品检验检疫局签发品质规格合格证书。货物运抵德国后，对方提出：虽有中国进出口商品检验检疫局出具的品质合格证书，但货物的品质却比样品差，卖方应有责任交付与样品一致的货物。因此，要求每吨减价6英镑。我方以合同中并未规定凭样交货，而仅规定了凭规格交货为由拒绝减价。于是德国公司请该国某检验公司进行检验，出具了所交货物平均品质比样品低7%的检验证明，并据此向我方提出索赔600英镑的请求。我方则仍坚持原来理由而拒赔。德国公司遂请求中国国际贸易促进委员会对外贸易仲裁委员会协助解决此案。此时，我方进一步陈述说，这笔交易在交货时商品是经过挑选的，因该商品系农产品，不可能做到与样品完全相符，但不至于比样品低7%。由于我方已将留存的复样遗失，对自己的陈述无法加以说明，仲裁机构也难以处理。最终只好赔付一笔品质差价而结案。

四、思考题

1. 你认为本案表示品质的方法是凭规格？还是凭样品？
2. 凭样品买卖时对卖方有什么要求？
3. 从本案中应吸取哪些教训？

课题三 技能训练

任务描述

针对南京思科纺织服装公司与其加拿大客户的此次外贸交易，以小组为单位设计出符合进出口贸易相关规定的业务流程，并在之后进行讨论，进一步修正。

任务目的

通过学生自主的学习和业务流程设计，锻炼学生的自主学习和思维能力，并在业务流程设计中了解国际贸易的基本知识。

任务准备

要求学生在课前详细了解进出口贸易规定和进出口业务的详细流程，提前查阅相关知识的资料。

任务实施

制作南京思科纺织服装公司出口流程图，并草拟出口合同。

范例

货物出口合同（Sales Contract）

编号（No.）：
签约地点（Signed at）：
日期（Date）：
卖方（Seller）：
地址（Address）：
电话（Tel）：
传真（Fax）：
电子邮箱（E-mail）：
买方（Buyer）：
地址（Address）：
电话（Tel）：
传真（Fax）：
电子邮箱（E-mail）：
买卖双方经协商同意按下列条款成交：

The undersigned Seller and Buyer have agreed to close the following transactions according to the terms and conditions set forth as below：

1. 货物名称、规格和质量（Name，Specifications and Quality of Commodity）：
2. 数量（Quantity）：
3. 单价及价格条款（Unit Price and Terms of Delivery）：

除非另有规定，"FOB""CFR"和"CIF"均应依照国际商会制定的《2000年国际贸易术语解释通则》（INCOTERMS 2000）办理。

The terms FOB，CFR，or CIF shall be subject to the International Rules for the Interpretation of Trade Terms（INCOTERMS 2000）provided by International Chamber of Commerce（ICC）unless otherwise stipulated herein.

4. 总价（Total Amount）：
5. 允许溢短装（More or Less）：____%。
6. 装运期限（Time of Shipment）：

收到可以转船及分批装运之信用证____天内装运。

Within ____ days after receipt of L/C allowing transhipment and partial shipment.

7. 付款条件（Terms of Payment）：

买方须于____前将保兑的、不可撤销的、可转让的、可分割的即期付款信用证开到卖方，该信用证的有效期延至装运期后____天在中国到期，并必须注明允许分批装运和转船。

By Confirmed, Irrevocable, Transferable and Divisible L/C to be available by sight draft to reach the Seller before ____ and to remain valid for negotiation in China until ____ after the Time of Shipment. The L/C must specify that transshipment and partial shipments are allowed.

买方未在规定的时间内开出信用证，卖方有权发出通知取消本合同，或接受买方对本合同未执行的全部或部分，或对因此遭受的损失提出索赔。

The Buyer shall establish a Letter of Credit before the above-stipulated time, failing which, the Seller shall have the right to rescind this Contract upon the arrival of the notice at Buyer or to accept whole or part of this Contract non fulfilled by the Buyer, or to lodge a claim for the direct losses sustained, if any.

8. 包装（Packing）:

9. 保险（Insurance）:

按发票金额的____%投保________险，由________负责投保。

Covering ____ Risks for ____% of Invoice Value to be effected by the ____.

10. 品质/数量异议（Quality/Quantity Discrepancy）:

如买方提出索赔，凡属品质异议须于货到目的口岸之日起30天内提出，凡属数量异议须于货到目的口岸之日起15天内提出，对所装货物所提任何异议于保险公司、轮船公司、其他有关运输机构或邮递机构所负责者，卖方不负任何责任。

In case of quality discrepancy, claim should be filed by the Buyer within 30 days after the arrival of the goods at port of destination, while for quantity discrepancy, claim should be filed by the Buyer within 15 days after the arrival of the goods at port of destination. It is understood that the Seller shall not be liable for any discrepancy of the goods shipped due to causes for which the Insurance Company, Shipping Company, other Transportation Organization/or Post Office are liable.

11. 由于发生人力不可抗拒的原因，致使本合约不能履行，部分或全部商品延误交货，卖方概不负责。本合同所指的不可抗力系指不可干预、不能避免且不能克服的客观情况。

The Seller shall not be held responsible for failure or delay in delivery of the entire lot or a portion of the goods under this Sales Contract in consequence of any Force Majeure incidents which might occur. Force Majeure as referred to in this contract means unforeseeable, unavoidable and insurmountable objective conditions.

12. 争议的解决（Dispute Resolution）:

凡因本合同引起的或与本合同有关的任何争议，均应提交中国国际经济贸易仲裁委员会，按照申请仲裁时该会实施的仲裁规则进行仲裁。仲裁裁决是终局的，对双方均有约束力。

Any dispute arising from or in connection with this contract shall be submitted to China International Economic and Trade Arbitration Commission, which shall be conducted in accordance with the Commission's arbitration rules in effect at the time of applying for arbitration. The arbitral award is final and binding upon both parties.

13. 通知（Notices）:

所有通知用____文写成，并按照如下地址用传真/电子邮件/快件送达给各方。如果地址有变更，一方应在变更后____日内书面通知另一方。

All notice shall be written in ____ and served to both parties by fax/e-mail/courier according to the following addresses. If any changes of the addresses occur, one party shall inform the other party of the change of address within ____ days after the change.

14. 本合同为中英文两种文本，两种文本具有同等效力。本合同一式____份。自双方签字（盖章）之日起生效。

This Contract is executed in two counterparts each in Chinese and English, each of which shall be deemed equally authentic. This Contract is in ____ copies effective since being signed/sealed by both parties.

卖方签字（The Seller）：　　　　　　　　买方签字（The Buyer）：

任务评价

项目（或任务）编号		学时		学生姓名		总分	

类别	序号	评价项目	评价内容及要求	评价标准	配分	学生自评	学生互评	教师评价	得分
岗位技能评价	1	质量控制	能够设计出外贸流程	不会设计无分	35				
	2	方法技巧运用	能够自主学习外贸业务规定和流程，查阅相关资料	会用3种以下总分减半，不会用无分	30				
	3	运用知识能力	能够准确把握知识要点设计业务流程	不能掌握知识要点无分，掌握部分知识要点减分	30				
	4	完成时间	是否按时完成任务	不按时完成无分	5				
职业素质评价	5	安全生产	遵守国际贸易相关原则和规定	不遵守有关规定扣1~5分					
	6	文明生产	尊重他人，各组自主设计业务流程，不得抄袭	不遵守有关规定扣1~5分					
	7	沟通交流	积极主动性强	不积极沟通扣1~5分					
	8	团队合作	合作参与意识好	合作不好扣1~5分					

注：按学生自评占20%、学生互评占30%、教师评价占50%计算总分。

任务小结

授课班级		授课时间		授课地点	
授课教师		任务名称			
学生表现					
存在问题及改进方法措施					

单元四　国际物流运输管理

知识目标

1. 通过本单元的知识学习、技能训练以及实践活动，懂得国际物流运输决策的内容，了解运价的构成，能够为国际物流运输选择合适的运输方式，优化运输路线。

2. 为某粮油出口有限公司的某一次国际运输设计运输方案，包括运输工具、运输方式的选择，运输线路的设计和优化等内容。

技能目标

- 质量要求：能很好地运用国际物流运输管理方法，选择合适的运输方式和运输工具，设计并优化运输线路。
- 方法要求：熟悉国际物流运输方式优缺点及国际物流运输路线等知识，不犯常识性错误。
- 安全要求：严格按照国际物流方案设计流程实施任务，程序不紊乱。
- 文明要求：能按照学习现场的管理规章要求实施活动，自觉合作完成任务。
- 任务完成时间要求：8 学时。

案例导入

1937 年的一天，马尔科姆·麦克林（Malcolm Mclean）坐在新泽西霍博肯的码头上。等待将一批成包的棉花装上船时，他观察到港口工人人工将货物从卡车上卸下，放入勾悬袋中运上船。货物到达甲板上后，又不得不被再次卸下，在船舱内积载准备出运。麦克林感到奇怪，为什么没有人想到通过将卡车开到船上来节省时间和体力呢？难道不进行人工的重复装卸，整卡车的货物就不能运输了吗？而且如果那样做，交货港的人们也就无须再将货物重新装上另一卡车或火车了。

问题：麦克林“通过将卡车开到船上来节省时间和体力”的想法，折射了现代国际物流运输中的哪种运输方式？这种运输方式的优点是什么？在国际物流运输中起到了怎样的作用？

课题一　运输管理决策

一、运输管理的概念与意义

1. 运输管理的意义

运输是人和物的载运及输送，在国际物流过程中，运用多种设备和工具，将物品在国家与国家、国家与地区之间进行运送的活动，以改变被运物的空间位置，其内容包括集货、分配、搬运、中转、装入、卸下、分散等一系列操作。它是任何全球物流的一个重要组成部分，针对运输所做的决策必须纳入整个物流系统之中，必须适应这一系统。运输在国际物流系统中发挥的重要作用主要表现在以下几个方面：

1）运输是国际分工的必要条件之一，它是生产过程在流通领域内的继续，生产与生产，市场与市场，生产与消费都需要运输来维系，延续了社会生产，使得国际范围内的分工成为可能。

2）运输是物流的动脉系统，企业的物流过程为投入→转换→检验→储存→销售，都需要运输来连接。

3）运输是创造国际物流空间效用的环节，利用运输可以把物资运送到空间效应最高的地区，从而可得到最大的利益，在全球范围内实现资源优化配置。

动脑筋

运输管理的构成要素有哪些？

4）合理运输能降低国际物流费用，提高物流速度，是发挥物流系统整体功能的中心环节。

5）合理运输能加快资金周转速度，降低资金占用时间，是提高物流经济效益和社会效益的重点所在。

因此，搞好运输管理工作，开展合理运输，实现国际物流运输合理化，不仅关系到物流时间占用的多少，而且还会影响到物流费用的高低。不断降低物流运输费用，对于提高国际物流的经济效益和社会效益，都有着重要作用。物流运输合理化在很大程度上依赖于运输合理化。

2. 运输管理的要素

影响物流运输合理化的因素很多，而决定其作用的有以下五个主要因素，成为合理运输管理的“五要素”。

1）运输距离：运输距离的长短是影响合理运输的一个基本因素。在运输过程中，运输时间和运输费用等技术经济指标都与运输距离有关，国际物流由于要跨国运输，运输距离一般都不短，对运输时间、运输费用和运输的安全性影响就更大了，因此要精心设计运输路线以尽可能合理缩短运输距离。

2）运输环节：每增加一个运输环节都会增加运输的辅助作业，如装卸、包装等，各项技术经济指标也会因此而发生变化，国际物流运输需要过关涉卡，所涉环节较国内运输更为复杂。因此，精密计划，尽量减少运输环节对合理运输有利。

3）运输工具：运输工具的选择也可以说是对运输方式的选择。各种运输工具都有其各自的优点，不同运输方式适用不同情况，对运输工具、运输方式进行优化选择，最大限度地发挥运输工具的特点和作用，是运输合理化的重要因素。

4）运输时间：在全部物流时间中，尤其在远程运输中，运输时间占了绝大部分，因此，缩短运输时间对缩短整个流通时间有决定性的作用。此外，缩短运输时间还有利于加速运输工具的周转，有利于发挥运力效能，提高运输线路通过能力，还可不同程度的改善不合理运输状况。

5）运输成本：运输成本在全部物流费用中占据很大比例，运输成本的高低是运输合理化的一个重要标志，也是各种合理化措施是否行之有效的判断依据之一。由于国际货物运输是国际贸易的重要组成部分，而且运输的距离长，环节较多，各项运杂费用开支较大，故节省运杂费用的潜力比较大，途径也很多。因此，从事国际货物运输的企业和部门，应该不断地改善经营管理，节省运杂费用，提高企业的经济效益和社会效益。

除此之外，货物的性质，批量的适应性，气候变化，运输的机动性和便利性，运输的安全性和准确性，各国运输优惠政策等都在不同程度的影响国际物流运输的效能。对国际客户来说，运输的安全性和准确性、运输费用的低廉性以及缩短运输总时间等因素是其关注的重点。对业主来说，制造业重视运输费用的低廉性，批发性和零售业重视运输的安全性和准确性、运输服务的质量以及运输总时间的缩短等。

3. 其他相关因素

1）国外运输优惠政策：内陆公共点运输（Overland Common Points，简称 OCP），也称陆上公共点，使用两种运输方式即可将卸至美国西海岸港口的货物通过铁路转运至美国的内陆公共点地区，并享有优惠运价。所谓 OCP 费率是太平洋航运公会为争取运往美国内陆地区的货物途经美国西海岸转运而制定的一个较直达美国东海岸为低的费率。美国的 OCP 地区只限于美国的中部和东部各州，它以落基山脉为界，在其之东的各州均为 OCP 地区，在其之西的各州均为非 OCP 地区。

从远东至美国西岸港口，而后再向东运往 OCP 地区的货物，不仅其海运运费可享受优惠的 OCP Rate（每吨运费低 3～4 美元），而且进口方在支付从西海岸至最终目的地的铁路（或公路）运费也较其本地运输费率低 3%～5%。

2）OCP 运输注意事项

①OCP 运输下的集装箱货物，卖方（发货人）承担的责任、费用终止在美国西海岸港口，货物卸船后，由收货人委托中转商持正本提单向船公司提货，并负责运抵收货人指定地点。在买卖合同和信用证栏内应加注“OCP 运输”字样，在签发提单时，其签发要求与买卖合同、信用证要求相符。如使用某一船公司美国航线专用提单时，因该提单栏内只有“卸货港”、“最终交货地”两栏内容，在国内港口装船运往美国使用 OCP 运输方式而签发某一船公司专用提单时，目的港一栏内应注明“LOS ANGELES OCP”。

知识卡

OCP 地区与 OCP 地区货物

从美国的北达科他州、南达科他州、内布拉斯加州、科罗拉多州、新墨西哥州起以东的地区均属 OCP 地区，所有经美国西海岸运往这些地区（或反向）的货物，称 OCP 地区货物，并享有 OCP 运输的优惠费率。

②凡运往内陆公共点的集装箱货物，应在卸船 45 天内由收货人向铁路提供证明，如陆上运输单证、转运单、海关转运申请单等。如未在规定时间内提供上述单证或证明，货主则失去铁路给予的优惠运价。收货人在收到货物单证 10 天内，必须申请进口保税运输，以保证将货物最终运抵交货地。如不按时提出申请，货物即转至保税仓库，从而产生各项费用。避免这些费用支出的做法是收货人或其代理人办理由铁路公司代办运输至内陆公共点的保税申请手续。

③OCP运输不是真正的多式联运，尽管全程运输使用海陆两种运输方式，但海、陆运输区段各自签单，海、陆区段运费各自计收，海、陆区段的运输责任各自划分，因此不具备多式联运一张单证、统一责任的要求。

二、运输决策

1. 运输决策的要求

运输决策的科学化对企业信誉、经济效益均有直接影响。运输决策就是按照货物的特点和合理流向以及运输条件，走最少的里程，经最少的环节，用最少的运力，花最少的费用，以最短的时间把货物安全运到目的地，也就是做到“安全、迅速、准确、节省、方便”，这五点是相互制约、相辅相成的，是运输决策时必须考虑的，应该根据市场供求的缓急、商品特性以及运输路线与运力的不同情况全面考虑，适当安排，必要时可以有所侧重。

2. 运输决策的内容

根据以上要求，在进行运输决策时应考虑以下几个方面：运输方式的选择；运输路线的确定；运输工具的配备；运输费用的节约；运输计划的制定；运输环节的减少；运输时间的节省；运输质量的提高；作业流程连续性；服务水平的提高等。

（1）运输方式的选择　国际物流运输方式主要有：水运，铁路运输，货车运输，管道运输，空运。各种运输方式有着各自较合理的适用范围和不同的技术经济特征，选择时必须进行比较和综合分析。

首先，要考虑商品的性质、数量的大小、运输距离的远近、市场需求的缓急、风险的程度等因素。例如鲜活商品、季节性商品，要求运输速度快、交货及时，以免贻误销售时机。贵重货物因商品价值高，要求严格地保证运输质量等等。

其次，还要考虑运输成本的高低、运行速度的快慢和频率、可靠性、运载能力、可用性和成本等因素。例如，货价较低的大宗商品，要求低廉的运输费用，以降低商品成本，增加竞争能力。

最后，要考虑运输方式的经济里程以及地理条件与运输方式的相适性。陆上运输可根据运距的长短进行铁路、公路的分流来选择不同类型的车辆。在公路运输经济里程范围内，应尽量利用公路运输，这是因为用公路运输分流后可以缓解比较紧张的铁路运输，从而使该区段铁路运输能力提高；另外还可以充分利用公路从门到门的便捷、灵活的优势，实现铁路运输无法达到的服务水平。目前，对杂货及煤炭等较为普遍的物品使用公路运输。但国际物流中更多见的应是海上运输，这是由于各个国家的地理位置关系决定的，海运可选择班轮或不定期船，以及充分利用运输工具回空来运输货物等等。

知识卡

公路运输的经济里程

一般认为，公路的经济里程为200～500km，随着高等级公路的发展，高速公路网的形成，新型货车与特殊货车的出现，公路运输的经济里程有时可达1000km以上。

（2）运输路线的确定　正确选择运输路线和装卸、中转港口对于国际物流运输决策来说是非常重要的，一般来说应尽量安排直达运输，以减少运输装卸、转运等中间环节，如此可缩短运输时间、节省运输费用和避免转运过程中的损坏和遗失，而且灵活性较大。但在决定是否采取直接运输时，还需考虑该物品的特性（如单价、易腐性和季节性等）、所需运输的程度与成本、顾客订货数量与重量、地理位置与方向因素等。必须中转的进出口货物也应选择适当的中转港、中转站。进出口货物的装卸港，一般应尽量选择班轮航线经常停靠的自然条件和装卸设备较好、费用较低的港口。进口货物的卸货港还应根据货物流向和大宗货物用货地来考虑，但要注意避免港口到船集中而造成堵塞。出口货物的装运港则还应考虑靠近出口货物产地或供货地点，以便利货物装运出口，减少国内运输里程，节约运力。

（3）运输货物的组配　在杂货运输中，由同一个发货人将不同品种货物发往同一到站、同一个收货人的少量货物组配在一起，以整车、整船等方式运输至目的地。或将同一方向不同到站的少量货物集中配装在一起，以整车、整船等方式运输到适当的中转站，然后再分运至目的地。采取合整装卸运输，可以减少运输成本和节约劳动力。在实际工作中，通常采用零担拼整直达、零担拼整接力直达或中转分运、整车分卸、整装零担等运作方式。这样，一方面要最大限度地利用车船载重吨位；另一方面又要充分使用车船装载容积，因此既要充分了解运输工具的运力能力，又要具备熟练的装载技术。在实际工作中可以采取如下方法：

①“合”，即轻重配装，将重货和轻泡货合理的配装在一起，这样既可充分利用装载容积，又能充分利用载重能力，提高运输工具的使用效率。

②“分”，即解体运输，将体大、笨重且不易装卸又易致损的物品拆卸后分别包装，使其便于装卸和搬运，以提高运输工具的使用装载效率。

③“码”，即提高堆码技术，根据运输工具的特点和物品的包装形状，采取有效地堆码方法，以提高运输工具的装载量。

（4）运输单位的选择　货主在选择运输单位时，可在私人、合约承运人和公共承运人之间选择，如果发货人拥有自己的运输工具，他就成了私人承运人。合约承运人是一个独立的组织机构，他与别人签合同，在此基础上向其出售运输服务。公共承运人按照时间表在几个预定地点之间提供服务，按照收费标准为所有货主服务，也就是说，在进行运输决策时，货主可以选择拥有自己的车队甚至自己的船队，但是货主要做到低成本、高效率的自行运输经常是相当困难的，所以通常会委托第三方物流服务来完成，也就是合约运输或公共运输，相比之下，合约运输比较灵活，而公共运输比较安全，货主可以根据自己的实际情况来选择。

在决定运输单位时，根据货主要求选择不同的运输船公司，一般来说知名的船公司实力雄厚，服务优良，操作规范；中等规模的船东或货代虽然名气不大，但在船期、服务有保证的条件下，价格更为合理；小货代报价低，但因实力不够导致服务难有保障。在航运市场上，不同的船公司或货代在不同的航线上有各自的优势，找到在某一条航线经营上有优势的公司，不但船期会密一些，而且他们的运价一般是市场上最便宜的。因此，最好根据自己的出口市场分类，如出口到美国的货物交给一家公司做，出口欧洲的货物又交给另一家公司做。做到这一点需要对航运市场多加了解。

企业必须从整体的系统的观点出发进行决策分析，规划合理的运输方案，以达到成本与服务绩效之间的平衡。在做出运输决策时，必须对各种运输方式之间复杂的利害关系加以权衡，同时还必须考虑对其他分销要素如仓储和库存货的潜在影响。由于不同运输方式的相对成本会随着时间的推移而发生变化，企业在探索最佳物流计划时必须分析研究所做出的选择是否得当，因此运输方式的选择是国际货物运输管理的重点。

知识检验

一、填空题

1. 合理运输管理的“五要素”是：__________、__________、__________、__________、__________。

2. “__________、__________、__________、__________、__________”五点是相互制约、相辅相成的，是运输决策时必须考虑的。

二、选择题

1. 现有一批鲜花由昆明运至洛杉矶，试问选择哪种运输方式最合适__________。

A. 公路运输　　B. 铁路运输　　C. 海上运输　　D. 航空运输

2. 国际货物运输决策首要考虑的是__________。

A. 安全　B. 迅速　C. 准确　D. 节省　E. 方便

三、简答题

1. 运输货物组配的必要性与注意事项有哪些？

2. 运输单位选择时要考虑哪些因素？

课题二　运输方式种类与选择

一、运输方式种类

国际物流运输方式，根据使用的运输工具不同，可以分为如下几种运输方式：海上运输，铁路运输，公路运输，航空运输，管道运输和邮政运输等。由于地理位置和运输成本的限制，绝大部分的国际物流都是经由海上运输，少部分通过铁路或公路运输，也有些货物是管道运输或邮政运输。随着航空事业的发展，通过航空运输的货运量近年来有较大的增长，货物种类和范围也在不断扩大。

知识卡

运费比较

据统计，海运运费一般约为铁路运费的1/5，为公路汽车运费的1/10，为航空运费的1/30，这就为低值大宗货物的运输提供了有利的竞争条件。

选择运输方式时，第一要考虑的是运输物品的种类；第二要考虑的是运输量；第三要考虑的是运输距离；第四要考虑的是运输时间；第五要考虑的是运输费用。它们的特点和作用比较如下：

1. 国际海上货物运输

国际海上货物运输是指使用船舶通过海上航道在不同的国家和地区的港口之间运送货物的一种运输方式。

（1）国际海上货物运输的特点

1）运输量大：国际货物运输是在全世界范围内进行的商品交换，地理位置和地理条件决定了海上货物运输是国际货物运输的主要手段。国际贸易总运量的75%以上是利用海上运输来完成的，有的国家的对外贸易运输海运占运量的90%以上。主要原因是船舶向大型化发展，如50～70万t的巨型油船，16～17万t的散装船，以及集装箱船的大型化，船舶的载运能力远远大于火车、汽车和飞机，是运输能力最大的运输工具。

2）通过能力大：海上运输利用天然航道四通八达，不像火车、汽车要受轨道和道路的限制，因而其通过能力要超过其他各种运输方式。如果因政治、经济、军事等条件的变化，还可随时改变航线驶往有利于装卸的目的港。

3）运费低廉：船舶的航道为天然构成，船舶运量大，港口设备一般均为政府修建，船舶经久耐用且节省燃料，所以货物的单位运输成本相对低廉。

4）对货物的适应性强：由于上述特点使海上货物运输基本上适应各种货物的运输。例如石油井台、火车、机车车辆等超重大货物，其他运输方式是无法装运的，船舶一般都可以装运。

5）运输的速度慢：由于商船的体积大，水流的阻力大，加之装卸时间长等其他各种因素的影响，所以货物的运输速度比其他运输方式慢。较快的班轮航行速度也仅30n mile/h左右。

6）风险较大：由于船舶海上航行受自然气候和季节性影响较大，海洋环境复杂，气象多变，随时都有遇上狂风、巨浪、暴风、雷电、海啸等人力难以抗衡的海洋自然灾害袭击的可能，遇险的可能性比陆地、沿海要大。同时，海上运输还存在着社会风险，如战争、罢工、贸易禁运等因素的影响。为减少损失，海上运输的货物、船舶保险尤其应引起重视。

（2）国际海上货物运输的作用

1）海上货物运输是国际物流运输的主要方式：国际海上货物运输虽然存在速度较低、风险较大的不足，但是由于它的通过能力大、运量大、运费低，以及对货物适应性强等长处，加上全球特有的地理条件，使它成为国际物流中主要的运输方式。我国进出口货运总量的80%～90%是通过海上运输进行的，由于集装箱运输的兴起和发展，不仅使货物运输向集合化、合理化方向发展，而且节省了货物包装用料和运杂费，减少了货损货差，保证了运输质量，缩短了运输时间，从而降低了运输成本。

2）海上货物运输是国家节省外汇支付，增加外汇收入的重要渠道之一：在我国运费支出一般占外贸进出口总额10%左右，尤其大宗货物的运费占的比重更大，贸易中若充分利用国际贸易术语，争取我方多派船，不但节省了外汇的支付，而且还可以争取更多的外汇收入。特别是把我国的运力投入到国际航运市场，积极开展第三国的运输，可为国家创造大量外汇收入。目前，世界各国，特别是沿海的发展中国家都十分重视建立自己的远洋船队，注重发展海上货物运输。一些航运发达国家，外汇运费的收入已成为这些国家国民经济的重要支柱。

3）发展海上运输业有利于改善国家的产业结构和国际贸易出口商品的结构：海上运输是依靠航海活动的实践来实现的，航海活动的基础是造船业、航海技术和掌握技术的海员。造船工业是一项综合性的产业，它的发展又可带动钢铁工业、船舶设备工业、电子仪器仪表工业的发展，促进整个国家的产业结构的改善。我国由原来的船舶进口国，近几年逐渐变成了船舶出口国，而且正在迈向船舶出口大国的行列。由于我国航海技术的不断发展，船员外派劳务已引起了世界各国的重视。海上运输业的发展，已使我国的远洋运输船队进入了世界10强之列，为今后大规模的拆船业提供了条件，不仅为我国的钢铁厂冶炼提供了廉价的原料、节约能源和进口矿石的消耗，而且可以出口外销废钢。由此可见，由于海上运输业的发展，不仅能改善国家产业结构，而且会改善国际贸易中的商品结构。

4）海上运输船队是国防的重要后备力量：海上远洋运输船队历来在战时都被用作后勤运输工具。美、英等国把商船队称为“除陆、海、空之外的第四军种”，苏联的商船队也被西方国家称之为“影子舰队”，由此可见它对战争的胜负所起的作用。正因为海上运输占有如此重要的地位，世界各国都很重视海上航运事业，并通过立法加以保护，从资金上加以扶植和补助，在货载方面给予优惠。

（3）海运船舶营运方式　按照海洋运输船舶经营方式的不同，可分为班轮运输（Liner Transport）和租船运输（Shipping by Chartering）。

1）班轮运输：班轮运输是在不定期船运输的基础上逐渐发展起来的，它是当今国际海洋运输中不可缺少的运输方式之一，因其专业、优质服务、手续简便、方便货主，有利于一般杂货和不足整船货的小额贸易货物的运输。

2）租船运输：租船运输又称为不定期船（Tramp）运输，它与班轮运输方式不同，即没有预定的船期表，船舶经由的航线和停靠的港口也不固定，需按船租双方签订的租船合同来安排，运费或租金则由双方根据租船市场行市在租船合同中加以约定。详细内容参见本书任务六。

2. 国际铁路货物运输

（1）铁路货物运输的特点　铁路是国民经济的大动脉，铁路运输是现代化运输业的主要运输方式之一，它与其他运输方式相比较，具有以下主要特点：

1）铁路运输的准确性和连续性强：铁路运输几乎不受气候影响，一年四季可以不分昼夜地进行定期的、有规律的、准确的运转。

2）铁路运输速度比较快：铁路货运速度每昼夜可达几百千米，一般货车速度可达100km/h左右，远远高于海上运输。

3）运输量比较大：铁路一列货物列车一般能运送3000～5000t货物，远远高于航空运输和汽车运输。

4）铁路运输成本较低：铁路运输费用仅为汽车运输费用的几分之一到十几分之一，运输耗油量约是汽车运输的1/20。

5）铁路运输安全可靠：其风险远比海上运输小。

6）初期投资大：铁路运输需要铺设轨道、建造桥梁和隧道，建路工程艰巨复杂；需要消耗大量钢材、木材；占用土地多，故其初期投资大大超过其他运输方式。

另外，铁路运输由运输、机务、车辆、工务、电务等业务部门组成，要具备较强的准确性和连贯性，各业务部门之间必须协调一致，这就要求在运输指挥方面实行统筹安排，统一领导。

（2）国际铁路货物运输的作用

1）有利于发展同欧亚各国的贸易：通过铁路可把欧亚大陆联成一片，为发展中、近东和欧洲各国的贸易提供了有利的条件。在建国初期，我国的国际贸易主要局限于东欧国家，铁路运输占我国进出口货物运输总量的50%左右，是当时我国进出口贸易的主要运输方式。进入20世纪60年代以后，随着我国海上货物运输的发展，铁路运输进出口货物所占的比例虽然有所下降，但其作用仍然十分重要。自20世纪50年代以来，我国与朝鲜、蒙古、越南、苏联的进出口货物绝大部分仍然是通过铁路运输来完成的；我国与西欧、北欧和中东地区一些国家也通过国际铁路联运来进行进出口货物的运输。

2）有利于开展同港澳地区的贸易，并通过中国香港进行转口贸易：铁路运输是我国联系港澳地区开展贸易的一种重要的运输方式，港澳地区所需的食品和生活用品多由内地供应，随着内地对该地区出口的不断扩大，其运输量逐年增加。做好对港澳地区的运输工作，达到优质、适量、均衡、应时的要求，在政治上和经济上都非常重要。为了确保该地区的市场供应，从内地开设了直达该地区的快运列车，对繁荣稳定港澳市场以及经济发展均起到了积极作用。

中国香港是世界著名的自由港，与世界各地有着非常密切的联系，海、空定期航班比较多，作为转口贸易基地，开展陆空、陆海联运，为我国发展与东南亚、欧美、非洲、大洋洲各国和地区的贸易，对保证我国出口创汇起着重要作用。

3）对进出口货物在港口的集散和各省、市之间的商品流通起着重要作用：我国幅员辽阔，海运进口货物大部分利用铁路从港口运往内地的收货人，海运出口货物大部分也是由内地通过铁路向港口集中，因此铁路运输是我国国际货物运输的重要集散方式。至于国内各省市和地区之间调运外贸商品、原材料、半成品和包装物料，主要也是通过铁路运输来完成的。我国国际贸易进出口货物运输大多都要通过铁路运输这一环节，铁路运输在我国国际货物运输中发挥着重要作用。

4）利用欧亚大陆桥运输是必经之道：大陆桥运输一般都是以集装箱为媒介，采用国际铁路系统来运送。我国目前开办的西伯利亚大陆桥和新欧亚大陆桥的铁路集装箱运输具有安全、迅速、节省的优点。这种运输方式对发展我国与中、近东及欧洲各国的贸易提供了便利的运输条件。为了适应我国经济贸易的发展需要，利用这两条大陆桥开展铁路集装箱运输也是必经之道，将会促进我国与这些国家和地区的国际贸易发展。

3. 国际公路货物运输

公路运输（一般是指汽车运输）是陆上两种基本运输方式之一，在国际货物运输中它是不可缺少的重要运输方式。

（1）公路货物运输的特点　公路货物运输与其他运输方式相比，具有以下特点：

1）机动灵活、简捷方便、应急性强，能深入到其他运输工具到达不了的地方。

2）适应点多、面广、零星、季节性强的货物运输。

3）运距短、单程货多。

4）汽车投资少、收效快。

5）港口集散可争分夺秒，突击抢运任务多。

6）是空运班机、船舶、铁路衔接运输不可缺少的运输形式。

7）随着公路现代化、车辆大型化，公路运输是实现集装箱在一定距离内“门到门”运输的最好的运输方式。

8）汽车的载重量小，车辆运输时震动较大，易造成货损事故，费用和成本也比海上运输和铁路运输高。

（2）国际公路货物运输的作用

1）公路运输的特点决定了它最适合于短途运输，它可以将两种或多种运输方式衔接起来，实现多种运输方式联合运输，做到进出口货物运输的“门到门”服务。

2）公路运输可以配合船舶、火车、飞机等运输工具完成运输的全过程，是港口、车站、机场集散货物的重要手段，尤其是鲜活商品、集港疏港抢运往往能够起到其他运输方式难以起到的作用，可以说其他运输方式往往需要依赖汽车运输来最终完成两端的运输任务。

3）公路运输也是一种独立的运输体系，可以独立完成进出口货物运输的全过程。公路运输是欧洲大陆国家之间进出口货物运输的最重要的方式之一。我国的边境贸易运输、港澳货物运输，其中有相当一部分也是靠公路运输独立完成的。

4）集装箱货物通过公路运输可实现国际多式联运。集装箱由交货点通过公路运到港口装船，或者相反。美国陆桥运输、我国内地通过中国香港的多式联运都可以通过公路运输来实现。

4. 国际航空货物运输

（1）国际航空货物运输的特点　国际航空货物运输虽然起步较晚，但发展极为迅速，这是与它所具备的许多特点分不开的，这种运输方式与其他运输方式相比，具有以下特点：

1）运送速度快：航空线路不受地面条件限制，一般可在两点间直线飞行，航程比地面短得多，而且运程越远，快速的特点就越显著。

知识卡

航空运输速度

现代喷气式运输机一般速度都在1450km/h左右，协和式飞机速度可达2173km/h。

2）安全准确：航空运输管理制度比较完善，货物的破损率低，可保证运输质量，如使用空运集装箱，则更为安全。飞机航行有一定的班期，可保证按时到达。

3）手续简便：航空运输为了体现其快捷便利的特点，为托运人提供了简便的托运手续，也可以由货运代理人上门取货并为其办理一切运输手续。

4）节省包装、保险、利息和储存等费用：由于航空运输速度快，商品在途时间短、周期快，存货可相对减少，资金可迅速收回。

5）航空运输的运量小、运价较高：由于航空运输方式的优点突出，可弥补运费高的缺陷。加之保管制度完善、运量又小，货损货差较少。

（2）国际航空货物运输的作用

1）当今国际贸易有相当数量的洲际市场，商品竞争激烈，市场行情瞬息万变，时间就是效益。航空货物运输具有比其他运输方式更快的特点，可以使进出口货物能够抢行就市，从而可卖出好价钱，增强商品的竞争能力，对国际贸易的发展起到了很大的推动作用。

2）航空货物运输适合鲜活、易腐和季节性强的商品运输。这些商品对时间的要求极为敏感，如果运输时间过长，则可能使商品变为废品，无法供应市场；季节性强的商品和应急物品的运送必须抢行就市，争取时间，否则变为滞销商品，而且滞存仓库，积压资金，同时还要负担仓储费。采用了航空运输，可保鲜成活，又有利于开辟远距离的市场，这是其他运输方式无法相比的。

3）利用航空运输像电脑、精密仪器、电子产品、成套设备中的精密部分、贵稀金属、手表、照相器材、纺织品、服装、丝绸、皮革制品、中西药材、工艺品等价值高的商品，可适应市场变化快的特点，从而可以利用速度快、商品周转快、存货降低、资金迅速回收、节省储存和利息费用、安全、准确等优点来弥补运费高的缺陷。

4）航空运输是国际多式联运的重要组成部分。为了充分发挥航空运输的特长，在不能以航空运输直达的地方，也可以采用联合运输的方式，如常用的陆空联运、海空联运、陆空陆联运，甚至陆海空联运等，与其他运输方式配合，使各种运输方式各显其长，相得益彰。

5. 管道运输

这是近几十年发展起来的一种新型运输方式。管道运输的运输形式是靠物体在管道内顺着压力方向顺序移动实现的。与其他运输方式的重要区别在于管道设备是静止不动的。目前，全球的管道运输承担着很大比例的源物质（专门由生产地向市场输送）运输，包括原油、成品油、天然气、油田伴生气，煤浆等。管道运输石油产品比水运费用高，但仍然比铁路运输便宜。大部分管道都是被其所有者用来运输自有产品，其完成的运量常常大大高于人们的想象。

（1）管道运输的优越性

1）运输效率高，适合于自动化管理，管道运输是一种连续工程，运输系统不存在空载行程，所以系统的运输效率很高。

2）建设周期短、费用低、运输费用也低。

3）耗能少、成本低、效益好。

4）运量大、连续性强。

5）安全可靠、运行稳定、不会受恶劣多变的气候条件影响。

6）管道埋于地下，所以占地少。

7）有利于环境保护，它能较好地满足运输工程的绿色环保要求。

8）对所运的商品来说损失的风险很小。

（2）管道运输缺点

1）运输对象受到限制，承运的货物比较单一。

2）灵活性差，不易随便扩展管道，路线往往完全固定，服务的地理区域十分有限。

3）设计量是个常量，所以与最高运输量之间协调的难度较大，且在运输量明显不足时，运输成本会显著增加。

4）仅提供单向服务。

5）运速较慢。

所以，它主要担负单向、定点、量大的流体状货物运输。

6. 集装箱与国际多式联运

集装箱运输是以集装箱作为运输单位进行货物运输的现代化运输方式，目前已成为国际上普遍采用的一种重要的运输方式。国际多式联运是在集装箱运输的基础上产生和发展起来的，一般以集装箱为媒介，把海上运输、铁路运输、公路运输和航空运输等传统单一运输方式有机地联合起来，来完成国际间的货物运输。在各种组合中，尤以铁路运输和公路运输的组合（“驮背运输”），公路运输和水上运输的组合（“鱼背运输”）较为广泛的采用，尤其是在高价值货物的国际运输中。

（1）集装箱运输的优越性

1）对货主而言，它的优越性体现在可大大地减少了货物的损坏、偷窃和污染的发生；节省包装费用；由于减少了转运时间，能够更好地对货物进行控制，从而降低了转运费用，也降低了内陆运输和装卸的费用，便于实现更迅速的“门到门”的运输。

2）对承运人而言，集装箱运输的优点在于可减少船舶在港的停泊时间，加速船舶的周转，船舶的周转加速可以更有效地利用它的运输能力，减少对货物的索赔责任等。

3）对于货运代理人而言，使用集装箱进行货物运输可以为他们提供更多的机会来发挥无船承运人的作用，提供集中运输服务，分流运输服务，拆装箱服务，“门到门”运输服务和提供联运服务的机会。

（2）集装箱运输的缺点

1）受货载的限制，使航线上的货物流向不平衡，往往在一些支线运输中出现空载回航或箱量大量减少的情况，从而影响了经济效益。

2）需要大量投资，产生资金困难。

3）转运不协调，造成运输时间延长，增加一定的费用。

4）受内陆运输条件的限制，无法充分发挥集装箱运输“门到门”的运输优势。

5）各国集装箱运输方面的法律、规章、手续及单证不统一，阻碍了国际多式联运的开展。

（3）国际多式联运的优点

1）手续简便，责任统一：在国际多式联运方式下，货物运程不论多远，不论由几种运输方式共同完成货物运输，也不论货物在途中经过多少次转运，所有运输事项均由多式联运承运人负责办理。而货主只需办理一次托运、订立一份运输合同、支付一次运费、办理一次保险、取得一份联运提单。与各运输方式相关的单证和手续上的麻烦被减少到最低限度，发货人只需与多式联运经营人进行交涉即可。

由于责任统一，一旦在运输过程中发生货物灭失或损坏时，由多式联运经营人对全程运输负责，而每一运输区段的分承运人仅对自己运输区段的货物损失承担责任。

2）减少运输过程中的时间损失，提高货运质量：多式联运作为一个单独的运输过程而被安排和协调运作，可保证货物流通过程的畅通，减少在运转地的时间损失和货物灭失、损坏、被盗的风险。多式联运经营人通过他的通信联络和协调，在运转地各种运输方式的交接可连续进行，使货物更快速地运输，从而弥补了与市场距离远和资金积压的缺陷。

3）节省运杂费用，降低运输成本：国际多式联运由于使用了集装箱，集装箱运输的优点都体现在多式联运中，多式联运经营人一次性收取全程运输费用和一次性保险费用。货物装箱后装上一程运输工具后即可用联运提单结汇，有利于加快货物资金周转，减少利息损失。同时也节省了人、财、物资源，从而降低了运输成本。这有利于减少货物的出口费用，提高了商品在国际市场上的竞争能力。

4）提高运输组织水平，实现“门到门”运输，使合理运输成为现实：多式联运可以提高运输的组织水平，改善不同运输方式间的衔接工作，可实现各种运输方式的连续运输，可以把货物从发货人的工厂或仓库运到收货人的内地仓库或工厂，做到“门到门”的运输，使合理运输成为现实。

在当前国际贸易竞争激烈的形势下，货物运输要求速度快、损失少、费用低，而国际多式联运适应了这些要求。因此，在国际上越来越多地采用多式联运。可以说，国际多式联运是当前国际货物运输的发展方向。我国地域辽阔，更具有发展国际多式联运的潜力。可以预料，随着我国内陆运输条件的改善，我国国际多式联运必将蓬勃地发展起来，以充分发展我国运输方式的优势性，使之相互协调和配合，一定会早日建立起一个多功能的运输体系。

二、运输方式选择

企业在发货给仓库、经销商和顾客时，可在以上的六种运输方式中进行选择。发货人在为某种产品选择运输方式时，要考虑速度、频率、可靠性、运载能力、可用性和成本等因素。

国际物流对运输方式的选择主要考虑以下五个方面因素：

1. 运输成本

据统计，在外贸价格中，物流费有时可占出口货价的30%～70%。一般而言，海运成本低于路运成本，故在国际物流中多采用海运，但如果海运有大迂回时则选用大陆桥运输在运输成本方面有一定的优势。

2. 运行速度

国际物流速度也很重要，主要有两个原因：一是运距长，需要时日较多，资金占用时间长，加快速度有利于解放占用资金；二是市场价位，由于速度慢可能会错过好价位导致经济效益下降。

3. 货物的特点及性质

货物的特点及性质有时对物流方式的选择起决定性作用，经常有因为国际物流方式的限制而使得一些货物无法进入国际物流中而失去国际市场。

4. 货物的数量

由于国际物流距离较长，使大数量货物运输受到限制，而小数量货物运输又不够经济。因为国际物流流通距离往往超出汽车、火车等运输工具的经济里程，大数量货物不可能选择航空运输，小数量货物运输又明显成本过高。

5. 物流基础设施条件

由于国家之间发展的不平衡，一个国家中可以选择的物流方式到另一个国家可能无法使用，由于另一个国家缺乏采用这种方式的必需基础设施，例如铁路运输的铁轨连续性。在选择运输方式时，如不考虑这个问题，就无法形成有效的物流渠道。

如果发货人要求快速，空运和公路运输是主要选择对象。如果目的是要谋求低成本，那么水运和管道运输就是主要考虑对象。发货人越来越多地综合使用两种或多种运输方式，这要归功于集装箱化的发展。集装箱化是指将货物装入铁箱或拖车中，这样便于在两种运输工具之间转运。

目前，大多数运输会涉及以上一种运输方式以上的服务，物流管理者面临的挑战就在于各种运输模式的均衡必须在整体物流系统的更大框架下完成。物流的运输系统的目标是实现物品迅速完全和低成本的运输，而运输时间和运输成本则是不同运输方式相互竞争的重要条件，缩短运输时间和降低运输成本是此长彼消的关系，所以选择运输方式时一定要有效地协调二者的关系。

通过对以上几种运输方式进行优选、匹配、设计合理的物流系统，以实现物流过程的合理运输。即从物流系统的总体目标出发，运用系统理论和系统工程原理和方法，充分利用各种运输方式，选择合理的运输路线和运输工具，以最短的路径，最少的环节，最快的速度和最少的劳动、能源消耗，组织好物质产品的运输活动。这对缓解我国目前交通运输和能源紧张的情况具有重大的现实意义。

知识检验

一、填空题

1. 国际物流运输方式，根据使用的运输工具不同，可以分为如下所列几种运输方式：__________、__________、__________、__________、__________、__________等。

2. 国际物流对运输方式的选择主要考虑以下几个方面：__________、__________、__________、

__________、__________。

二、选择题

1. 由于地理位置和运输成本的限制，绝大部分的国际物流都是经由__________。

A. 海上运输　　B. 铁路运输　　C. 公路运输　　D. 航空运输

2. 如果发货人要求快速，__________是主要选择对象。如果目的是要谋求低成本，那么__________就是主要考虑对象。

A. 水运　　B. 铁路运输　　C. 空运　　D. 管道运输　　E. 公路运输

三、简答题

1. 列表比较国际物流里的各种运输方式的优缺点。

2. 简述集装箱运输与国际多式联运的关系。

课题三　运价构成与运输成本计算

作为价格市场“晴雨表”的“运价指数”是以第一手集装箱运价信息为数据源，形成即时的点对点集装箱运价走势图，为货运代理、货主及相关企业机构提供市场运价的参考指南，直观迅速反映市场运价的变化趋势。

航线	上期 2015-09-18	本期 2015-09-25	与上期比涨跌（%）
综合指数	827.16	814.09	-1.58
日本航线	629.96	640.95	1.74
欧洲航线	972.47	939.2	-3.42
美西航线	863.22	859.98	-0.38
美东航线	1128.79	1118.25	-0.93
中国香港航线	656.54	637.42	-2.91
韩国航线	583.32	551.84	-5.4
东南亚航线	634.71	641.27	1.03
地中海航线	901.8	873.54	-3.13
澳新航线	597.56	595.91	-0.28
东西非航线	667.47	649.04	-2.76
南非航线	620.98	641.57	3.32
南美航线	377.55	368.81	-2.31
波红航线	684.19	651.51	-4.78
中国台湾航线	704.98	712.13	1.01

走势图周期：50　确认

中国出口集装箱价格综合指数走势图

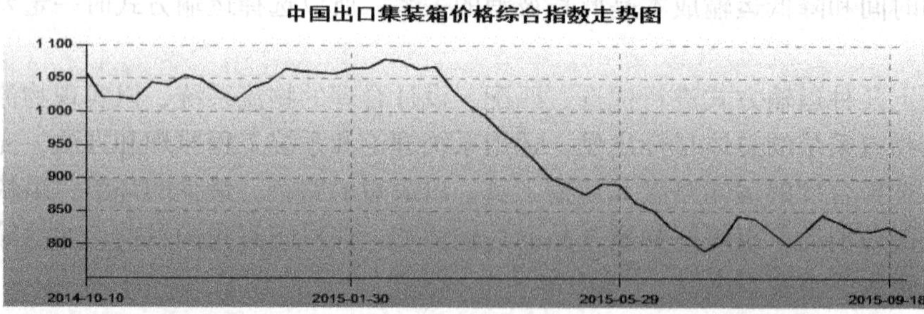

（资料来源：上海航运交易所）

一、运价构成要素

1. 海运运价的构成

（1）海运运价　海运运价包括：

1）海运基本运价（BASIC RATE）：为船公司对外公布的运价，即每一计费单位（如一运费吨）货物收取的基本运费。基本费率有等级费率、货种费率、从价费率、特殊费率和均一费率之分。班轮运费是由基本运费和附加费两部分组成。海运基本运价船公司各不相同，但对于货主来说，如果为你提供货运服务的货代，与某一船公司签订有协议运价，或因为货物量大有箱扣等优惠政策，则货运代理可以提供的某一船公司的运价可能远远低于船公司自身公布的运价。

2）附加费（SURCHARGES）：附加费有燃油附加费（BAF）、货币贬值附加费（CAF）、一般性涨价附加费（GRI）、转船附加费（TRANSHIPMENT SURCHARGE）、直航附加费（DIRECT ADDITIONAL）、超重附加费（HEAVY LIFT ADDITIONAL）、超长附加费（LONG LENGTH ADDITIONAL）、超大附加费（SURCHARGE OF BULKY CARGO）、港口附加费（PORT ADDITIONAL OR PORT SUECHARGE）、港口拥挤附加费（PORT CONGESTION SURCHARGE）、选港附加费（OPTIONAL SURCHARGE）、变更卸货港附加费（ALTERNATIONAL OF DESTINATION CHARGE）和绕航附加费（DEVIATION SURCHARGE）。在以上附加费中，燃油附加费与货币贬值附加费是最主要的两项，尤其在现在国际油价攀升，人民币持续升值的背景下。

燃油附加费（BAF）：目前船公司的燃油成本主要是通过征收燃油附加费来弥补。2007年，原油价格从年初的50美元/桶冲至90美元/桶，新加坡380燃油则从年初的250美元/t升至480美元/t。受此影响，船用燃油价格也有大幅增长。2005年欧洲线每个标准集装箱的燃油附加费为131美元，2007年上涨到400美元，2008年2月是461美元。

货币贬值附加费（CAF）：美元贬值，人民币升值带来的汇率损失，即便是欧洲线，运费也是以美元计价。对于船公司而言，美元只要跌了零点几个点，收入就减少零点几个点。

3）码头费用：码头费用有场装费、码头费、熏蒸费、报关费、转关费、单证费、商检费、冷柜验箱费、包干费。

4）租船运价：租船运价包括租船运费、装卸费、滞期费和速遣费。

（2）集装箱运输运费　目前，集装箱货物运输在海上运输中最为常见，集装箱运输运费构成基本上分为两个大类：一类是袭用件杂货运费计算方法，即以每运费吨为单位（俗称散货价）；另一类是以每个集装箱为计费单位（俗称包箱价）。

1）件杂货基本费率加附加费：

①基本费率。参照传统件杂货运价，以运费吨为计算单位，多数航线上采用等级费率。

②附加费。除了传统杂货所收的常规附加费外，还要加收一些与集装箱货物运输有关的附加费。

2）包箱费率（BOX RATE）：这种费率以每个集装箱为计费单位，常用于集装箱交货的情况，即CFS-CY或CY-CY条款，常见的包箱费率有以下三种表现形式：

①FAK包箱费率（FREIGHT FOR ALL KINDS）。即对每一集装箱不细分箱内货类，不计货量（在重量限额之内）统一收取的运价。

②FCS包箱费率（FREIGHT FOR CLASS）。按不同货物等级制订的包箱费率，集装箱普通货物的等级划分与杂货运输分法一样，仍是1~20级，但是集装箱货物的费率差级大大小于杂货费率级差，一般低级的集装箱收费高于传统运输，高价货集装箱低于传统运输；同一等级的货物，重货集装箱运价高于体积货运价。可见，船公司鼓励人们把高价货和体积货装箱运输。在这种费率下，拼箱货运费计算与传统运输一样，根据货物名称查得等级，计算标

准，然后去套相应的费率，乘以运费吨，即得运费。

③FCB包箱费率（FREIGHT FOR BASIS）。这是按不同货物等级或货类以及计算标准制订的费率。

2. 国内航空货物运价构成

（1）运价（RATES） 运价是承运人为运输货物对规定的重量单位（或体积）收取的费用称为运价。运价指机场与机场间的（AIRPORT TO AIRPORT）空中费用，不包括承运人、代理人或机场收取的其他费用。

（2）航空运费 航空公司按国际航空运输协会所制定的三个区划费率收取的国际航空运费。一区主要是指南北美洲、格陵兰等；二区主要是指欧洲、非洲、伊朗等；三区主要是指亚洲、澳大利亚。

（3）航空货物运价 主要有四类：

1）一般货物运价（GENERAL CARGO RATE"GCR"）：一般货物运价适用最为广泛，当一批货物不能适用上述两种运价时，就应考虑选用此运价。通常，各航空公司针对所承运货物数量的不同，规定了几个计费重量分界点。

知识卡

计费重量分界点

最常见的是45kg分界点，将货物分为45kg以下（又称为标准普通货物运价）和45kg以上（含45kg）两种。另外，根据航线货运量的不同，还可以规定100kg、300kg分界点。

运价的数额随着运输量的增加而降低。这也是航空运价的显著特点之一。

2）特种货物运价或指定商品运价（SPECIAL CARGO RATE；SPECIFIC COMMODITY RATE"SCR"）：特种货物运价通常是承运人应托运人的请求，对在某一航线上经常运输某一类货物，或为促进某地区间某一类货物的运输，经IATA同意所提供的优惠运价。IATA公布特种货物运价时将货物划分为以下类型：0001~0999为食用动物和植物产品；1000~1999为活动物和非食用动物及植物产品；2000~2999为纺织品、纤维及其制品等。其中，每一组又细分为10小组。每个小组再细分，这样几乎所有的商品都有两个对应的组号，航空公司公布特种货物运价时只要指出适用于哪一组货物即可。

3）货物的等级运价（CLASS RATE"CCR"）：货物等级的运价适用于指定地区内部或地区之间的少数货物的运输。通常表示为在普通货物运价的基础上增加或减少一定的百分比。其适用的等级货物有：

活动物、活动物的集装箱和笼子；贵重物品；尸体或骨灰。

报纸、杂志、期刊、书籍、商品目录、盲人和聋哑人专用设备和书籍等出版物；作为货物托运的行李。

其中，前三项通常在普通货物运价基础上增加一定百分比；后两项在普通货物运价的基础上减少一定百分比。

4）集装箱货物运价（UNITIZED CONSIGNMENTS RATE"UCR"）。

（4）最低运费（Minimum Charge，简称为M） 最低运费是指一票货物自始发地机场至目的地机场航空运费的最低限额。货物的航空运费，应与此运费相比，取高者。

（5）声明价值附加费 根据《华沙公约》的规定，承运人由于失职而造成货物损坏、丢失或延误等应承担责任，其最高赔偿限额为每千克（毛重）为20美元或7.675英镑或等值的当地货币。如果货物的实际价值每千克超过上述限额，发货人要求在发生货损货差时全额赔偿，则发货人在托运货物时就应向承运人或空代声明货物的价值，但应另付一笔“声明价值附加费”。一般按声明价值额的0.5%收取，最低收费为人民币10元。

各种不同的航空运价和费用都有下列共同点：运价是指从一机场到另一机场，而且只适用于单一方向；不包括其他额外费用，如提货、报关、接交和仓储费用等；运价通常使用当地货币公布；运价一般以千克或磅为计算单位；航空运单中的运价是按出具运单之日所适用的运价。

3. 铁路运价构成

我国参加了国际铁路联运协约《统一过境运价规程》（简称统一货价）。它是参加统一运价规程协约国间关于办理联运货物的手续和各种运杂费计算以及罚款的规章。因此，国际铁路货物联运运送费用的计算和核收必须遵循《国际货协》《统一货价》和中华人民共和国铁道部《铁路货物运价规则》（简称《国内价规》）的规定。

铁路联运货物运送费用包括：货物运费、押运人乘车费、杂费和其他费用。

4. 公路运价构成

公路运价除了基本运价之外，还包括以下费用：

（1）调车费　应托运人要求，车辆调出所在地而产生的车辆往返空驶时计收调车费。

（2）延滞费　车辆按约定时间到达约定的装货或卸货地点，因托运人或收货人责任造成车辆和装卸延滞时计收延滞费。

（3）装货落空损失费　因托运人要求，车辆行至约定地点而装货落空造成的车辆往返空驶时计收装货落空损失费。

（4）排障费　运输大型特型笨重物件时，需对运输路线的桥涵、道路及其他设施进行必要的加固或改造所发生的费用，由托运人负担。

（5）车辆处置费　因托运人的特殊要求，对车辆进行改装、拆卸、还原、清洗时计收车辆处置费。

（6）装卸费　货物装卸费由托运人负担。

（7）通行费　货物运输需支付的过渡、过路、过桥、过隧道等通行费由托运人负担，承运人代收代付。

（8）保管费　货物运达后，明确由收货人自取的，从承运人向收货人发出提货通知书的次日（以邮戳或电话记录为准）起计，第四日开始核收货物保管费；应托运人的要求或托运人的责任造成的，需要保管的货物，计收货物保管费。货物保管费由托运人负担。

二、运输成本的计算方法

1. 海运运费的计算

在班轮运输中，运价是固定的，租船人可通过班轮公司对外公布的班轮运价表得知运费。而在租船业务中，运费需由双方在租船合同中商定。这里主要以班轮运价为主介绍班轮运价的计算方法。

（1）海上班轮运输　办理海上班轮运输有关事项如下：

1）审查托运人提供的货物名称、重量、尺码（是否超重、超长）、装卸港口、是否需要转船以及卸货港的选择等。

2）根据货物名称，从班轮货物分级表和班轮航线费率表（中国—加拿大）（表4-1 和表4-2）中查出该货物所属等级、计算标准。

表4-1　班轮货物分级表（节选）

CLASSIFICATION OF COMMODITIES GENERAL CARGO		
COMMODITY	BASIS	CLASS
⋮	⋮	⋮
Fishing Implements	M	9
Fish Shrimps, dried brined	W	13
Flint	W	3
Flour	W	5
Fluorspar	W	4
Footwear, N. O. E.	M	11
Fruits, dried	M	11
Fruits fresh	M	7
Fruit Juice	M	8
⋮	⋮	⋮

表4-2　班轮航线费率表（中国—加拿大）（节选）

SCALE OF CLASS RATES FOR CHINA—CANADA SERVICE

In H. K. Dollars

West Canada	East Canada	Halifax Montreal,	Quebec,
Class	Vancouver	St. John	Toronto Hamilton
1	150.00	177.00	193.00
2	159.00	185.00	202.00
3	167.00	193.00	211.00
4	175.00	201.00	220.00
5	183.00	215.00	235.00
6	194.00	231.00	252.00
7	205.00	248.00	270.00
8	219.00	264.00	288.00
9	235.00	283.00	309.00
10	257.00	305.00	333.00
11	285.00	337.00	368.00
12	317.00	373.00	407.00
13	350.00	414.00	451.00
14	383.00	454.00	496.00
15	416.00	495.00	540.00
16	449.00	536.00	585.00
17	492.00	591.00	644.00
18	547.00	645.00	704.00
19	629.00	735.00	802.00
20	711.00	844.00	920.00
Ad. val	4%	4%	4%

3）查找所属航线的等级费率表，找出该等级货物的基本费率。

4）查出各附加费的费率及计算方法。

5）根据以上内容，将各项数据代入班轮运费计算公式中予以计算。

①班轮运价表的分类。

A. 班轮公会运价表：班轮公会制订的运价表，为参加公会的班轮公司所使用，规定的运价比较高，是一种垄断性的价格，承运的条件也有利于船方。远东水脚公会（亦称“班轮公会”，是由主要海运国家的班轮公司组成的跨国组织）运价表属于此种。

B. 班轮公司运价表：由班轮公司自己制订的运价表，如中远集团运价表。

C. 货方运价表：由货方制订、船方接受使用的运价表。能制订运价表的货方一般是较大的货主，并能保证常年有稳定的货源供应。中外运价表即属此种。

②班轮运价表的内容。班轮运价表一般包括以下一些内容：

A. 说明及有关规定：这部分内容主要是该运价表的适用范围、计价货币、计价单位及其他的有关规定。

B. 港口规定及条款：主要是将一些国家或地区的港口规定列入运价表内。

C. 货物分级表：列明各种货物所属的运价等级和计费标准。

D. 航线费率表：列明不同的航线及不同等级货物的基本运费率。

E. 附加费率表：列明各种附加费及其计收的标准。

F. 冷藏货费率表及活牲畜费率表：列明各种冷藏货物和活牲畜的计费标准及费率。

班轮运价表实务范本见表 4-3 和表 4-4。

表 4-3 货物分级表（节选）

COMMODITIES 货名	CLASS 级别	BASIS 计费标准
⋮	⋮	⋮
COMPUTER & DUPLICATOR（计算机和复印机）	12	W/M
COTTON GOODS & PIECE GOODS（棉布及棉纱）	10	M
COTTON THREAD & YARN（棉线及棉纱）	9	M
⋮	⋮	⋮

表 4-4 费率表（节选）

亚 洲 散 货

中国香港、日本、新加坡、马来西亚、泰国、印度尼西亚

China Hongkong

Japan Kawasaki. Kobe. Moji. Nagoya. Osaka. Shimizu. Tokyo. Yokohama. Yokkaichi

Singapore Singapore

Malaysia Port Kelang. Penang

Thailand Bangkok

Indonesia Djakarta（Jakarta）. Semarang. Surabaya. Medan

（续）

货物等级 Class	运费率 China Hongkong US $/FT	运费率 Japan US $/FT	运费率 Singapore US $/FT	运费率 Malaysia US $/FT	运费率 Thailand US $/FT	运费率 Indonesia US $/FT
⋮	⋮	⋮	⋮	⋮	⋮	⋮
9	23.00	51.50	35.00	38.00	35.00	34.00
10	24.00	52.00	36.00	39.00	36.00	36.00
11	24.50	53.00	37.00	40.00	37.00	37.00
⋮	⋮	⋮	⋮	⋮	⋮	⋮

③班轮运价的计算标准。

A. 货物的毛重计收：在运价表中，以“W”字母（Weight）表示。一般以1t为计算单位。

B. 按货物的体积计收：在运价表中，以“M”字母（Measurement）表示。一般以 $1m^3$ 为计算单位。

C. 按货物的毛重或体积计收运费：计收时取其数量较高者。在运价表中以“W/M”字母表示。按惯例凡1t货物的体积超过 $1m^3$ 或 $40ft^3$ 者即按体积收费；1t货物其体积不足 $1m^3$ 或 $40ft^3$ 者，按毛重计收。

D. 按货物的价格计收运费：又称为从价运费。在运价表中以“Ad. val”表示。一般按商品FOB货价的百分之几计算运费。按从价计算运费的，一般都属高值货物。

E. 按货物重量或体积或价值三者中最高的一种计收运费：在运价表中以“W/M OR Ad. val”表示。也有按货物重量或体积计收，然后再加收一定百分比的从价运费。在运价表中以“W/M plus Ad. val”表示。

④班轮运价的构成。班轮运价由基本运费和各种附加费所构成。

基本运费率，即班轮航线内基本港口之间对每级商品规定的必须收取的费率。不同的商品在货物分级表内划分为20个等级（见表4-1），随着等级的增加，其基本运费率也随之增加。

附加费是对一些需要特殊处理的货物，或由于客观情况的变化等使运输费用大幅度增加，班轮公司为弥补损失而额外加收的费用。

各种附加费的计算方法主要有两种：一种是以百分比表示，即在基本费率的基础上增加一个百分比；另一种是用绝对数表示，即每运费吨或每集装箱增加若干金额，可以与基本费率直接相加计算。

⑤班轮运费的计算方法。班轮运费的计算公式为

$$F = F_b + \sum S$$

式中 F——表示运费总额；

F_b——表示基本运费；

S——表示某一项附加费。

基本运费是所运货物的数量与规定的基本费率的乘积。即

$$F_b = fQ$$

式中 f——表示基本费率；

Q——表示货运量（运费吨）。

附加费是指各种附加费的总和。在多数情况下，附加费是按基本运费的一定百分比计算，其计算公式为

$$\begin{aligned}\sum S &= (S_1 + S_2 + \cdots + S_n)F_b \\ &= (S_1 + S_2 + \cdots + S_n)fQ\end{aligned}$$

式中 S_1、$S_2 \cdots S_n$——各项附加费率。

将各项附加费代入运费计算公式，即可得班轮运费总额

$$\begin{aligned}F &= F_b + \sum S \\ &= fQ + (S_1 + S_2 + \cdots + S_n)fQ \\ &= (1 + S_1 + S_2 + \cdots + S_n)fQ\end{aligned}$$

案例1 上海某公司出口一批全棉坯布（COTTON PIECE GOODS），货物的总毛重为43050kg，尺码为93.035m^3，进口商要求用散货运往日本的大阪港（OSAKA），试计算出口运费总额为多少美元？

解 查货物分级表（表4-5）可知全棉细坯布为10级，计算标准为M。再查从中国到日本大阪的费率表（表4-6）查出10级货物的基本费率为52美元，将上述数据代入计算公式，计算可得

$$\begin{aligned}F &= F_b + \sum S = fQ \\ &= 52.00\text{ 美元} \times 93.035 = 4837.82\text{ 美元}\end{aligned}$$

表4-5 货物分级表

COMMODITIES 货名	CLASS 级别	BASIS 计费标准
AGRICULTURAL IMPLEMENT(农具)	8	W/M
MACHINES. PARTS &ACCESORIES(INCL. TRACTORS)[农机及零件(包括拖拉机)]	9	W/M
ARTIFICIAL LEATHER &GOODS(人革及制品)	11	M
BAGS GUNNY. PAPER. POLYPROPYLENE(麻、纸、塑料包装袋)	5	M
BAMAOO PRODUCTS(竹制品)	8	M
BARROW(推车)	8	W/M
BEANS. ALL KINDS(各种豆)	5	W/M
BICYCLES & PARTS(自行车及零件)	9	W/M
CABLE(电缆)	10	W/M
CANDLE(蜡烛)	6	M
CANNED GOODS. ALL KINDS(各种罐头)	8	W/M
CARGO N. O. E(未列名货)	12	W/M
CLOCKS & SPARE PAPTS(钟及零件)	10	M
COMPUTER & DUPLICATOR(计算机和复印机)	12	W/M
COTTON GOODS & PIECE GOODS(棉布及棉纱)	10	M

（续）

COMMODITIES 货名	CLASS 级别	BASIS 计费标准
COTTON THREAD & YARN(棉线及棉纱)	9	M
COTTON TOWELS. ALL KINDS(各种毛巾)	9	M
COPPER PIPES(铜管)	12	W/M
CHEMICALS, NON-HAZARDOUS(非危险化学品)	12	W/M
CHEMICALS, SEMI-HAZARDOUS(半危险化学品)	17	W/M
CHEMICALS, HAZARDOUS(危险化学品)	20	W/M
DETERGENT, LIQUID(洗衣粉，洗洁净)	7	M
DYESTUFFS, PIGMENTS(N. H.)[染料，颜料(非危险)]	10	M
ELECTRIC GOODS & MATERIALS(电器、电料)	10	W/M
ENAMEL WARE(搪瓷器皿)	9	W/M

表 4-6 费率表

亚 洲 散 货

中国香港、日本、新加坡、马来西亚、泰国、印度尼西亚

China Hong Kong

Japan Kawasaki. Kobe. Moji. Nagoya. Osaka. Shimizu. Tokyo. Yokohama. Yokkaichi

Singapore Singapore

Malaysia Port Kelang. Penang

Thailand Bangkok

Indonesia Djakarta(Jakarta). Semarang. Surabaya. Medan

货物等级 Class	运费率 China Hongkong US $/FT	运费率 Japan US $/FT	运费率 Singapore US $/FT	运费率 Malaysia US $/FT	运费率 Thailand US $/FT	运费率 Indonesia US $/FT
1	19.00	45.50	28.00	29.00	28.00	25.00
2	19.50	46.00	29.00	30.00	29.00	26.00
3	20.00	47.00	30.00	31.00	30.00	27.00
4	20.50	47.50	30.50	32.00	30.50	29.00
5	21.00	48.50	31.50	33.00	31.00	30.00
6	21.50	49.00	32.50	34.00	32.00	31.00
7	22.00	50.00	33.50	36.00	33.00	32.00
8	22.50	50.50	34.00	37.00	34.00	33.00
9	23.00	51.50	35.00	38.00	35.00	34.00
10	24.00	52.00	36.00	39.00	36.00	36.00
11	24.50	53.00	37.00	40.00	37.00	37.00
12	25.50	54.00	37.50	41.00	37.50	38.00
13	27.00	54.50	38.50	42.00	38.00	39.00

（续）

货物等级 Class	运费率 China Hongkong US $/FT	运费率 Japan US $/FT	运费率 Singapore US $/FT	运费率 Malaysia US $/FT	运费率 Thailand US $/FT	运费率 Indonesia US $/FT
14	28.00	55.50	39.50	44.00	39.00	40.00
15	29.00	56.00	40.50	45.00	40.00	41.00
16	30.00	57.00	41.00	46.00	40.50	42.00
17	31.50	57.50	42.00	47.00	41.00	43.00
18	32.50	58.50	43.00	48.00	42.00	44.00
19	33.50	59.00	44.00	49.00	43.00	45.00
20	34.50	60.00	45.00	50.00	60.00	46.00
ad val 附加费	1%	1%	1.5%	1.5%	1.5%	1.5%

港口	PORT SURCHARGE	
Jeddah	5	Calcutta
Aden	2.5	Chittagong
Assab	2.5	Damman
Port Sudan	2.5	Kuwait
		Riyadh

案例2 某货轮从上海港装运10t，共计11m^{3}的蛋制品去英国普利茅斯港，要求直航，求全部运费数额为多少？

解 查货物分级表可知蛋制品为12级，计算标准为W/M(货物分级表和航线费率表略)。再从中国到欧洲地中海航线分级费率表查出12级货物的基本费率为116元/t

因该货物体积大于重量，所以运费吨应为11t。

另从附加费率表中查知普利茅斯港直航附加费每运费吨为18元；燃油附加费为35%。将上述数据代入计算公式，计算可得

$$
\begin{aligned}
F &= F_b + \sum S \\
&= fQ + (S_1 + S_2 + \cdots + S_n)fQ \\
&= (1 + S_1 + S_2 + \cdots + S_n)fQ \\
&= [(1 + 35\%) \times 116 + 18] \times 11 \text{ 元} \\
&= 1920.60 \text{ 元}
\end{aligned}
$$

在实际业务中，承运人为维护自身的最基本收益，对小批量货物收取起码运费，用以补偿其最基本的装卸、整理、运输等操作过程中的成本支出。起码运费的标准一般以1运费吨为件杂货和拼箱货的标准；有的以提单为单位收取起码运费，如按提单为标准收取起码运费后不再加收其他附加费。

案例3 出口商委托某货运代理公司办理国际海上货物运输事宜。货物共有三批杂货，杂货A：5.0t/6.0m^3；杂货B：4.0t/3.5m^3；杂货C：0.8t/0.9m^3；W/M；USD80/FT；

BAF10%。请计算出口商共应支付多少海运费（以美元计）？

解 根据起码运费的一般标准：

三批件杂货的基本运费 =（6 + 4 + 1）× 80.0 美元 = 880.0 美元

三批件杂货的附加费 = 880 × 10% = 88.0 美元

三批件杂货的运费 = 基本运费 + 附加费 = 880 美元 + 88 美元 = 968.0 美元

在实际业务中，集装箱班轮货物运费的计算方法除了可以采用件杂货的方法外，还可以采用包箱费率。所谓包箱费率是指对单位集装箱计收的运费率。包箱费率也称为均一费率。采用包箱费率计算集装箱基本运费时，只需要根据具体航线、货物等级以及箱型、尺寸所规定的费率乘以箱数即可。

（2）租船运输　租船运输运费主要有两种：一种是规定费率乘计费数量。规定费率即按所装货物每单位重量（或单位容积）所表示的金额，费率的高低主要决定于租船市场的供求关系，但也与运输距离、货物种类、装卸率、港口使用、装卸费用划分和佣金高低有关。合同中对运费按装船重量（INTAKEN QUANTITY）或卸船重量（DELIVERED QUANTITY）计算；另一种是整船包干运费，即按提供的船就一趟行程（程租船）或一定期限（期租船）付一笔运费，不管实际装货多少，一律照付。运费是预付或到付均须注明。特别要注意的是应付运费时间是指船东收到的日期，而不是租船人付出的日期。

2. 航空运费的计算

以指定商品运费为例，运费计算的步骤为：①查询运价表，如有指定商品代号，则考虑使用指定商品运价；②查找 TACT RATES BOOKS 的品名表，找出与运输货物品名相对应的指定商品代号；③如果货物的计费重量超过指定商品运价的最低重量，则优先使用指定商品运价；④如果货物的计费重量没有达到指定商品运价的最低重量，则需要比较计算。

计费重量是指用以计算货物航空运费的重量。它可以是货物的实际毛重，或体积重量，或较高重量分界点的重量。

（1）实际毛重（Actual Gross Weight）　包括货物包装在内的重量，称为货物的实际毛重。一般情况下，对于高密度货物（High Density Cargo），应考虑其货物实际毛重可能会成为计费重量。

（2）体积重量（Volume Weight）　按照国际航协规则，将货物的体积按一定的比例折合成的重量，称为体积重量。由于货舱空间的限制，一般对于低密度的货物（Low Density Cargo），也即轻泡货物，考虑其体积重量可能会成为计费重量。

（3）计算规则　不论货物的形状是否为规则的长方体或正方体，计算货物体积时均应以最长、最宽、最高的三边的厘米长度为准。长、宽、高的小数部分按四舍五入取整。体积重量按每 $6000cm^3$ 折合 1kg 计算。即体积重量(kg) = 货物体积/$6000cm^3$。

（4）计费重量（Chargeable Weight）　计费重量为货物的实际毛重与体积重量比较，取其高者；国际航协规定，国际货物的计费重量以 0.5kg 为最小单位，重量尾数不足 0.5kg 的，按 0.5kg 计算；0.5kg 以上不足 1kg 的，按 1kg 计算。

例如，103.001kg ⟶ 103.5kg

103.501kg ⟶ 104.0kg

货物较高一个计费重量分界点的运费比计算得到的航空运费为低时，则以此分界点的运费作为最后收费依据。反之，则以计算得到的运费为准。这是航空公司给货主的一项优惠。

其运费计算公式为

运费＝适用运价×计费重量

另外，在计算航空运费时应注意：①起码运费是航空公司办理一批货物所能接受的最低运费，不论货物的重量或体积大小，在两点之间运输一批货物应收取的最低金额。不同地区有不同的起码运费。②直达货物运价优先于分段相加组成的运价。③指定商品运价优先于等级货物运价和普通货物运价。④等级货物运价优先于普通货物运价。

案例 4

Routing：BEIJING，CHINA(BJS) to AMSTRDAM，HOLLAND(AMS)

Commodity：PARTS

Gross Weight：38.6kg

Dimensions：101cm×58cm×32cm

公布运价见表 4-7。

表 4-7 运价

BEIJING	CN		BJS
Y. RENMINBI	CNY		Kgs
AMSTERDAM	NL	M	320.00
		N	50.22
		45	41.53
		300	37.52

请计算其航空运费？

解

(1) 按实际重量计算

Volume：101cm×58cm×32cm＝187456cm^3

Volume Weight：187456cm^3/6000cm^3/kg＝31.24kg＝31.5kg

Gross Weight：38.6kg

Chargeable Weight：39kg

Applicable Rate：GCR N——50.22CNY/kg

Weight charge：39.0kg×50.22CNY/kg＝ CNY1958.58

(2) 采用较高重量分界点的较低运价计算

Chargeable Weight：45.0kg

Applicable Rate：GCR Q——41.53CNY/kg

Weight Charge：41.53CNY/kg×45.0kg＝CNY1868.85

(1) 与 (2) 比较，取运费较低者。

Weight Charge：CNY 1868.85

3. 铁路运费的计算

国际铁路联运货物运费的计算，包括国内段运费的计算和过境运费的计算。

(1) 国内段运费的计算　按照我国国内的《国内价规》计算。其计算过程是：

$$\frac{\text{运价里程}}{\text{货物运价号}} \rightarrow \frac{\text{货物运价率}}{\times\text{计费重量}} = \text{运费}$$

计算说明：

1）运价里程：是指货物从发站至到站的距离，可根据货物运价里程表来确定。在计算联运进出口货物国内段运价里程时，应包括国境站至国境线的里程。例如，货物经由满洲里站出口，应加算满洲里站至中俄国境线的9.8km。

2）货物运价号：《国内价规》采用分号运价，对整车货物分为1～12号，零担货物分为21～25号，共17个运价号。根据货物名称查找《国内价规》上的货物运价分号表，以确定该货物适用的运价号。运价数目越大，运价率越高。

3）计费重量：计费重量单位：整车货物以吨为单位，吨以下四舍五入；零担货物以10kg为单位，不足10kg进为10kg。整车货物一般按货车标准计算；零担货物按货物重量计算。但对于接运进口整车货物还应考虑《国内价规》的有关计费重量的特殊规定。

4）货物运价率：根据运价里程与运价号，在货物运价率表中查出相应的运价率。整车货物系每吨（或每辆）的运费，零担货物系每10kg的运费。

运价率不同的货物在一个车内作一批整车货物运送及运价率不同的零担货物在一个包装内或按总重量托运时，均按其中高的运价率计算。

（2）过境运费的计算　国际铁路联运货物过境运费应按《统一货价》计算。其计算过程是：

过境里程、运价等级→基本运费率×折算后计费重量＝基本运费

过境里程、运价等级→基本运费×（1＋加减成百分率）＝运费

过境里程、运价等级→运费＋杂费和其他费用＝过境运输费用

计算说明：

1）过境里程：是指从进口的国境站到出口的国境站（包括国境线）或以港口站为起讫的里程。根据运单记载的应通过的国境站，在“统一货价”过境里程表中查出相应的过境里程。过境里程按各过境路单独计算，不得通算。

2）过境运价等级的确定：根据货物名称，查阅《统一货价》的货物品名分等表，确定所运货物应适应的运价等级和计费重量标准。

3）基本运费率：根据过境里程和过境运价等级查《统一货价》铁路基本（慢运）货物费率表（表4-8）可得。

表4-8　《统一货价》铁路基本（慢运）货物费率表

里程/km	1级(分/100kg)	2级(分/100kg)	3级(分/轴)
…			
1055～1064	489	246	5232
…			

4）计费重量的确定：计费重量的单位以100kg为单位，不足100kg时，应进为100kg。无论是整车货物还是零担货物，原则上都按货物实际重量计算，实际重量不到车辆装车最低计费重量标准，则按最低计费重量标准计算。但在实际确定计费重量时往往比较复杂，还应考虑《统一货价》有关计费重量的相应规定。

5）加减成百分率：根据运送种别的不同，分别在基本运费率基础上加减一定的百分比率，参见运送种别加减成百分率表（表4-9）。

表4-9 运送种别加减成百分率表

运送种别	慢运		快运		随列车挂运	超限
	整车	零担	整车	零担		
百分率	基本	+50%	+100%		+200%	+100%

案例5 波铁按快运整车发运一批重量为48t的轴承，经俄铁布列斯特之后贝加尔过境俄罗斯进口至我国，请计算该批货物在俄铁国境的运费。

补充：俄罗斯为《统一货价》参加国，俄铁过境运费按《统一货价》计算。

解 1）俄铁布列斯特之后贝加尔的过境里程为7651km(查过境里程表)。

2）轴承运价等级为2等（查货物品名表）。

3）基本运费率为1773分/100kg[查基本（慢运整车）货物运费计算表]。

4）整车货物计费重量为MAX(实际重量,车辆装车最低计费重量标准)=MAX(48t,30t)=48t，折成100kg倍数为480。

计算过程：货物基本运费=1773分×480=851040分

快运整车货物需在基本运费的基础上加成100%，所以

货物过境运费=851040分×(1+100%)

=1702080分

=17020.80瑞士法郎

4. 公路运输运费的计算

（1）各种情况下的公路运输运费计算公式

整批货物运费=吨次费×计费重量+整批货物运价×计费重量×计费里程+货物运输及其他费用

零担货物运费=计费重量×计费里程×零担货物运价+货物运输及其他费用

集装箱运费=重(空)箱运费×计费箱数×计费里程+箱次数×计费数+货物运输及其他费用

包车运价=包车运价×包用车辆吨位×计费时间+货物运输及其他费用

（2）《汽车运价规则》规定

1）汽车货物运输计费重量单位，整批货物运输以吨为单位，尾数不足100kg时，四舍五入；零担货物运输以公斤为单位，起码计费重量为1kg，尾数不足1kg时，四舍五入；轻泡货物每立方米折算重量为333kg。

2）按重量托运的货物一律按实际重量（含货物包装、衬垫及运输需要的附属物品）计算，以过磅为准。由托运人自理装车的，应装足车辆额定吨位，未装足的按车辆额定吨位收费。统一规格的成包成件的货物，以一标准件重量计算全部货物重量。散装货物无过磅条件的，按体积和各省、自治区、直辖市统一规定重量折算标准计算。接运其他运输方式的货物，无过磅条件的，按前程运输方式运单上记载的重量计算。拼装分卸的货物按照最重装载量计算。

3）汽车货物运输计费里程按下列规定确定：

货物运输计费里程以 km 为单位，尾数不足 1km 的，进为 1km。

计费里程以省、自治区、直辖市交通行政主管部门核定的营运里程为准，未经核定的里程由承托双方商定。

同一运输区间有两条（含两条）以上营运路线可供行驶时，应按最短的路线计算计费里程，或按承托双方商定的路线计算计费里程。拼装分卸从第一装货地点起至最后一个卸货地点止的载重里程计算计费里程。

知识检验

一、填空题

1. 班轮运费是由________和________两部分组成。

2. 国际铁路联运货物运费的计算国内段运费按照我国国内的________计算。《国内价规》采用________，对整车货物分为________号，零担货物分为________号，共 17 个运价号。运价数目越大，运价率越________。

二、选择题

货物航空运费的计费重量可以是货物的________。

A. 实际净重　B. 实际毛重　C. 体积重量　D. 较高重量分界点的重量

三、计算分析题

1. 某货轮从广州港装载杂货——人造纤维，体积为 $20m^3$、毛重为 17.8t，运往欧洲某港口，托运人要求选择港卸货，Rotterdam 或 Hamburg、Rotterdam 和 Hamburg 都是基本港口，基本运费率为 80.0 美元/FT，三个以内选卸港的附加费率为每运费吨加收 3.0 美元“W/M”。请问：

（1）该托运人应付多少运费（以美元计）？

（2）如果采用集装箱运输，海运费的基本费率为 1100 美元/TEU，货币附加费为 10%，燃油附加费为 10%。改用集装箱运输时，该托运人应支付多少运费（以美元计）？

（3）若不计杂货运输和集装箱运输两种方式的其他费用，托运人从节省海运费考虑，是否应选择改用集装箱运输？

2. Routing：SHANGHAI，CHINA(BJS) to PARIS，FRANCE(PAR)

Commodity：TOY

Gross Weight：5.6kg

Dimensions：40cm × 28cm × 22cm

请计算其航空运费并填写航空货运单运费计算栏（表 4-10）。

表 4-10　航空货运单（部分）

No. of Pieces Rcp	Gross Weight	Kg Lb	Rate Class	Chargeable Weight	Rate/Charge	Total	Nature and Quantity of Goods(Incl. Dimension or Volume)
			Commodity Item No.				

资料：公布运价如下：

SHANGHAI		CN	SHA
PARIS	FR	KGS	Y. REN MINBI(CYN)
		M	320.00
		N	50.37
		45	41.43
		300	37.90
		500	33.42
		1000	30.71

课题四　运输路线的选择

一、运输路线选择的影响因素

了解和合理选择运输路线是很必要的。比如到欧洲港口，虽然多数船公司有基本港和非基本港的区别，但其运费差别最起码也在100～200美元之间。但不同船公司的线路划分会有所差别，了解不同公司运输路线的划分情况就可以通过选择运输公司争取到基本港的运价。再比如，美国东海岸港口的运输方式有全水路和大陆桥两种方式，而二者之间价差有几百美元。如果不赶船期，可以向船公司要求全水路方式。

运输路线的选择应考虑以下因素：

1. 线路距离

在长距离运输过程中，一般尽量减少中间卸货的次数，以便提高运输效率。

2. 运输工具

不同的运输工具，其装载货物的方式、装载重量、装载容积都不相同。

3. 运力条件

选择线路时，应该根据现有的运输工具种类、数量、车况进行合理的组织安排。选择运输航线时，还要考虑该航线沿途货运量的多寡，货运量多，必定是繁忙的航线，繁忙的路线一来不易安排船期，可能延误交货期；二来成本也较高，不符合经济效益标准。

4. 港口或站点因素

海上运输选择运输航线时，还要考虑船舶途经和停靠的港口水深是否适宜、气候是否良好、航道是否宽阔、有无较好的存储装卸设备、便利的内陆交通条件、低廉的港口使用费和充足的燃料供应。航空运输、铁路运输、公路运输也需考虑类似因素。

5. 技术因素

船舶航行从技术上考虑选择最经济和最快捷的路线航行。

6. 客户要求

客户需要进行运输的货物品种、数量、规格、时间都有很大的差异，选择路线时需要考虑到客户的具体要求，以便合理地选择运输路线。

7. 安全因素

安全因素要考虑两个方面：一是自然原因；二是社会原因。选择运输路线时，必须考虑到自然原因，如考虑地震、洪水、暴风、海啸、潮汐、水流、暗礁及流冰等。因为上述种种现象会影响到船舶航行的安全。另外，还需要考虑社会原因，如战争、罢工、政府禁令等也可能会影响到行程的安全。

除此以外，还需要考虑国际形势的变化、有关国家的经济政策和航运政策等也会对航线的选择和行程产生一定的影响。航线选择的好坏，直接关系到航运业的经济效益，因此航运公司都非常重视航线的选择。

二、主要国际运输线路

1. 世界主要大洋航线

在国际大洋航线中最重要的海峡有：英吉利海峡、马六甲海峡、霍尔木兹海峡、直布罗陀海峡、黑海海峡、曼德海峡、朝鲜海峡、台湾海峡、望加锡海峡、龙目海峡等。其中以英吉利海峡、马六甲海峡和霍尔木兹海峡为最繁忙的海峡。重要的运河有：苏伊士运河、巴拿马运河等。

国际大洋航线是指贯通一个或数个大洋的航线，它包括太平洋航线、大西洋航线、印度洋航线、北冰洋航线以及通过巴拿马运河或苏伊士运河的航线等，又称远洋航线。例如由我国各港出发跨越大洋洲航行至欧洲、非洲、美洲和大洋洲等航线。

目前，国际大洋航线密如蛛网，主要有以下几条：

1）太平洋航线：主要包括以下几条：

远东—北美西海岸航线：该航线包括从中国、朝鲜、日本、俄罗斯远东海港到加拿大、美国、墨西哥等北美西海岸各港的贸易运输线。从我国的沿海各港出发，偏南经大隅海峡出东海；偏北经马六甲海峡穿过日本海后，或经清津海峡进入太平洋，或经宗谷海峡、穿过鄂霍次克海进入北太平洋。

远东—加勒比、北美东海岸航线：该航线常经夏威夷群岛至巴拿马运河后到达。从我国北方沿海港口出发的船只多半经大隅海峡或经琉球奄美大岛出东海。

远东—南美西海岸航线：从我国北方各港出发的船只多经琉球奄美大岛、硫磺列岛、威克岛、夏威夷群岛之南的莱恩群岛，穿越赤道进入南太平洋，至南美西海岸各港口。

远东—东南亚航线：该航线是中、朝、日货船去东南亚各港口，以及经马六甲海峡去印度洋、大西洋以南各港口的主要航线。东海、台湾海峡、巴士海峡、南海是该航线船只的必经之路，航运繁忙。

远东—澳大利亚、新西兰航线：远东至澳大利亚东南海岸分为两条航线。中国北方沿海港口经朝、日到澳大利亚东海岸和新西兰港口的船只，需走琉球群岛、加罗林群岛的亚扑岛进入所罗门海、珊瑚海；中澳之间的集装箱船须在中国香港加载或转船后经南海、苏拉威西海、班达海、阿拉弗拉海后经托雷斯海峡进入珊瑚海。

澳、新—北美东西海岸航线：由澳大利亚、新西兰至北美海岸多经苏瓦、火奴鲁鲁等太平洋上重要航站到达。至北美海岸则取道帕皮提，过巴拿马运河而至。

2）大西洋航线：大西洋航线主要包括以下几条：

西北欧—北美东海岸航线：该航线是西欧、北美两个世界工业最发达地区之间的原料、燃料和产品交换的运输线，两岸拥有世界重要的港口，运输极为繁忙，船舶大多走偏北大圆航线。该航区冬季风浪大，并有浓雾、冰山，对航行安全有威胁。

西北欧、北美东海岸—加勒比航线：西北欧—加勒比航线多半出英吉利海峡后横渡北大西洋。它同北美东海岸各港口出发的船舶一样，一般都经加勒比海。除去加勒比海沿岸各港口外，还可经巴拿马运河到达美洲太平洋沿岸港口。

西北欧、北美东海岸—地中海—苏伊士运河—亚太航线：这是世界上最繁忙的航段，它是北美、西北欧与亚太海湾地区间贸易往来的捷径。该航线一般途经亚速尔、马德拉群岛上的航站。

西北欧、地中海—南美东海岸航线：该航线一般经西非大西洋岛屿至加纳利、佛得角群岛上的航站。

西北欧、北美东海岸—好望角—远东航线：该航线一般是巨型油轮的油航线。佛得角群岛、加纳利群岛是过往船只停靠的主要航站。

南美东海—好望角—远东航线：这是一条以石油、矿石为主的运输线。该航线处在西风漂流海域，风浪较大，一般西航偏北行，东航偏南行。

3）印度洋航线。印度洋航线以石油运输线为主，此外还有不少是大宗货物的过境运输线。印度洋航线主要有以下几条：

波斯湾—好望角—西欧、北美航线：该航线主要有超级油轮经营，是世界上最主要的海上石油运输线。

波斯湾—东南亚—日本航线：该航线东经马六甲海峡（20 万 t 载重吨以下船舶可航行）、望加锡海峡（20 万 t 载重吨以上超级油轮可航行）至日本。

波斯湾—苏伊士运河—地中海—西欧、北美运输线：该航线目前可通行载重达 30 万 t 级的超级油轮。

除了以上三条油运线以外，印度洋上的其他航线还有：远东—东南亚—东非航线；远东—东南亚、地中海—西北欧航线；远东—东南亚—好望角—西非、南美航线；澳新—地中海—西北欧航线；印度洋北部地区—欧洲航线。

2. 国际航空线

国际航空线是国际货物空运的线路，由各国航空站和空中航道组成。

（1）世界上主要航空站　目前不少国家的首都和重要城市都建有国际航空站，主要有：

1）亚洲：北京、上海、香港、东京、马尼拉、新加坡、曼谷、仰光、加尔各答、孟买、卡拉奇、德黑兰、贝鲁特等。

2）北美洲：华盛顿、纽约、芝加哥、亚特兰大、洛杉矶、旧金山、西雅图、蒙特利尔、温哥华等。

3）欧洲：伦敦、巴黎、法兰克福、苏黎世、罗马、维也纳、柏林、哥本哈根、雅典、华沙、莫斯科、布加勒斯特等。

4）非洲：开罗、喀士穆、内罗毕、约翰内斯堡、拉格斯、达喀尔、阿尔及尔、布拉柴维尔等。

5）拉丁美洲：墨西哥城、阿拉加斯、里约热内卢、布宜诺斯艾利斯、圣地亚哥、利马等。

（2）世界上主要航空线

1）西欧—北美的北大西洋航空线：主要往返于西欧的巴黎、伦敦、法兰克福与北美的纽约、芝加哥、蒙特利尔等机场。

2）西欧—中东—远东航空线：该行线连接西欧各主要机场至远东的香港、北京、东京等各机场。途经的重要航空站有雅典、开罗、德黑兰、卡拉奇、新德里、曼谷和新加坡等。

3）远东—北美的北太平洋航线：这是远东的北京、香港、东京等主要国际机场经北太平洋上空至北美西海岸的温哥华、西雅图、旧金山和洛杉矶等国际机场，连接北美大西洋岸的航空中心的航线。太平洋的火奴鲁鲁等国际机场是该航线的重要中继加油站。

此外，还有北美—南美、西欧—南美、西欧—非洲、西欧—东南亚—澳新、远东—澳新、北美—澳新等重要的国际航空线。

3. 国际铁路运输线与大陆桥

国际铁路运输线与大陆桥是国际铁路运输的线路。

（1）国际货物运输的主要铁路干线

1）西伯利亚大铁路：东起海参崴，途经伯力、赤塔、伊尔库茨克、新西伯利亚、鄂木斯克、车里雅宾斯克、古比雪夫，止于莫斯科，全长9300多千米。后又向远东延伸至纳霍德卡—东方港。该线东连朝鲜和中国；西接北欧、中欧、西欧各国；再由莫斯科往南可接伊朗。我国与俄罗斯、东欧国家及伊朗之间的贸易，主要采用此干线。

2）加拿大连接东西两大洋铁路

①鲁珀特港—埃德蒙顿—温尼伯—魁北克（加拿大国家铁路）。

②温哥华—卡尔加里—温尼伯—散德贝—蒙特利尔—圣约翰—哈利法克斯（加拿大太平洋大铁路）。

3）美国连接东西两大洋铁路

①西雅图—斯波坎—俾斯麦—圣保罗—芝加哥—底特律（北太平洋铁路）。

②洛杉矶—阿尔布开克—堪萨斯城—圣路易斯—辛辛那提—华盛顿—巴尔的摩（圣菲铁路）。

③洛杉矶—图森—帕索—休斯敦—新奥尔良（南太平洋路线）。

④旧金山—奥格登—奥马哈—芝加哥—匹兹堡—费城—纽约（联合太平洋铁路）。

4）中东—欧洲铁路：从伊拉克的巴士拉，向西经巴格达、摩苏尔、叙利亚的穆斯林米亚、土耳其的阿达纳、科尼亚、厄斯基色希尔至博斯普鲁斯海峡东岸的于斯屈达尔。过波斯普鲁斯大桥至伊斯坦布尔，接巴尔干铁路，向西经索非亚、贝尔格莱德、布达佩斯至维也纳，连接中西欧铁路网。

（2）大陆桥　目前，广泛使用的大陆桥有：西伯利亚大陆桥、新亚欧大陆桥和北美大陆桥（包括美国大陆桥和加拿大大陆桥）。

1）西伯利亚大陆桥（又称亚欧大陆桥）：主要利用了东起海参崴，西到车里亚宾斯克的西伯利亚大铁路，地跨亚、欧两个大陆，东端已由原来的日本发展到韩国、菲律宾、东南亚、中国香港和中国台湾，西端已从英国发展到整个欧洲大陆和伊朗、中近东各国。从西欧到远东，经大陆桥为13000km，比海上好望角航线缩短1/2的路程，比经苏伊士运河航线缩短1/3的路程，同时运费要低20%～25%，时间也可节省35天左右。

2）新亚欧大陆桥：新亚欧大陆桥东起中国的连云港，经陇海线、兰新线，接北疆铁路，出阿拉山口，最终抵达荷兰的鹿特丹，全长10800km，途经中国、哈萨克斯坦、俄罗斯、白俄罗斯、波兰、德国、荷兰等7国，辐射30多个国家和地区。

3）美国大陆桥：美国大陆桥是北美大陆桥的组成部分，是最早开辟从远东到欧洲水陆联运线路中的第一条大陆桥。但后因东部港口和铁路拥挤，货到后往往很难及时换装，反而抵消了大陆桥运输节省的时间。

远东、中国、东南亚、美国西海岸（洛杉矶、西雅图、旧金山）、美国东海岸（纽约，巴尔的摩）、欧洲，全长3200km，运输方式为海—铁—海。

远东、中国、东南亚、美国西海岸、墨西哥湾（休斯敦、新奥尔良）、南美洲，全长500～1000km，运输方式为海—铁—海。

4. 国际主要运输管道

世界管道运输网分布很不均匀，主要集中在北美和欧洲，其中美国和俄罗斯管道运输最为发达。此外，加拿大、西欧、中东等国家和地区的管道网也很发达。

知识卡

我国国际多式联运的主要路线

- 我国内地—我国港口—日本港口—日本内地(或反向运输)。
- 我国内地—我国港口(包括香港)—美国港口—美国内地(或反向运输)。
- 我国港口—肯尼亚港口—乌干达内地。
- 我国内地—我国港口(包括香港)—欧洲有关港口—西欧内地(或反向运输)。
- 我国内地—我国港口—科威特—伊拉克。
- 我国东北地区—图们—朝鲜清津港口—日本港口(或反向运输)。
- 我国港口—日本港口—澳大利亚港口—澳大利亚内地(或反向运输)。
- 我国内地—俄罗斯西部边境—欧洲、中近东(或反向运输)。

知识检验

案例分析

原告：远东中国面粉厂有限公司（地址：深圳蛇口工业特区港湾道3号）

被告：利比里亚美姿船务公司（地址：百慕大哈密尔顿前街73号）

被告：香港东昌航运有限公司（地址：香港红棉路8号东昌大厦21楼）

1989年1月11日，原告委托香港某公司在美国购买了5259t小麦，价值1 163 358美元，交由利比里亚美姿船务有限公司所有、香港东昌船运有限公司经营的“宏大轮”承运。同年3月9日，原告收到这批货物的两份提单，其上面的首要条款均载明：提单的有效性依照《1936年美国海上货物运输法》，并受其约束。“宏大轮”是一艘利比里亚籍散装货轮，船级为挪威船级社+/A/。该轮2月12日在美国华盛顿州温哥华特区港口装载原告的小麦，分别装于第一、三舱。2月14日装毕后，开往加拿大温哥华港，加载其他货物于第四舱。2月17日，该轮从温哥华港启航，按大圆航法走高纬度航线。开航前，船长收到一份远航建议书，提及在“宏大轮”预定的航线附近很有可能会遇到恶劣气候。2月21日～3月8日，该轮在预定航线上遇到了大风浪，风力5～11级。3月9日驶出风浪区，3月11日驶抵中国蛇口港。经有关船检、商检部门对“宏大轮”的货舱及货物进行检验证实：该轮货舱舱盖严重锈蚀并有裂缝，舱盖板水密橡胶衬垫老化、损坏、脱开、变质及通风筒损坏。开舱时，发现在裂缝、舱盖边缘、舱盖板接缝下以及通风筒下的货物水湿、发霉、发热、结团、变质，因而原告对被告提起货损的诉讼。为了保全海事请求权的行使，1989年3月24日，原告通过诉前扣船取得了330万美元的担保。在扣船期间，原告向广州海事法院提起诉讼。原告诉称：货损是由于被告船货舱设备不适货造成的，根据《1936年美国海上货物运输法》的规定，承运人应承担因船舶不适航造成原告的各种损失330多万美元。两被告共同辩称：“宏大轮”船长富有经验，船舶的各种技术证书都在有效期内，整个航次处于挪威船级社+/A/。装货前，大副等船员还对货舱舱盖板进行水密试验，货舱及舱盖板橡胶衬垫处于水密、柔软状态。船舶在开航前和开航当时处于适航状态。货损是由于船舶在航行中遭遇连续17天的7～11级大风暴，致海水进舱造成的。根据《1936年美国海上货物运输法》的规定，被告不承担因海上灾难而引起的一切责任，即使承运人要承担责任，也只能承担货物实际发生的损失。原告、被告双方一致选择《1936年美国海上货物运输法》为本案实体准据法。

思考题

1. 承运方是否应当承担货损责任？
2. 在安排运输时应就运输路线、运输方式作何考虑？

课题五　技能训练

任务描述

江苏粮油进出口有限公司欲出口下列商品到东欧某国：大米3000t、面粉1800t、黄豆1500t、玉米2500t。

该公司采用什么运输工具和运输方式，怎样设计运输线路才能使货损货差最小、成本最低？试为该公司此次业务制订出口商品国际物流运输方案。

（案例来源：钱芝网．运输管理实务［M］．北京：中国时代经济出版社，2007.）

任务目的

考核学生运输方案设计能力，了解国际物流运输方案设计的必要性，会制作最佳运输方案。

任务准备

学生按照之前的分组完成任务，事先了解货物特点及运输要求。

任务实施

设计运输方案。

范例　　　　超大型设备参加美国休斯敦石油展往返运输方案

REALOGISTICS协同西安同行承接客户参加每年一度的美国休斯敦石油展，遇到如下困难：

1）时间紧迫：海运直达休斯敦的船期无法满足时间要求。

2）操作复杂：部分货物在美国参展后就地销毁，其余部分回运。

3）货物庞大：要求Flat Rack或散杂船运输。

4）费用最优：客户是我们的长期客户，要求提供价格最优运输方案。

针对以上客户要求，解决方案如下：

1）安排直达船运输到美国洛杉矶卸港后清关，之后用内陆卡车运输到展会。这样达到运输的经济性和时效性的完美结合。满足第一项要求。

2）事先为安排回运货物申领ATA单证，并在美国找到进口商安排展会销毁。货物的进口清关。达到分别进口，区分操作的目的。满足第二项要求。

3）我们分别为货物安排Flat Rack运输到美国，价格较贵，但保证时间和设备安全。在展会完毕后安排散杂货轮运输回国，以达到节省运输费用的目的。满足第三和第四项要求。

4）因为货物为裸装 Flat Rack 运输到美国，在撤展后，需要确定设备吊点进行装卸，重新进行保护性包装，为货物制作木制托盘确保船公司吊装上船和运输安全，临时仓储等一系列工作保证货物安全运回中国。

任务评价

项目（或任务）编号		学时		学生姓名		总分	

类别	序号	评价项目	评价内容及要求	评价标准	配分	学生自评	学生互评	教师评价	得分
岗位技能评价	1	质量控制	能够完成国际物流运输方案	不能完成无分	35				
	2	方法技巧运用	能够根据货物特点和性质；目的地所在位置等信息选择最优方式与线路	会用 3 种以下总分减半，不会用无分	30				
	3	运用知识能力	能够运用知识点解决案例问题	不能运用知识点无分，能够运用部分知识点减分	30				
	4	完成时间	是否按时完成任务	不按时完成无分	5				
职业素质评价	5	安全生产	遵守设备安全操作规程	不遵守有关规定扣 1 ~ 5 分					
	6	文明生产	遵守实训室文明生产规则	不遵守有关规定扣 1 ~ 5 分					
	7	沟通交流	积极主动性强	不积极沟通扣 1 ~ 5 分					
	8	团队合作	合作参与意识好	合作不好扣 1 ~ 5 分					

注：按学生自评占 20%、学生互评占 30%、教师评价占 50% 计算总分。

任务小结

授课班级		授课时间		授课地点	
授课教师		任务名称			
学生表现					
存在问题及改进方法措施					

任务拓展

国际运输中运输方式的选择
——以多元医药有限公司为例

多元医药有限公司（Polymedic Ltd）是位于英国谢菲尔德的一家中型公司，该公司制造一系列钢制手术器械，如镊子、切骨刀和手术剪刀，它们均用于医院的手术室。1995年该公司决定在土耳其安卡拉建立一个新的全资销售子公司。多元医药有限公司的销售经理估计，1996年土耳其的总需求量按成本价计算将达到25万英镑，需求量相当均匀地分布在全年之中。1995年6月，公司配送部经理克丽斯廷·梅森被要求确定将1996年所需产品从谢菲尔德工厂运至安卡拉公司的最适当的方法和时间表。梅森得到如下信息：

1. 产品包装信息

包装采用50cm×50cm×40cm的硬纸板箱，手术器械用塑料袋独立包装后装入纸箱中，每层用棉纸隔开。平均每个包装纸箱重约10kg，内含大约价值500英镑的手术器械。

2. 海关通关

在土耳其，海关通关的时间是不可预知的，平均需要1~3天。对于海运和空运集装箱，需要在土耳其雇用一家货运代理公司来安排海关通关所需的文件，费用为每船（或飞机）30~40英镑。

3. 保险费

海运拼装货、公路拼装货：可保价值的0.5%

集装箱整箱装运（海运）、整车装运（公路）、空运拼装货：可保价值的0.425%

可保价值的标准计算方法是：可保价值=（货物价值+运费）×10%

4. 伍兹国际货运代理公司（安卡拉当地公司）**的信息**

从谢菲尔德至安卡拉的运输：

（1）海运

选择1：专用集装箱。

20ft（1ft=0.3048m）集装箱可容纳250~300个包装纸箱（40ft集装箱可容纳600个包装纸箱）。

集装箱先运至谢菲尔德的工厂（装箱的头3h免费，此后每小时为10英镑），交付安卡拉的收货人。

从英国菲利克斯托港至土耳其梅尔辛港：航行21天。每10天一个航班。

发货人比船期广告日至少提前两天将集装箱集中到港口。

交付给收货人所需要的总费用：20ft集装箱1290英镑（40ft集装箱1935英镑）。

从梅尔辛港运至安卡拉的时间：2天公路运输（运价未知）。

选择2：集装箱拼装服务费见表4-11。

表 4-11 集装箱拼装服务费

纸箱数	费用/英镑
<40 个	每箱 12 英镑
40	共 393.86
100	共 885.35
250	共 2044.69

（2）横越大陆公路运输

从谢菲尔德交付给安卡拉的收货人，运输时间需要 8 ~ 12 天。

1）整车运输：可装运 600 个纸箱，费用为 2975 英镑。

2）公路拼装服务费见表 4-12。

表 4-12 公路拼装服务费

纸箱数	费用/英镑
40	633
100	1070
250	1710

注：卡车直接从英国驶往土耳其，途中采用滚装轮渡或经海底隧道经过英吉利海峡，从希腊到土耳其采用滚装轮渡经过博斯普鲁斯海峡。

（3）空运

从谢菲尔德抵达安卡拉机场（通关前），运输时间需要 2 ~ 3 天。

每天有航班从伦敦希思罗机场至安卡拉。

拼装费率见表 4-13。

表 4-13 拼装费率

纸箱数	费用/英镑
1	97.50
2	132.55
5	229.48
10	396.80
40	1152.93

（案例来源：http：//wenku. baidu. com/view/355a17c78bd63186bcebbca4. html. 此案例根据网站公布的资料整理而成。）

问题讨论：

1. 梅森在此次国际物流运输中，考虑了哪些因素？
2. 如果你是梅森将如何决策？

下篇　国际货运代理实务

单元五　国际货运基础知识

知识目标

1. 通过本单元的知识学习、技能训练和实践活动，了解国际货运代理的基本概念，掌握国际货运代理的含义、作用、类型及国际货运代理企业设立的条件及程序。

2. 对上海国际快达有限公司具备的条件进行详细分析，并拟写一份货运代理公司成立申请书。

技能目标

● 质量要求：能很好地运用国际货运代理的相关知识完成成立国际货运代理企业的手续。

● 方法要求：熟悉国际货运代理的基础知识，不出现应用错漏。

● 安全要求：严格按照国际货运代理企业成立手续流程实施任务，程序不紊乱。

● 文明要求：能按照学习现场的管理规章要求实施活动，自觉合作完成任务。

● 任务完成时间要求：4 学时。

案例导入

上海国际快达有限公司想设立一家货运代理公司，基本情况如下：

企业类型：合资。

已具备的条件：

1）注册资本 400 万元人民币。

2）具有 4 名从事国际货运代理业务 3 年以上的业务人员。

3）中方合营者中有一家是从事国际货运代理业务 1 年以上的企业，但该企业在中方合营者中不是第一大股东。

4）外国合营者有一家是经营国际货运代理业务 3 年以上的企业，该企业在外方合营者中是第一大股东。

5）中外合营者在申请之日前 3 年内没有违反行业规定的行为。

拟经营范围：

1）订舱（租船、包机、包舱）、托运、仓储、包装。

2）货物的监装、监卸、集装箱装拆箱、分拨、中转及相关的短途运输服务。

3）代理报关、报检、保险。

4）缮制有关单证、交付运费、结算及交付杂费。

5）国际展品、私人物品及过境货物运输代理。

6）国际多式联运、集运（含集装箱拼箱）。

7）国际快递（含私人信函和县级以上党政军机关公文的寄递业务）。

8）询及其他国际货运代理业务。

（案例来源：顾永才，王斌义．国际物流实务［M］．北京：首都经济贸易大学出版社，2010.）

问题：通过上网查询我国对外商国际货运代理企业设立的相关规定，分析案例导入中上海国际快达有限公司是否符合设立要求？如果不符合，哪些主要问题需要改正？

课题一 国际货运代理

国际货物代理企业在继承传统代理业务的基础上，正在按照全球经济一体化和现代物流管理的要求，以最大限度地满足客户需求和提高社会效益，同时以实现企业综合竞争力和效益为目标，在企业结构、制度、经营模式、方法与手段等方面进行着适应性变革。自从我国加入 WTO 以来，国际货运市场竞争越来越激烈，这将向我国的国际货运代理提出新的挑战。作为国际货运代理，必须首先了解自己的法律地位、责任，以便充分利用法律来维护自己的合法权益。

一、国际货运代理的定义

1. 国际货运代理的产生

国际货物运输不仅复杂而且涉及面广，买卖双方必须借助各种不同的运输方式和不同的交通工具才能实现货物的流动。货主往往为了货物的安全、运输便捷、节省费用、降低成本，便要广泛收集运输方面的信息，方能选择到最佳的运输方式、最好的承运人和支付最便宜的费用。然而，绝大多数进出口商限于人力、物力。很难做到，如因某一环节的疏忽或不熟悉有关的规定，会造成事倍功半，甚至会造成经济损失。于是，在此情况下，国际货运代理行业便应运而生，他们熟悉国际货运市场的情况，了解各运输航线的动态、各种运输工具的载货特点，通晓有关的国际货物运输规章制度，精通办理各种手续，并与海关、商检、港口、码头、船公司、车站、机场、银行、仓库等部门有着经常不断的联系和业务上的密切关系，因而具有接受货主委托，代办各种货物国际运输的有利条件，并能收到事半功倍的效果，这样往往比货主亲自办理更为有效和方便。

2. 国际货运代理人的定义

“货运代理人”英文为“Freight Forwarder”或“Forwarding Agent”。国际货运代理协会联合会（FIATA）将货运代理人定义为“货运代理根据客户的指示，并为客户的利益而揽取货物运输的人，其本身不是承运人。”联合国亚洲及太平洋经济和社会理事会则认为“货运代理是代表进/出口商进行装/卸货物，储存货物、安排当地运输、为他的客户索要应付款项等业务活动的佣金代理人，”并解释称“货运代理人代表其客户取得运输，而本人并不起承运人的作用。”

1990年7月13日，我国对外经济贸易部发布的《关于国际货物运输代理业管理的若干规定》中第4条指出：“国际货运代理是介于货主与承运人之间的中间人，是接受货主或承运人委托，在授权范围内办理国际货物运输业务的企业。”并规定：“国际货物运输代理业除拥有为代理业务的必需的仓库及小型车队外，一般不经营运输工具，也不经营进出口商品。”

到目前为止，尚未形成一个各国公认的、统一的货运代理人的定义。但是基本上认为，货运代理人是指一般不经营运输工具和进出口商品，而是联系货主和承运人的、根据委托办理国际货运业务的从业者。从委托角度讲，既有接受货主委托为货主服务的货运代理人，也有接受船东或承运人委托为船东或承运人服务的货运代理人。

综上所述，按照国际惯例，签订委托代理合同，在约定的权限范围内代办与货运进出口、运输乃至物流链等相关事宜，并按规定收取相应报酬的人均应为货运代理人，与此相关的行为，即是代理行为。所以，货运代理人只是充当代理的角色，其本身不是运输关系的实际当事人，而是运输关系实际当事人的代理人。

知识卡

代　理

所谓代理是指代理人（Agent）按其与委托人（Principal）达成的代理协议，在委托地区、期限和范围内以委托代理名义同第三者开展对外活动、办理业务和处理委托人需要事物的服务性行为。

二、国际货运代理的性质和作用

1. 国际货运代理的性质

（1）国际货运代理人的性质　国际货运代理是代理的一种类型，国际货物运输代理本质上属于货物运输关系人的代理人，是联系发货人、收货人和承运人的货物运输中介人。

作为收、发货人的代理，负责选择运输路线、承运人，向承运人订舱，缮制运输单据，安排货物的短途运输、仓储、称重、检尺，办理货物的保险、报检、报验和通关手续，向承运人、仓储保管人及有关当局支付有关费用。有时代表收货人接收、检查运输单据，办理货物的保险、报检、报验和通关手续，提取货物，安排仓储和短途运输，支付运费及其他相关费用，协助收货人向责任方索赔。

作为承运人的代理，负责代表承运人揽货、配载、装箱、拼箱、拆箱、签发运输单据。国际货物运输代理人有时也以独立经营人身份从事货物的仓储、运输，甚至以缔约承运人身份出具运单、提单，但这只是为了适应市场竞争需要，满足某些客户的特殊需求而拓展了服务范围的结果，并不影响其作为运输代理人的本质特征。

（2）国际货运代理行业的性质　国际货运代理行业是随着国际经济贸易的发展，国际运输方式的变革，信息科学技术的进步发展起来的一个相对年轻的行业，在社会结构中属于第三产业，性质上属于服务行业。从马克思主义政治经济学的角度来看，它隶属于交通运输业，属于交通辅助行业。

2. 国际货运代理的作用

国际货运代理企业通晓国际贸易环节，精通各种运输业务，熟悉有关法律、法规，业务关系广泛，信息来源准确、及时，与各种承运人、仓储经营人、保险人、港口、机场、车站、堆场、银行等相关企业，海关、商检、卫检、动植检、进出口管制等有关政府部门存在着密切的业务关系，不论对于进出口货物的收、发货人，还是对于承运人和港口、机场、车站、仓库经营人都有着重要的桥梁和纽带作用，不仅可以促进国际贸易和国际运输事业发展，而且可以为国家创造外汇来源，对于本国国民经济发展和世界经济的全球化都有着重要的推动作用。对于委托人来说，其作用可概括如下：

（1）组织协调作用　国际货运代理人凭借其拥有的运输知识及其他相关知识，组织运输活动，设计运输路线，选择运输方式和承运人（或货主），协调货主、承运人及其与仓储保管人、保险人、银行、港口、机场、车站、堆场经营人和海关、商检、卫检、动植检、进出口管制等有关当局的关系，可以节省托运人的时间，减少许多不必要的麻烦，专心致力于主营业务。

（2）专业服务作用　国际货运代理人的本职工作是利用自身专业知识和经验，为委托人提供货物的承揽、交运、拼装、集运、接卸、交付服务，接受委托人的委托，办理货物的保险、海关、商检、卫检、动植检、进出口管制等手续，甚至有时还要代理委托人支付、收取运费，垫付税金和政府规费。国际货运代理人通过向委托人提供各种专业服务，可以使委托人不必在自己不够熟悉的业务领域花费更多的心思和精力，使不便或难以依靠自己力量办理的事宜得到恰当、有效地处理，有助于提高委托人的工作效率。

（3）沟通控制作用　国际货运代理人拥有广泛的业务关系，发达的服务网络，先进的信息技术手段，可以随时保持货物运输关系人之间、货物运输关系人与其他有关企业、部门的有效沟通，对货物进行运输的全过程进行准确地跟踪和控制，保证货物安全、及时运抵目的地，顺利办理相关手续，准确送达收货人，并应委托人的要求提供全过程的信息服务及其他相关服务。

（4）咨询顾问作用　国际货运代理人通晓国际贸易环节，精通各种运输业务，熟悉有关法律、法规，了解世界各地有关情况，信息来源准确、及时，可以就货物的包装、储存、装卸和照管，货物的运输方式、运输路线和运输费用，货物的保险、进出口单证和价款的结算，领事、海关、商检、卫检、动植检、进出口管制等有关当局的要求等向委托人提出明确、具体的咨询意见，协助委托人设计、选择适当处理方案，避免、减少不必要风险、周折和浪费。

（5）降低成本作用　国际货运代理人掌握货物的运输、仓储、装卸、保险市场行情，与货物的运输关系人、仓储保管人、港口、机场、车站、堆场经营人和保险人有着长期、密切的友好合作关系，拥有丰富的专业知识和业务经验，有利的谈判地位，娴熟的谈判技巧，通过国际货运代理人的努力，可以选择货物的最佳运输路线、运输方式，最佳仓储保管人、装卸作业人和保险人，争取公平、合理的费率，甚至可以通过集运效应使所有相关各方受益，从而降低货物运输关系人的业务成本，提高其主营业务效益。

（6）资金融通作用　国际货运代理人与货物的运输关系人、仓储保管人、装卸作业人及银行、海关当局等相互了解，关系密切，长期合作，彼此信任，国际货运代理人可以代替收、发货人支付有关费用、税金，提前与承运人、仓储保管人、装卸作业人结算有关费用，凭借自己的实力和信誉向承运人、仓储保管人、装卸作业人及银行、海关当局提供费用、税金担保或风险担保，可以帮助委托人融通资金，减少资金占压，提高资金利用效率。

知识检验

一、填空题

1. 1990年7月13日，我国对外经济贸易部发布的《关于国际货物运输代理业管理的若干规定》中第4条指出："国际货运代理是介于________与________之间的中间人，是接受________或________委托，在授权范围内办理________的企业。"

2. 国际货运代理行业在社会结构中属于________，性质上属于________。从马克思主义政治经济学的角度来看，它隶属于________，属于________。

二、选择题

国际货物运输代理本质上属于货物运输关系人的代理人，是联系________的货物运输中介人。

A. 发货人　B. 收货人　C. 承运人　D. 进口方　E. 出口方

三、简答题

简述国际货运代理的作用。

课题二　国际货运代理企业设立条件及程序

一、国际货运代理企业设立条件

1. 国际货运代理企业的定义

根据现行有关法规和规章，国际货物运输代理企业是指接受进出口货物收货人、发货人的委托，以委托人的名义或者以自己的名义，为委托人办理国际货物运输及相关业务并收取服务报酬的法人企业。国际货运代理企业除了具备法律、法规规定的企业法人条件以外，还必须具备国际货运代理的特征，即接受进出口货物的收货人、发货人的委托，以委托人的名义或者以自己的名义，为委托人办理国际货物运输及相关业务的特征。

根据《中华人民共和国国际货物运输代理业管理规定》、《中华人民共和国国际货物运输代理业管理规定实施细则（试行）》，国际货运代理企业必须依法取得中华人民共和国企业法人资格，其名称、标志应当符合国家有关法律、法规和规章，与业务性质、范围相符合，并能体现行业特点。其中，名称中应当含有"货运代理"、"运输服务"、"集运"或"物流"等相关字样。目前，我国国际货运代理企业的组织形式仍然限于有限责任公司或股份有限公司，尚不允许采取合伙企业等组织形式。

2. 国际货运代理企业设立条件

国际货运代理企业的申请人应当是与进出口贸易或国际货物运输有关、有稳定货源的单位，符合以上条件的投资者应当在申请项目中占大股。这里指的是主要申请人应符合上述申请人资格，其他人可作小股东参与。承运人以及其他可能对国际货运代理行业构成不公平竞争的企业不得申请经营国际货运代理业务。禁止具有行政垄断职能的单位申请投资经营国际货运代理业务。

设立国际货物运输代理企业，应当具备下列条件：

1）有与其从事的国际货物运输代理业务相适应的专业人员：具体来讲，至少要有5名从事国际货运代理业务3年以上的业务人员，其资格由业务人员原所在企业证明，或者取得国家商务部颁发的国际货物运输代理资格证书。

2）有固定的营业场所：以自有房屋、场地作为经营场所的，应当提供产权证明。以租赁房屋、场地作为经营场所的，应当提供租赁期限在1年以上的租赁契约。

3）有必要的营业设施：设立国际货物运输代理企业，应当拥有一定数量的电话、传真、计算机、装卸设备、包装设备和短途运输工具。

4）有稳定的进出口货源市场：在本地区进出口货物运量较大，货运代理行业具备进一步发展的条件和潜力，并且申报企业可以揽收到足够的货源。

5）有与经营的业务项目相适应的注册资金：经营的业务项目不同，所要求的注册资金不同。经营两项以上业务的，注册资本最低限额为其中最高一项的限额。

资料库

国际货物运输代理企业的注册资本最低限额应当符合下列要求：

①经营海上国际货物运输代理业务的，注册资本最低限额为500万元人民币。

②经营航空国际货物运输代理业务的，注册资本最低限额为300万元人民币。

③经营陆路国际货物运输代理业务或者国际快递业务的，注册资本最低限额为200万元人民币。

国际货物运输代理企业每申请设立一个从事国际货物运输代理业务的分支机构，应当相应增加注册资本50万元人民币。如果企业注册资本已超过上述最低限额，则超过部分可以作为设立分支机构的增加资本。

二、国际货运代理企业设立程序

1）申请设立国际货物运输代理企业，申请人应当向拟设立国际货物运输代理企业所在地的省、自治区、直辖市、经济特区、计划单列市的对外经济贸易主管部门提出申请，并提交规定的文件。

申请设立国际货物运输代理企业，应当向相应对外经济贸易主管部门报送下列文件：

①申请书（包括投资者名称、申请资格说明、申请的业务项目）。

②可行性研究报告（包括基本情况、资格说明、现有条件、市场分析、业务预测、组建方案、经济预算及发展预算等）。

③各投资者的企业法人营业执照（影印件）。

④董事会、股东会或股东大会决议。

⑤企业章程（或草案）。

⑥主要业务人员情况（包括学历、所学专业、业务简历、资格证书）。

⑦资信证明（会计师事务所所出具的各方投资者的验资报告）。

⑧投资者出资协议。

⑨法定代表人简历。

⑩国际货运代理提单（运单）样式。

⑪工商行政管理部门出具的企业名称预先核准函（影印件）。

⑫国际货运代理企业申请表。

⑬交易条件。

⑭营业设施情况说明。

⑮经营场所证明。

以上文件除了③、⑪项外，均须提交正本，并加盖申请人公章。

2）上述地方对外经济贸易主管部门收到申请人提交的申请及有关文件后，将从以下几个方面对申请项目进行初步审核：

①条目设立的必要性。

②申请文件的真实性和完整性。

③申请人资格。

④申请人信誉。

⑤业务人员资格。

地方对外经济贸易主管部门对申请项目进行审核后，应当在收到申请设立货运代理企业的申请书和其他文件之后起45天内提出意见，并将初审意见（包括建议批准的经营范围、经营地域、投资者比例等）及全部申请文件转报对外贸易经济合作部审批。

国务院各部门在北京的直属企业申请在北京设立国际货物运输代理企业的，可以直接向对外经济贸易合作部提出申请，由对外经济贸易合作部委托中国国际货运代理协会进行初审。中国国际货运代理协会应当在收到申请设立货运代理企业的申请书和其他文件之日起45天内提出意见，并将初审意见及全部申请文件报对外经济贸易合作部进行终审。

3）对外经济贸易合作部应当自收到申请设立国际货运代理企业的申请书和其他文件之日起45天内做出批准或者不批准的决定

对于有下列情形之一的，对外经济贸易合作部将驳回申请，并说明理由：

①文件不齐。

②申报程序不符合要求。

③对外经济贸易合作部已经通知暂停受理经营国际货运代理业务的申请。

对于有下列情形之一的，对外经济贸易合作部经过调查核实后，将做出不批准批复：

①申请人不具备从事国际货运代理业务的资格。

②申请人自申报之日前5年内非法从事代理经营活动，受到国家行政管理部门的处罚。

③申请人故意隐瞒、谎报申报情况。

④存在其他不符合《中华人民共和国国际货物运输代理业管理规定》第5条有关原则的情况。

4）对外经济贸易合作部如同意申请人的申请，将向申请人所在地省级对外经济贸易主管部门做出同意申请人成立国际货物运输代理企业的批复，明确该国际货物运输代理企业的经营范围、注册资本、经营地域等事项，要求其根据该批复修改章程。申请人所在地省级对外经济贸易主管部门再行文转发对外经济贸易合作部主管司局办理领取证书手续。申请人收到对外经济贸易合作部的同意批复后，应当于批复之日起60天内持修改后的企业章程（正本），凭地方对外经济贸易主管部门介绍信到对外经济贸易合作部领取《中华人民共和国国际货物运输代理企业批准证书》。国务院各部门在京直属企业申请在北京设立的国际货物运输代理企业，由对外经济贸易合作部向其主管部门下达批准文件，直接向申请人颁发《中华人民共和国国际货物运输代理企业批准证书》。

5）国际货物运输代理企业应当凭对外经济贸易合作部颁发的批准证书，依照有关法律、行政法规的规定，办理企业登记、税务登记手续，并在办理完毕其他部门手续后，到所在地省级对外经济贸易主管部门备案。

申请人自收到批准证书之日起180天内无正当理由未开始营业的，对外经济贸易合作部应当撤销批准证书。

知识检验

一、填空题

1. 根据《中华人民共和国国际货物运输代理业管理规定》《中华人民共和国国际货物运输代理业管理规定实施细则（试行）》，国际货运代理企业名称中应当含有______、______、______或______等相关字样。

2. 申请设立国际货物运输代理企业自收到批准证书之日起______天内无正当理由未开始营业的，对外经济贸易合作部应当撤销批准证书。

二、选择题

1. 经营海上国际货物运输代理业务的，注册资本最低限额为______万元人民币。

A. 100　B. 200　C. 300　D. 400　E. 500

2. 同时经营国际货物航空和陆路运输代理业务的，注册资本最低限额为______万元人民币。

A. 100　B. 200　C. 300　D. 400　E. 500

三、简答题

1. 简述国际货物运输代理企业的设立条件。

2. 简述申请设立国际货物运输代理企业的程序。

课题三　我国国际货运代理行业

一、我国国际货运代理行业的特点

我国国际货运代理行业起步较晚，历史较短，但是为了加强国际货运代理行业管理，规范国际货运代理企业行为，保障货主、承运人企业、国际货运代理企业合法权益，国务院及对外经济贸易合作部先后发布了货运代理行业管理的有关文件。这些文件的发布，规范了我国国际货运代理市场秩序，促进了我国国际货运代理行业的健康、稳定发展，不仅一大批有实力的外国货运代理企业进入了中国国际货运代理市场，设立了一批中外合资、合作国际货运代理企业，纯粹由国内投资者设立的国际货运代理企业数量也有了迅速发展。1983年，中国只有中外运一家国际货运代理企业，到2008年底，在中国商务部备案的国际货运代理企业有18400多家，可见其发展之迅速。但约有76%的企业规模较小，注册资本在150万美元以下。总的看，我国货运代理历史较短，整体实力和管理水平还比较落后。目前，我国80%的进出口贸易货物运输和中转业务，90%的国际航空货物运输业务都是通过国际货运代理企业完成的。

为了促进国际货运代理行业的健康发展，加强行业自律，维护国际货运代理企业正当权益，各地纷纷成立了国际货运代理协会。自1992年9月24日我国第一家地方国际货运代理协会——上海市国际货运代理协会成立起，至今已有21个省、自治区、直辖市、沿海开放城市成立了地方国际货运代理协会。为了协调国际货运代理行业发展中的全局问题，对外经济贸易合作部于2000年9月6日正式成立了中国国际货运代理协会这一全国性的国际货运代理行业组织。中国国际货运代理协会的成立，标志着我国政府对该行业的管理将进入到一个政府监管与行业自律并重的新阶段，目前该协会拥有会员近700家。2001年初，中国国际货运代理协会代表中国国际货运代理行业加入了国际货运代理协会联合会。

从我国国际货运代理行业的发展及现实状况，可以概括以下几个特点：

1. 政府部门多头管理，政策法规不够统一，开放程度有待扩大

我国国际货运代理专门法规已经明确国务院对外经济贸易合作部为全国国际货运代理行业的主管部门，国务院公路、水路、铁路、航空、邮政运输主管部门和联合运输主管部门也在根据与本行业有关的法律和规章对国际货运代理企业的设立及其业务活动进行着不同程度的管理，开办国际货运代理企业，从事国际货物运输代理业务，不仅要遵守国际货运代理法律和规章，还要遵守有关公路运输、水路运输、铁路运输、航空运输、联合运输代理的法律、规章和邮政法律、规章。此外，目前有关政策、法规和规章仍然要求国际货运代理企业的一方股东必须是进出口贸易企业、国际运输企业或国际货运代理企业，并且这样的股东要持有多数股权，尚不允许全部由其他企业或公民个人直接投资设立国际货运代理企业。

2. 国际货运代理企业分布的地域、领域较为广泛，多种经济成分并存，发展不够均衡

目前，全国所有省、自治区、直辖市均有国际货运代理企业存在，但沿海国际货运代理企业数量较多，业务发展较为迅速。内陆国际货运代理企业数量较少，业务发展较为缓慢。虽然国际货运代理企业分布于30多个部门和领域，多种经济成分并存，但受国家政策、法规限制，绝大多数国际货运代理企业隶属于进出口贸易企业和交通运输企业，国有、外商投资国际货运代理企业在数量、规模上占绝对优势，其他企业为主要投资者的国际货运代理企业、其他经济成分的国际货运代理企业不但数量很少，而且多数规模也较小。

3. 国际货运代理企业服务网络不够健全，服务质量参差不齐，国际竞争能力较弱，经营秩序有待规范

几乎没有一家国际货运代理企业拥有完善的全球业务网络，绝大多数国际货运代理企业缺乏国际业务网络，多数国际货运代理企业没有国内业务网络。由于缺乏专业人员，业务人员培训不足，没有统一的行业规范，国际货运代理企业之间服务质量参差不齐，差别很大。加之资金、市场、信息网络等方面的原因，我国国际货运代理企业总体上与国际上的货运代理企业的竞争能力较弱。有关部门虽然多次清理国际货运代理企业，整顿国际货运代理市场秩序，打击非法经营活动，但是由于种种原因，整个国际货运代理行业的经营秩序仍然不够理想，有待进一步规范。

4. 多数国际货运代理企业历史较为短暂，服务项目单调，资产规模、经营规模较小，专业人才匮乏

由于我国国际货运代理行业历史较短，长期以来独家经营，绝大多数国际货运代理企业成立不足10年，服务功能较少，不能提供有关法规和规章允许的所有服务。从资产规模、经营规模角度来看，大型、集团型国际货运代理企业数量较少，中小型国际货运代理企业占70%以上。多数国际货运代理企业缺乏精通有关业务的专业人才，现有业务人员也有待进行普遍的规范化培训。

二、我国现行国际货运代理管理体制

我国国际货运代理管理体制，长期以来一直实行对外经济贸易主管部门管理对外贸易和国际货物运输组织工作的对外经济贸易管理体制。因此，我国的国际货运代理行业管理体制深受对外贸易管理体制的影响。国际货运代理行业管理体制的沿革与对外贸易管理体制的发展、变化密切相关。随着国家对外贸易管理体制的建立、改革和完善，我国的国际货运代理行业管理体制经历了1946年~1957年的初步形成时期；1958年~1984年的政企合一时期；1985年~1992年的政企分开时期和1993年到现在的规范管理时期。

知识检验

简答题

1. 简述我国国际货运代理行业特点。
2. 调查本地国际货运代理业现状。

课题四　技能训练

任务描述

为上海国际快达有限公司申请设立货运代理公司拟写一份详细的程序（具体的流程、手续）。

任务目的

通过实训的拟写，让学生能熟悉成立国际货运代理企业的流程、手续，巩固知识。

任务准备

将学生每6~8人一组分为若干组，事先了解《国际货物运输代理业管理规定实施细则（修订草案）》。

任务实施

准备好撰写的相应材料，规定好评定方案。

范例　　　　企业设立流程

1）公司设立形式：有限责任公司。

2）注册公司流程：

①查名。

②编写“公司章程”。

③刻章：在公安局指定地点刻法人章。

④委托上海市会计服务机构，领取一张“银行询证函”原件，由会计师事务所盖章。

⑤去中国银行开立公司验资户。

⑥办理验资报告。

⑦注册公司。

⑧凭营业执照，到公安局特行科指定的刻章社，去刻公章、财务章。

⑨办理企业组织机构代码证。

⑩去中国银行开公司基本账户。

⑪办理税务登记。

⑫申请领购发票。

3）公司注册登记提交材料清单：

①公司法定代表人签署的“公司设立登记申请书”。

②全体股东签署的“指定代表或者共同委托代理人的证明”（股东为自然人的由本人签字；自然人以外的股东加盖公章）及指定代表或委托代理人的身份证复印件（本人签字）；应标明具体委托事项。被委托人的权限、委托人期限。

③全体股东签署的公司章程（股东为自然人的由本人签字；自然人以外的股东加盖公章）。

④股东的主体资格证明或者自然人身份证明复印件；股东为企业的，提交营业执照副本复印件；股东为事业法人的，提交事业法人登记证书复印件；股东为社团法人的，提交社团法人登记证复印件；股东为民办非企业单位的，提交民办非企业单位证书复印件；股东为自然人的，提交身份证复印件。

⑤依法设立的验资机构出具验资证明。

⑥股东首次出资是非货币财产的，提交已办理财产权转移手续的证明文件。

⑦懂事、监事和经理的任职文件及身份证明复印件；依据《中华人民共和国公司法》和公司章程的规定和程序，提交股东会决议、董事会决议或其他相关材料。股东会决议由股东签署（股东为自然人的由本人签字；自然人以外的股东加盖公章），董事会决议由董事签字。

⑧法定代表人任职文件及身份证明复印件；根据《中华人民共和国公司法》和公司章程的规定和程序，提交股东会决议、董事会决议或其他相关材料。股东会决议由股东签署（股东为自然人的由本人签字；自然人以外的股东加盖公章），董事会决议由董事签字。

⑨住所使用证明：自有房产提交产权证复印件；租赁房提交租赁协议复印件及出租方的房产证复印件；未取得房产证的，提交房地产管理部门的证明或者购房合同及房屋销售许可证复印件；出租方为宾馆、饭店的，提交宾馆、饭店的营业执照复印件。

⑩企业名称预先核准通知书。

⑪法律、行政法规和国务院规定设立有限责任公司必须报经批准的，提交有关的批准文件或者许可证书复印件。

⑫公司申请登记的经营范围中有法律、行政法规和国务院规定必须登记前报批准的项目，提交有关的批准文件或者许可证书复印件或许可证明。

注：依照《中华人民共和国公司法》《中华人民共和国公司登记管理条例》设立的除一人有限责任公司和国有独资公司以外的有限责任公司申请设立登记适用本规范。

以上各项未注明提交复印件的，应当提交原件；提交复印件的应当注明“与原件一致”并由股东加盖公章或签字。

4）备案表（表5-1）：

表 5-1 国际货运代理企业备案表

（法人企业适用）

备案表编号：

企业中文名称		企业经营代码	
企业英文名称			
住所			
经营场所（中文）			
经营场所（英文）			
工商登记注册日期		工商登记注册号	
企业类型		组织机构代号	
注册资金		联系电话	
联系传真		邮政编码	
企业网址		企业电子邮箱	
法定代表人		有效证件号	
业务类型范围			
运输方式	海运□ 空运□ 陆运□		
货物类型	一般货物□ 国际展品□ 过境运输□ 私人物品□		
服务项目	揽货□ 托运□ 订舱□ 仓储中转□ 集装箱拼装拆箱□ 结算运杂费□ 报关□ 报验□ 保险□ 相关短途运输□ 运输咨询□		
特殊项目	是否为多式联运 是□ 否□ 是否办理国际快递 是□ 否□ 信件和具有信件性质的物品除外□ 私人信函及县级以上党、政、军公文除外□		
备注：			

备案机关：

签 章

年 月 日

代表本企业做如下保证：

（一）遵守《中华人民共和国对外贸易法》《中华人民共和国国际货物运输代理业管理规定》及其配套法律、法规、规章。

（二）遵守与国际货物运输代理业相关的运输、海关、外汇、税务、检验检疫、环保、知识产权等其他法律、法规、规章。

（三）服从主管部门对国际货物运输代理业的行业管理，自觉维护国际货物运输代理业的经营秩序。

（四）不伪造、变造、涂改、出租、出借、转让、出卖“国际货运代理企业备案表”。

（五）在备案表中所填写的信息是完整的、准确的、真实的。

（六）按要求认真填写、及时提交与经营活动有关的文件和资料。

（七）“国际货运代理企业备案表”上填写的任何事项发生变化之日起，30 日内到原备案登记机关办理“国际货运代理企业备案表”的变更手续。

以上有违反，将承担一切法律责任。

企业法定代表人：×××
（签字、盖章）
年 月 日

任务评价

项目（或任务）编号		学时		学生姓名		总分	

类别	序号	评价项目	评价内容及要求	评价标准	配分	学生自评	学生互评	教师评价	得分
岗位技能评价	1	质量控制	能够完成国际货运代理企业成立完整程序	不能无分	35				
	2	方法技巧运用	能够运用最佳方式完成企业成立手续	会用3种以下总分减半，不会用无分	30				
	3	运用知识能力	能够运用知识点解决案例问题	不能运用知识点无分，能够运用部分知识点减分	30				
	4	完成时间	按时完成任务	不按时完成无分	5				
职业素质评价	5	安全生产	遵守设备（采购软件）安全操作规程	不遵守有关规定扣1～5分					
	6	文明生产	遵守实训室文明生产规则	不遵守有关规定扣1～5分					
	7	沟通交流	积极主动性强	不积极沟通扣1～5分					
	8	团队合作	合作参与意识好	合作不好扣1～5分					

注：按学生自评占20%、学生互评占30%、教师评价占50%计算总分。

任务小结

授课班级		授课时间		授课地点	
授课教师		任务名称			
学生表现					
存在问题及改进方法措施					

任务拓展

怡和货运（香港）有限公司是香港怡和集团的全资附属公司，主要从事国际货运代理业务。20 世纪 90 年代中期，香港怡和集团对怡和货运（香港）有限公司进行重组转型，将其与物流有关的业务合并，并成立香港怡和物流集团。转型后的香港怡和物流集团的业务范围包括：海运、空运、特殊货运、仓储及配送，从事特殊货运物流、出口/制造物流、进口/销售物流、电子贸易物流 4 种主要物流。重组转型后，其营业额从 1991 年怡和货运（香港）有限公司的5200 万美元增长到了 1999 年香港怡和物流集团的 2 亿美元，增幅巨大。1999 年，在 Gargonews Asia 货运专业杂志举办的亚洲货运业大奖中，香港怡和物流集团被评为十大空运货代、十大海运货代和十大物流服务公司之一，并在多式联运分类评比中排名第二。香港怡和物流集团内部的管理机构分为整合运输、特殊货运、仓储及配送 、财务、人力资源、资讯科技、风险管理 7 个部门，仓库面积大于 80 万 ft^2（$1ft^2=0.0929030m^2$），并在亚洲拥有 53 个办事处，分布在中国内地和中国香港、中国台湾地区及新加坡、马来西亚、泰国、印度尼西亚、菲律宾、越南；在英、美及南非设有合资公司；在德国、法国、瑞士、荷兰和比利时与当地的知名物流企业组成联盟伙伴。在中国内地登记注册了一家名为怡达的合资公司，拥有货运代理营业执照，并在北京、大连、天津、青岛、上海、深圳、盐田、东莞及台北、台中、高雄成立了 12 个办事处。

怡和货运（香港）有限公司重组转型的成功得益于公司在开展物流服务方面具备以下条件：

1）有充足的运力提供全程运输、仓储及配送。例如，多式联运、转运、运输途中的一条龙服务、买家指定集运、卖家物流中心、配送中心、地区配送中心、门到门送递、户到户送货、退货处理、逆向物流等。

2）提供增值服务，即一站式服务。包括报关清关、质量监控、保险、组装、特殊组合包装、再包装、再循环（如回收空瓶并循环再用）。

3）先进的信息科技。集团管理实行核心活动流程电子化（货运代理、仓储管理及配送系统）；电子资料交换，以电子文件替代纸张文件；货物追踪系统，网上订舱，根据提单、订单进行货物追踪；以电子邮件形式自动报告货物抵港情况；按客户要求剪裁各种报告；在互联网上公布其费率表；进行电子商贸活动。

4）连接全球的区域网络。集团的分公司、合资公司建立策略联盟，公司网络覆盖全球 70 多个国家。

5）提供高水平的优质服务。集团根据客户需求提出解决问题的全套方案，与客户共同分析发展速度和发展方向，收费合理。

进一步开发亚洲供应链管理市场的巨大潜力，成为亚洲地区最成功的供应链管理专家是香港怡和物流集团的远景目标。

（案例来源：顾永才，陈幼端. 国际物流与货运代理 [M]. 北京：首都经济贸易大学出版社，2007.）

问题讨论：

1. 从怡和货运（香港）有限公司的转型经验探讨我国货运代理企业向开展国家物流转型的对策。

2. 思考开展国际第三方物流的经验。

单元六　国际货物运输代理企业的业务经营

知识目标

1. 通过学习本单元的基础理论知识，熟悉国际货物运输代理企业的经营业务，了解国际货物运输代理的业务流程，掌握业务流程的实际操作方法。

2. 提供进出口货运代理的相关仿真单据，要求按进出口货运代理业务的办理程序练习填写。

技能目标

- 质量要求：能很好地运用国际货物运输代理企业业务流程要求完成业务操作任务。
- 方法要求：熟悉国际货物运输代理业务及相应的业务流程，不犯操作性错误。
- 安全要求：严格按照国际货物运输的业务流程实施任务，程序不紊乱。
- 文明要求：能按照学习现场的管理规章要求实施活动，自觉合作完成任务。
- 任务完成时间要求：8 学时。

案例导入

美国 AEI 环球捷运公司是一家国际货运代理分公司，该公司设立于 1935 年，1968 年收购货运代理公司 Wings on Wheels，以此为契机不断扩大并进入了国际市场。之后 AEI 作为航空货运代理而成长。AEI 的本部设在美国康涅狄格州，提供运输、仓储、配送、包装、报关、报检和咨询等多种服务。

德国辛克国际公司创立于 1872 年，公司本部设在德国埃森，在 54 个国家设有 320 个服务点，与 540 多个各国代理商进行合作。辛克国际公司提供综合的国际货运代理服务，主要服务内容包括国际航空和海运、报关、重件和特殊货物运输、展品运输、仓储等。

中国锦程国际物流集团创立于 1990 年，是交通部批准的 NOVCC（无船承运人）。锦程国际物流集团以独特的经营理念和不懈的创新精神，在国内主要口岸城市、内陆大中型城市以及美国等地设有 120 多家分支机构，拥有海外代理 300 余家，形成了覆盖全球的国际物流服务网络。主要服务内容有揽货、订舱、集装箱拆箱、分拨中转、报关、报验、国际多式联运等。

（案例来源：顾永才，王斌义．国际物流实务［M］．北京：首都经济贸易大学出版社，2010.）

问题：根据以上材料，总结国际货运代理主要业务范围或国际货运代理的业务范围主要包括哪些内容？

课题一 国际海运业务

进出口货物海洋运输在国际贸易运输中占有很大的比例。其业务涉及问题多、环节复杂，为认真做好国际海洋货物运输工作，了解和熟悉进出口运输的各个环节和操作流程以及所涉及的单据，对于从事国际货运代理业务具有十分重要的意义。国际海洋货物运输分为班轮运输和租船运输两种方式。

一、班轮运输

班轮运输（Liner Shipping）在国际贸易运输中是主要的运输方式之一。它的服务对象是非特定的、分期的众多货主，因此，班轮公司具有公共承运人的性质。班轮运输是在不定期船运输的基础上发展起来的，迄今已有150多年历史。目前班轮运输的航线已遍及世界各海域和主要港口，成为国际贸易运输中一种不可缺少的主要运输经营方式之一，有力地促进了国际贸易的发展。

1. 班轮运输的特点

班轮运输方式具有以下特点：

1）四固定，船舶按照固定的船期表（Sailing Schedule）、沿着固定的航线和港口来运输，并按相对固定的运费率收取运费，即固定航线、固定港口、固定船期和相对固定的费率。这是班轮运输的基本特征。

2）班轮运价内包括装卸费用，即货物由承运人负责配载装卸，货方不再另付装卸费，承、托双方不计算滞期费和速遣费。

3）承、托双方的权利、义务和责任豁免以船方签发的提单条款为依据并受统一的国际公约制约。承运人和货主之间在货物装船之前通常不用书面签订具有详细条款的运输合同。

4）班轮承运货物的品种、数量比较灵活，货运质量较有保证，且一般采取在码头仓库交接货物，故为货主提供了更便利的条件。

首先，四固定的特点，时间上有保证，运价固定，为贸易双方洽谈价格和装运条件提供了方便。其次，事先公布船期、运价费率，有利于贸易双方达成交易，减少磋商内容。最后，手续简便，有利于促进国际贸易的发展。综上所述，采用这种运输经营方式极大地方便了货主，有利于一般杂货和不足整船货的小额贸易货物的运输。

5）班轮运输分为杂货班轮运输和集装箱班轮运输。

①杂货班轮运输：其货物以件杂货为主，还可以运输一些散货、重大件特殊货物。对货主而言，杂货班轮运输具有以下优点：

a. 特别适应小批量零星件杂货对海上运输的需要。货主或货运代理能够随时向班轮公司托运，而不论货物的批量大小，因此可以节省货物等待集中的时间和仓储的费用。

b. 能够满足各种货物对海上运输的要求，并能够较好地保证货运质量。

c. 能够及时、迅速地将货物发送和运达目的港。由于货主和货运代理能根据船期表预知货物的发运和到达时间，因此能保证货物的供需要求。

d. 通常班轮公司都负责转运工作。货主或货运代理可以要求班轮公司安排货物的转运工作，从而满足货物运输的特殊需要。

②集装箱班轮运输：这是在20世纪60年代中后期，随着集装箱运输的发展，出现了以集装箱为运输单元的集装箱班轮运输方式。集装箱运输具有运送速度快、装卸方便、机械化程度高等优点，到20世纪90年代后期，集装箱班轮运输已逐渐取代了传统的杂货班轮运输。对货主而言，集装箱班轮运输除了具有与杂货班轮运输相似的优点外，在运输速度、货运质量等方面更具有优势。但是，目前大多数班轮公司不接小批量的拼箱货，因此需要集拼经营人来安排小批量的拼箱货运输。

2. 杂货班轮运输业务流程

从事杂货班轮运输的船舶按照船期表营运，通常挂靠港口较多，货物装卸作业频繁，所承运货物的种类多，票数也多，船舶在港停泊时间较短，出现货运质量事故的情况比较复杂。因此，杂货班轮运输中必须建立起一套行之有效的程序，如图6-1所示。

图6-1　杂货班轮运输程序

（1）揽货　揽货是指船公司为使自己所经营的船舶在载重量和载货舱容两方面均能得到充分利用，以期获得最好的经营效益，会通过各种途径从货主那里拿取货源，揽集货载。其通常采用的做法是在所经营的班轮航线的各挂靠港口及货源腹地通过自己的营业机构或船舶代理人与货主建立业务关系；或通过报纸、杂志刊登船期表，以邀请货主前来托运货物，办理订舱手续；也可通过与货主、无船承运人或货运代理人等签订货物运输服务合同或揽货协议来争取货源。在我国的《中国远洋航务公报》、《航运交易公报》、《中国航务周刊》等都定期刊登班轮船期表，以揽集货载。

（2）订舱（Booking）　订舱是指托运人（包括其代理人）向班轮公司（即承运人，包括其代理人）申请货物运输，承运人对这种申请给予承诺的行为。

（3）合理配载　合理配载对货主来说，主要是考虑能够把出口货物安全、准确、迅速、节省、方便地运抵目的港交给收货人，以完成贸易合同；对船方来说，货主众多，货物少而杂，加之停泊港口较多，因此，为了船货安全和便于船舶快速装箱，班轮公司通常委托港口当局或船务代理预先制定配载计划，待船舶抵港后交由大副确认，以便随后安排装船。

（4）装船

1）装船前的准备：根据订舱委托，船公司在指定时间内将指名船舶开抵指定港口受载。在船舶到港之前，货运代理将所有订舱托运单按不同港口分别编出提单号，写上船名，并根据订舱托运单上的内容编制成配船清单，并制出清洁提单。再将订舱托运单连同提单一起交船务代理签单，以便船务代理及时缮制出口载货清单。货运代理在装船之前应协同发货人将所有货物集港，以便船舶到港后能及时装船出运。在装船之前，货运代理凭全套报关单据向海关申报，海关核实无误后放行才能装船。

2）装船作业形式：

①现装或直接装船。港方应提供足够的劳务和机械，按照机载图进行装船作业，正常情况下应保证24h连续装船。在杂货班轮运输中，除另有约定外，一般都规定托运人应将其托运的货物送至船边，如果船舶是在锚地或浮筒作业，托运人还应用驳船将货物驳运至船边，然后进行货物的交接和装船作业。然而对于某些特殊货物，如危险货物、鲜货、贵重货、重

大件货物等，通常采用现装船方式，即货物不进港区仓库，而是储存在靠近港区的仓库，装船时，用车辆将货物直接运到码头船边进行装船作业。

②仓库收货，集中装船。由于在杂货班轮运输中，船舶承运的货物种类多、票数多、包装式样多、挂靠港口多等原因，如果要求每个托运人都将自己托运的货物直接送至码头船边，就可能会发生待装的货物不能按规定的船舶先后次序送至船边的情况，从而使装货现场发生混乱，影响装船效率。由此而产生的结果是延长了船舶在港的停泊时间，延误船期，也容易造成货损、货差现象。因此，为了提高装船效率，加速船舶周转，减少货损、货差现象，在杂货班轮运输中，对于普通货物的交接装船，通常采用“仓库收货，集中装船”的形式。

知识卡

“仓库收货，集中装船”形式

由班轮公司在各装货港指定装船代理人，由装船代理人在各装船港口的指定地点（通常为港口码头仓库）接受托运人送来的货物，办理交接手续后，将货物集中整理，并按次序进行装船的形式。

3）承运人、托运人之间责任、费用的划分：在杂货班轮运输情况下，不论采用何种装船形式，即不论是直接装船还是集中装船，托运人都应承担将货物送至船边的义务，而作为承运人的班轮公司的责任则从装船时开始。集中装船与直接装船的不同之处在于，集中装船由班轮公司指定的装船代理人代托运人将货物从仓库送至船边，而班轮公司与托运人之间的责任和装船费用的分担仍然以船边货物挂上吊钩为界。所以，对于件杂货运输，船公司的责任是从本船船边装货时开始的，即使是在“仓库收货，集中装船”的情况下，船公司与托运人之间的这种责任界限并没有改变。也就是说，船公司的责任期间并没有延伸至仓库收货时。虽然装船代理人在接收货物后便产生了如同船公司所负担的那种责任，实际上船公司和装船代理人各自对托运人所应负担的责任仍然存在着一定的界限，即根据船公司和装船代理人之间的特约，在船边装船以前属于装船代理人的责任。

（5）卸船

1）卸船交货的形式

①直接卸货：在杂货班轮运输中，直接卸船交货是指将船舶所承运的货物在提单所载明的卸货港口从船上卸下，并在船边交给收货人并办理货物的交接手续。

②集中卸船，仓库交付：在实际业务中，如果各个收货人在船抵后都同时来到码头船边接受货物，会使卸货现场十分混乱，影响卸货效率，延长船舶在港停泊时间。所以，为使船舶在有限的停泊时间内迅速将货卸完，实践中通常采取“集中卸船，仓库交付”的形式。

知识卡

“集中卸船，仓库交付”形式

由船公司指定装卸公司作为卸货代理人，由卸货代理人总揽卸货和接收货物并向收货人实际交付货物的工作。

2）承运人、收货人的责任、费用的划分：与接货装船的情况相同，在杂货班轮运输中，不论采取怎样的卸船交货形式，船公司的责任都是以船边为责任界限，而且卸货费用也是按这样的分界线来划分的。

综上所述，在杂货班轮运输中，承运人对承运货物的责任期间可以概括为“船舷至船舷”或“钩至钩”。

3）杂货班轮货运单证及其流转程序：在杂货班轮货物运输中，从办理货物托运、装船，直到卸货和交货的整个环节中，需要编制各种货运单证。这些单证主要起着货方与船方之间办理货物交接的证明作用。同时，在货物装卸过程中，这些单证既是货方和船方与港方联系工作的凭证，又是划分货、船、港三方责任的依据。出口货运单证，在各个国家和各个港口，甚至各个船公司都不完全一致，但就其主要单证而言，其基本内容与作用则大同小异，并能在国际航运中通用。目前，国际上通用的及我国航行于国际航线所使用的主要单证有以下几种。

3. 在装货港使用的托运单证

（1）海运出口货物代运委托单　海运出口货物代运委托单（简称委托书）是委托方（出口企业）向被委托方（货运代理人）提出的一种“要约”，被委托方一经书面确认就意味着双方之间委托代理关系成立，因此委托书应有委托单位盖章，使之成为有效的法律文件。货运代理人接到委托书后，如不能接受或某些要求无法满足，应及时做出反应，以免耽误船期，承担不必要的法律责任。

委托书应详列托运各项资料和委托办理的事项及工作要求，它是货运代理人的工作依据。委托书实务范本见表6-1。

（2）托运单（Booking Note）　托运单就是订舱委托书，它是托运人（发货人）根据贸易合同条款和信用证条款内容填写的。向承运人（船公司，一般为装货港的船方代理人）办理货物托运的单证。这种货物托运行为在合同订立过程中具有要约性质。因此，托运单的填制必须清楚、具体，内容必须真实、可靠，与货物实体、信用证规定相一致。托运单在有效期内经承运人或其代理人签署以装货单形式送到托运人手中，则该托运事宜看作已被接受，合同成立。有关合同赋予当事人权利、义务与责任，适用承运人提单条款规定。托运单实务范本见表6-2。

（3）装货联单　托运人应将托运单交船公司办理托运手续，船公司接受承运后在托运单上签章确认，然后发给托运人装货联单。但是，国际航运界的通常做法是由托运人向船公司提交详细记载有关货物情况及对运输要求等内容的装货联单，即由货运代理人向船舶代理人申请托运，然后由货运代理人根据托运人委托，填写装货联单后提交给船公司的代理人。装货联单一般为一式三份。其中：

第一份留底，为船方凭此缮制装货清单和货物积载图，打制出口载货清单、运费清单、结算运费，最后存档备查和作运费资料。

第二份是装货单（Shipping Order），它是船公司或其代理在接受托运人提出的托运申请后发给托运人或货运代理的向船方交货的凭证，同时也是命令船长将单上货物装船的单证，以及托运人或货运代理凭此报关。海关验货放行的证件用作船舶据此装船的依据，又作为凭此向海关办理货物出口申报手续的单据之一，因而又称为关单。装货单作为远洋运输中的主要货运单证之一，有以下作用：

1）装货单是承运人确认承运货物的证明：承运人签发装货单，即表示接受托运人提出的托运申请，同意承运单上所列货物。装货单一经签订，运输合同即告成立，船、货双方都应受到一定的约束。

表 6-1 海运进出口货物代运委托书

委托编号 Entrusting Serial No.	提单号 B/L No.	合同号 Contract No.	委托日期 Date of Application

发货人名称地址 Shipper (Full Name & Address)	唛头标记 Marks
收货人名称地址 Consignee (Full Name & Address)	
通知方名称地址 Notify Party (Full Name & Address)	

装货港 Port of Loading	目的港 Port of Destination	船名 Vessel Name

货物详细情况 Cargo Particulars

编号 Number	件数及包装 No. & Kind of Packages	货物说明 Description of Goods	重量 Weight in KG	体积 Measurement in CBM

装船日期 Loading Date	可否转船 If Transhipment Allowed	可否分批 If Partial Shipment Allowed

结汇期限 L/C Expiry Date	提单份数 Copies of B/L	正本 Original	副本 Copy

运费支付地点 Freight Payable at	
备注 Remark	
委托人 Entrusting Party 地址 电话 Address & Telephone	承运人签字 Signed for the Carrier 地址 电话 Address & Telephone

编制说明：

1）委托单位编号：出口企业与货运代理间商定的对口编号，一般为出口发票编号。

2）提单号：不填，待接受委托订舱后填写。

3）合同号和委托日期：如实填写。

4）发货人名称地址：按信用证或合同规定填写，一般为信用证的受益人，即出口商。

5）收货人名称地址：按信用证或合同规定填写，一般为“To Order”或“To Order of ×××”。

6）通知人名称地址：按信用证或合同规定填写。若信用证未作具体规定，则一般正本留空不填，副本为信用证的开证申请人。

7）装货港和目的港：按信用证或合同规定填写。

8）船名：不填。

9）件数及包装式样：一般杂货以件数作数量单位。

10）货物说明：应根据信用证或合同规定填写，这是制作提单的依据。

11）重量、体积：填写实际货物的总毛重和总体积。

12）需要提单份数：按信用证规定填写。若信用证规定为“全套”则填 3 份正本，2 份副本。

13）运费支付地点：填写信用证规定的缴付方法，或“Freight Prepaid”（运费预付）或“Freight To Collect”（运费到付）。

14）代发装船电报的电挂地址：一般为买方的地址电挂。

15）备注：①填写信用证中对提单的内容的特殊要求。②填写委托人对货运代理的要求。

表6-2 托 运 单

TO：

SUPREME LOGISTICS LTD.
RM717，QING'AN BULD，RD27 XIAOYUN BEIJING

SHIPPER：

TEL：010-84518961-65
FAX：010-84518960

订舱委托书

CONSIGNEE：

NOTIFY：

VESSEL：　VOY NO.：　PORT OF LOADING

PORT OF DISCHARGE：

MARKS & NOS	NUMBER AND KIND OF PACKAGES	DESCRIPTION OF GOODS	GROSS WEIGHT	MEASURMENT

特殊条款：

SUPREME/BJS

编制说明：

1）托运单（订舱委托书）的填制要根据出口商（托运人）制作的代运委托书的内容。托运人为提单的发货人（Shipper），一般即出口商。
2）“TO”应填写接受委托订舱的承运人或承运人的代理人。
3）编号船名（VESSEL，VOY NO：）即提单号和配载的船名航次，由船公司配载后填写。
4）特殊条款：可填写对运输和单据的特殊要求，如果提单上需注明的目的港口代理的名称、地址和联系电话等。
5）托运单的最后，右下角部分填写订舱委托人的名称，如“SUPREME/BJS”即“迅平货运代理有限公司北京分公司”。

2）装货单是海关对出口货物进行监管的单证：托运人可凭装货单及其他有关单证，向海关办理出口货物报关手续。海关在装货单上一旦加盖放行章，即表示准予出口，船方才能收货装船。

3）装货单是承运人通知码头仓库或装运船舶接货装船的命令：托运人将装货单连同货物送交承运人指定的仓库或船舶。理货人员按积载计划由装卸工人分批装船后，即将实装数量、装舱部位及装船日期填在装货单上，交船方留存备查。所以，装货单又称为下货纸。

第三份是收货单又称为大副收据（Mate's Receipt），是承运人收妥货物并已装船的凭证，也是托运人凭此换取正本已装船提单的依据。收货单同装货单一样，也是远洋运输中的主要货运单证之一。其主要作用有：

1）收货单是划分承、托双方责任的重要依据：根据《海牙规则》规定，承运人对货物承担的责任期间是从货物装上船时开始至卸下船时为止。对于货物装船前所发生的损失，承运人是不承担责任的。所以，大副在签署收货单时，会认真检查装船货物的外表情况、货物标志、货物数量等情况。如果外表状况不良，货物有水渍、油渍，数量短缺，货物有损坏时，大副就会将这些情况记载在收货单上。这种记载习惯上称为大副批注。有大副批注的收货单称为不清洁收货单。

2）收货单是据此换取已装船提单的单证：货物装船后，经大副签字的收货单由承运船舶退还给托运人。如系预付运费，托运人在付清须预付的运费后，即可持收货单向承运人换取已装船提单。如果收货单上有大副批注，承运人应如实地将大副批注转注在提单上，这种提单即为不清洁提单，无大副批注的提单则称为清洁提单。

装货联单实务范本见表6-3。

表6-3 装货联单实务范本

装 货 单

SHIPPING ORDER

S/O NO. ____________

托运人

Shipper ________________________________

船名__________________目的港__________________

S/S ____________________ For ____________________

兹将下列完好状况之货物装船后希签署收货单

Received on board the following goods apparent in good order and condition: and sign the accompanying receipt for the same.

标记及号码 Marks & Nos.	件数 Quantity	货名 description of Goods	重量/kg Weight/kg	
			净重 Net	毛重 Gross

共计件数（大写）

Total Number of Packages in Writing ________________________

日期 时间

Date ______________________ Time ______________________

装入何舱

Stowed ____

实 收

Received ____

理货员签名 经办员________________________

Tallied By ________________ Approved by ________________

（续）

中国外轮代理公司
CHINA OCEAN SHIPPING AGENCY
收 货 单
MATE'S RECEIPT

S/O NO. ____________

托运人
Shipper ____________

船名　　　　　　　　　　目的港
S/S ____________ FOR ____________

兹将下列完好状况之货物装船后希签署收货单
Receive on board the following goods apparent in good order and condition and sign the accompanying receipt for the same

标记及号码 Marks & Nos.	件数 Quantity	货名 description of Goods	重量/kg Weight/kg	
			净重 Net	毛重 Gross

共计件数（大写）
Total Number of Packages in Writing ____________

日期　　　　　　　　　　时间
Date ____________ Time ____________

装入何舱
Stowed ____________

实　收
Received ____________

理货员签名　　　　　　　大副
Tallied By ____________ Approved by ____________

（4）装货清单（Loading List）　装货清单是承运人根据装货单留底，将全船所装货物按目的港和货物性质加以归类，依航次靠港顺序排列而制成的全船装运货物的汇总清单。装货清单是承运货物的大副编制积载计划的重要依据，其内容包括装货单编号、货名、件数、包装种类、毛重、尺码以及对装运的要求等，其内容正确与否，对编制积载计划有重要影响。

装货清单除凭此编制积载计划外，还是现场理货人员进行理货、港口安排驳运、货物进出仓库、货场以及承运人掌握托运人备货情况的业务单证。

（5）载货清单（Manifest，M/F）　载货清单又称为舱单，是在货物装船完毕后，根据大副收据或提单编制的一份按卸货港顺序逐票列明全船实际载运货物的汇总清单。其内容包括：船名及国籍，开航日期，装货港及卸货港，同时逐票列明所载货物的详细情况。

载货清单是国际航运实践中一份非常重要的通用单证。其作用为：

1）办理船舶出（进）口报关手续的单证：经船长签字的载货清单送海关，作为办理船舶出（进）口报关手续的依据。海关凭此验货放行。船舶离港时，还需随带若干份清单，以备船舶中途挂港或驶抵卸货港时办理进口报关手续之用。

2）船舶载运所列货物的证明：载货清单所列货物必须与船舶实际载运货物一致。如果船舶未装货出口，也要填报无货出口的载货清单。

3）业务联系的单证：载货清单的留底，常用作承运人在装货港的代理人拍发开航货载电报的依据；也是向船长和船公司或卸货港的代理发出更正通知的依据。当承运人在卸货港的代理人尚未收到邮寄的货运资料时，也可复制随船携带的载货清单。用以作为安排泊位、卸货和货物进出库场的依据。

（6）货物积载图　出口货物在货物装船前，必须就货物装船顺序，货物在船上的装载位置等情况做出一个详细的计划，以指导有关方面安排泊位、货物出舱、下驳、搬运等工作，这个计划是以一个图表的形式来表示，即用图表的形式表示货物在船舱内的装载情况，使每一票货物都能形象具体地显示其在船舱内的位置。该图表就是通常所称的积载图。实践中，有人把货物装船前的积载计划和货物装船后根据实际装船情况绘制的图表分别称为货物配载图或计划积载图（Cargo Plan）和实际积载图或货物积载图（Stowage Plan）。这也是卸货港、卸货部门安排泊位、货物进仓、派驳、调车、理货人员进行理货的原始资料。

（7）危险货物清单　危险货物清单是专门列出船舶所载运全部危险货物的明细表。其记载的内容除装货清单、载货清单所应记载的内容外，特别增加了危险货物的性能和装船位置两项。为了确保船舶、货物、港口及装卸、运输的安全，包括我国港口在内的世界上很多国家的港口都专门作出规定，凡船舶载运危险货物时，船方应向有关部门（我国海事局）申请派员监督装卸。在装货港装船完毕后由监装部门签发给船方一份危险货物安全装载书。这也是船舶载运危险货物时必备的单证之一。

4. 在装货港的货运单证流程图（图6-2）

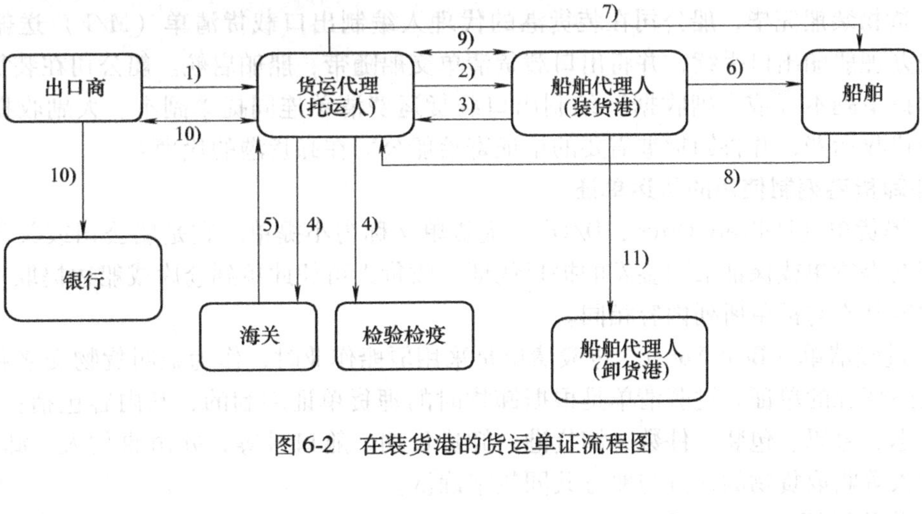

图6-2　在装货港的货运单证流程图

操作说明：

1）出口企业根据合同或信用证填制海运出口货物代运委托单，随附商业发票、装箱单等必要单据，委托货运代理订舱，有时还委托其代理报关及货物储运等事宜。

2）货运代理人根据出口商的海运出口货物代运委托书，向船公司在装货港的代理人（也可以直接向船公司或其营业所）提出货物装运申请，缮制并递交托运单（B/N），随同商业发票、装箱单等单据一同向船公司或船舶代理人办理订舱手续。

3）船公司同意承运后，则在托运单上编号（该号将来即为提单号），填上船名、航次。并签署。同时把配舱回单、装货单（Shipping Order，S/O）等与托运人有关的单据退还给货运代理。

4）货运代理人持船公司签署的装货单及报关所需的全套必要文件，向海关办理货物出口报关、验货放行手续。

5）海关进行查验，如同意出口，则在装货单上盖放行章，并将装货单退还给货运代理人。

6）船公司在装货港的代理人根据留底联编制装货清单，送船舶及理货公司、装卸公司。大副根据装货清单编制货物积载计划交代理人分送理货、装卸公司等按计划装船。

7）货运代理人将经过检验的货物送至指定的码头仓库准备装船。

8）货物装船后，理货长将装货单交大副，大副核实无误后留下装货单并签发收货单，大副在收货单上注明所收货物的实际情况（大副批注），如果货物外部没问题，则注明“表面状况良好”；如果货物包装有破损或数量有问题，则如实注明。理货长将大副签发的收货单即大副收据（M/R）转交给货运代理人。

9）货运代理人持大副收据到船公司在装货港的代理人处付清运费（预付运费的情况下）换取正本已装船提单（B/L）。如果是持有“表面状况良好”的大副收据，则换取的是清洁提单；如果是货物有不好批注的大副收据，则只能换取的是不清洁提单。由于不清洁提单在出口商办理议付结汇时，银行拒收，故在装船时应得到一张“表面状况良好”的大副收据。船公司在装货港的代理人审核大副收据无误后，留下大副收据（M/R）签发提单（B/L）给货运代理人。

10）出口企业向货运代理人支付运费，取得全套已装船提单，凭以结汇。

11）货物装船完毕，船公司在装货港的代理人编制出口载货清单（M/F）送船长签字后向海关办理船舶出口手续，并将出口载货清单交船随带，船舶启航。船公司在装货港的代理人根据提单副本（或大副收据）编制出口载货运费清单连同提单副本、大副收据送交船公司结算代收运费，并将卸货港需要的单证寄给船公司在卸货港的代理人。

5. 在卸货港编制使用的货运单证

（1）提货单（Delivery Order，D/O） 提货单又称为小提单。它是船公司或其代理凭收货人持有的提货单或保证书而签发的提货凭证，收货人可凭此单到仓库或船边提取货物，提货单的内容基本与提单所列内容相同。

（2）过驳清单（Boat Note） 过驳清单是采用驳船作业时，作为证明货物交接和表明所交货物实际情况的单证。过驳清单是根据卸货时的理货单证编制的，其内容包括：驳船名、货名、标志、号码、包装、件数、卸货港、卸货日期、舱口号等，并由收货人、卸货公司、驳船经营人等收取货物的一方与船方共同签字确认。

（3）货物溢短单（Over Landed and Short Landed Cargo List） 货物溢短单是指一票货物所卸下的数字与载货清单上所记载的数字不符，发生溢卸或短卸的证明单据。货物溢短单由理货员编制，并且必须经船方和有关方（收货人、仓库）共同签字确认。

(4) 货物残损单（Broken and Damaged List） 货物残损单是指卸货完毕后，理货员根据卸货过程中发现的货物破损、水湿、水渍、渗漏、生锈等情况记录编制的。证明货物残损情况的单据。货物残损单必须经船方确认。

6. 在卸货港的货运单证流程图（图6-3）

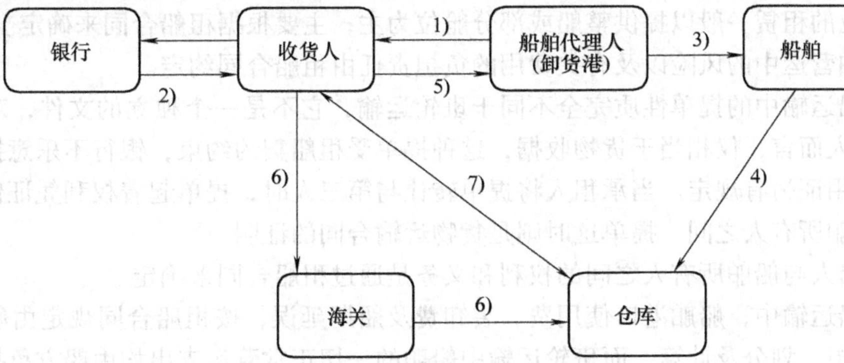

图6-3 在卸货港的货运单证流程图

操作说明：

1）船公司在卸货港的代理人接到船舶抵港电报后，通知收货人船舶到港日期，做好提货准备。

2）在信用证支付方式下，收货人到开证银行付清货款赎取提单等单据，准备到港口提取货物。

3）卸货港船公司的代理人根据装货港船公司的代理人寄来的货运单证，编进口载货清单及有关船舶进口报关和卸货所需的单证，约定装卸公司、理货公司、联系安排泊位，做好接船及卸货准备工作。

4）船舶抵港后，船公司在卸货港的代理人随即办理船舶进口手续，船舶靠泊后即开始卸货。

5）收货人持正本提货单向船公司在卸货港的代理人处办理提货手续，付清应付的费用后，换取代理人签发的提货单（D/O）。

6）收货人办理货物进口手续，支付进口关税。

7）收货人持提货单到码头仓库或船边提取货物。

二、租船运输

租船运输（Shipping by Chartering）是在既没有固定的船舶班期，也没有固定的航线和挂靠港，可按照货源的要求和货主对货物运输的要求，安排船舶航行计划、组织货物运输的船舶营运方式，是相对于班轮运输的另一种海上运输方式。因此，租船运输又称为不定期船运输。

1. 租船运输的特点

租船运输是指租船人按照事先约定的条件，向船东租赁船舶。来完成特定的海上运输业务。船舶所有人提供的是货物运输服务，而承租人则是按约定的租金率或运价支付运费。因此，租船运输具有以下特点：

1）按照船舶所有人与承租人双方签订的租船合同安排船舶就航航线，组织运输，没有相对于定期班轮运输的船期表和航线。

2）适合于大宗散货运输，货物的特点是批量大、附加值低、包装相对简单。因此，租船运输的运价（或租金率）相对班轮运输而言较低。

3）舱位的租赁一般以提供整船或部分舱位为主，主要根据租船合同来确定。

4）船舶营运中的风险以及有关费用的负担责任由租船合同约定。

5）租船运输中的提单性质完全不同于班轮运输，它不是一个独立的文件，对于承租人和船舶所有人而言，仅相当于货物收据，这种提单受租船契约约束，银行不乐意接受这种提单，除非信用证另有规定。当承租人将提单转让与第三人时，提单起着权利凭证作用；而在第三人与船舶所有人之间，提单这时则是货物运输合同的证明。

6）租船人与船舶所有人之间的权利和义务是通过租船合同来确定。

7）租船运输中，船舶港口使用费、装卸费及船期延误，按租船合同规定由船舶所有人和承租人分担、划分及计算，而班轮运输中船舶的一切正常营运支出均由船方负担。

2. 租船运输的方式

租船运输的方式主要有：定程租船、定期租船、光船租船、包运租船和航次期租五种。其中，最基本的租船运输经营方式是具有运输承揽性质的定程租船。

（1）定程租船（Voyage Charter，Trip Charter）又称为程租船或航次租船。定程租船时船方必须按租船合同规定的航程完成货物运输任务，并负责船舶的经营管理及在航行中的费用开支；租船人则应该支付双方约定的运费。其特点有：

1）船舶所有人负责船舶的营运调度、配备和船员管理。

2）船舶所有人负责营运所支付的费用。这些费用包括：船员工资和伙食、船舶物料、船舶保养费、燃料费、港口使用费、引水费、合同规定的装卸费等其他费用。

3）运费率也称为租金，通常由双方商定，一般是在租船合同中订有装卸、滞期和速遣条款。

4）定程租船的租期长短取决于完成一个航次或几个航次所花费的时间，严格来讲，是从被租船舶开往装货港起至在目的港卸货完毕的这段时间。所以，定程租船是指由船舶所有人负责提供船舶，在指定港口之间进行一个航次或数个航次。承运指定货物的租船运输业务。

（2）定期租船（Time Charter），又称期租船。在定期租船方式下，租船人可根据租船合同规定的航行区域，自行使用和调度船舶，一般定期租船在各航次中所产生的燃料费、港口费、装卸费等费用均由租船人负担，船方仅负担船员薪金、伙食等费用以及因保持船舶在租赁期间具有适航价值而产生的有关费用。船方和承租人双方的权利、义务应在租船合同中订明，并应按其约定履行合同。其特点为：

1）船舶所有人负责配备船员，并负担其工资和伙食。

2）承租人拥有包括船长在内的船员指挥权，否则有权要求船舶所有人予以撤换。

3）承租人负责船舶的营运调度，并负担船舶营运中的可变费用，包括燃料费、港口使用费、引水费、货物装卸费及租船合同中规定的其他费用等。

4）船舶所有人负担船舶营运的固定费用，包括船舶资本的有关费用、船用物料费、润滑油费、船舶保险费、船舶维修保养费等。

5）船舶租赁以整船出租，租金按船舶的载重吨、租期以及商定的租金率计收。因此，定期租船是船舶所有人将船舶出租给承租人，供其在一定时期内使用的租船运输业务。租期短的可以是几个月，长的可达几年或十几年。在租赁期间内，船舶交租船人掌握和调度。

（3）光船租船　光船租船又称为船壳租船。这种租船方式实质上是一种财产租赁方式，船舶所有人不具有承揽运输的责任。在租期内，船舶所有人只提供一艘空船给承租人使用，而船舶配备船员、营运管理以及一切固定的或变动的营运费用等都由承租人负担，船舶所有人在租期内除了收取租金外，对船舶和经营不再承担任何责任和费用。

（4）包运租船　包运租船是指船舶所有人向承租人提供一定吨位的运力，在确定的港口之间按事先约定的时间、航次周期和每航次较为均等的运量完成合同规定的全部货运量的租船方式。其特点是不要求一艘固定的船舶完成运输，船舶所有人在指定船舶上享有较大的自由，在时间上不是规定一段较长的时间，这样船舶所有人完全可以灵活的安排运输。

（5）航次期租　航次期租是介于航次租船和定期租船之间的租船方式。其特点是没有明确的租期期限，而只确定了特定的航次。这种方式以完成航次运输为目的，按实际租用天数和约定的日金计算租金，费用和风险则按期租方式处理。这种方式减少了船舶所有人因各种原因造成的航次时间延长所带来的船舶损失，从而将风险转嫁给了承租人。

以上五种租船方式的区别主要体现在船舶所有人和承租人对船舶的支配权、占有权的不同，从而也表现在营运过程中所承担的责任及风险不同。

3. 租船的一般程序

租船运输与班轮运输不同，它主要是通过船公司与租船人或货主在租船市场上通过各自或共同的租船经纪人参考某一个标准的租船合同范本进行洽租。租船需租方和船方之间通过一定的形式提出自己的条件，经过反复洽商，最后达成租船交易，一般要经过询盘、发盘、还盘、接受和签约几个环节，经过双方讨价还价，最后达成交易，签订租船合同。

（1）询盘　询盘的目的和作用是让对方知道发盘人的意向和需要的大致情况，因此内容除包括必须让对方知道的项目外，一般内容简单扼要。询盘可以由租船人发出，也可以由船东发出，可以向船舶经纪人或租船代理人发出，也可以直接向船东或租船人发出。询盘属于摸底性质，因此可以向多家发出询盘，以得到更多的报盘，以便从中选择。

（2）发盘　又称为报盘或报价。承租人或船舶所有人围绕询盘中的内容，就租船涉及的主要条件答复询盘方即为发盘。予以发盘即意味着对询盘内容存在兴趣，所以在发盘时应考虑对方接受发盘内容的可能性。

在航次期租合同的发盘中，主要包括：船舶所有人姓名及营业地点；船名和船舶技术规范；租船洽谈方式及期限；装卸港口或地点；受载期及解约日；装卸时间以及滞期和速遣条件；运费及支付条件和相应的佣金；采用的合同范本以及报价的有效期限。为了解决洽租过程中的问题，租船业务中的一方事先拟制好一个租船合同样本等正式发盘时使用。在租船合同样本中，特定的可变项目，如船东名称、船名、货物名称、数量、装卸港口、受载期和运价等均留待洽租时具体商定。

（3）还盘　这是指接受发盘的一方对发盘中的一些条件提出修改，或提出自己的新条件并向发盘人提出的过程。在租船洽谈过程中，承租人对于许多发盘都会予以还盘，列出承租人的报价，继续谈判。

（4）接受　即为明确接受或确认对方所报的各项租船条件，这是租船程序的最后阶段，在合同法中这一阶段称为承诺，一旦承诺生效，则意味着合同也同时生效了。

（5）签约　正式的租船合同是在合同主要条款被双方接受后开始拟制的。受盘后，双方共同承诺的实盘中的条款已产生约束双方的效力。按照国际惯例，在条件允许的情况下，双方应签署一份确认备忘书或称为订租确认书，作为简式的租船合同。

动脑筋

"charterers accept owner's offer, except the price"是否表示接受？

知识检验

根据以下提供的信用证、销售确认书以及资料，简述货代业务流程并完成业务流程中涉及的相关货代单据。

LETTER OF CREDIT

FROM: FAR EAST NATIONAL BANK OF SAN FRANCISCO, CALIFORNIA, U. S. A.

FORM OF LC: IRREVOCABLE.

LC NO: FENB41170 ISSUED ON 30 MAY 93 SAN FRANCISCO EXPIRY DATE AND PLACE: 15 JULY 93, SHANGHAI.

APPLICANT: DOUBLE EAGLE IMP. AND EXP. COMPANY, 235 MONTGOMERY STREET, SUITE 1015 SAN FRANCISCO, CA94104, U. S. A.

BENEFICIARY: SHANGHAI JOYS CO., LTD. 400 HONGQIAO ROAD, SHANGHAI CHINA.

AMOUNT: US$9, 390. 00 (SAY US DOLLARS NINE THOUSAND THREE HUNDRED AND NINETY ONLY).

AVAILABLE BY: BENEFICIARY'S DRAFTS AT SEGHT DRAWN ON APPLICANT.

SHIPMENT DETAILS: FROM SHANGHAI TO SAN FRANCISCO LATEST ON 30 JUN 93 CIF SAN FRANCISCO U. S. A.

SHIPMENT DETAILS: FROM SHANGHAI TO SAN FRANCISCO U. S. A.

PARTIAL SHIPMENT: NOT ALLOWED.

TRANSHIPMENT: ALLOWED.

GOODS: 3 ITEM OF PLUSH TOYS（长毛绒玩具）AS PER SALES CONTRACT NO. JTC-DEO73 DATED 15 MARCH 93.

DOCUMENT REQUIRED:

1. SIGNED COMMERCIAL INVOICE IN TRIPLICATE INDICATING SEPERATELY FOB VALUE, FREIGHT CHARGES, INSURANCEPREMIUM AND LC NUMBER.

2. FULL SET ORIGINNAL CLEAN "ON BOARD" OCEAN BILLS OF LADING MADE OUT TO SHIPPER'S ORDER, ENDORSED TO THE ORDER OF FAR EAST NATIONAL BANK OF SAN FRANCISCO, MARKED "FREIGHT PREPAID" AND NOTIFY APPLICANT MENTIONING THIS LC NUMBER.

3. MARING INSURANCE POLICY OR CERTIFICATE FOR FULL CIF VALUE PLUS 10% COVERING ALL RISKS AND WAR RISK AS PER C. IC. OF THE PICC DATED 1. 1, 1981.

4. PACKING LIST IN TRIPLICATE

DETAILS OF CHARGES: ALL BANKING CHARGES AT YOUR END ARE FOR ACCOUNT OF BENEFICIARY.

PERIOD FOR PRESENTATION: DOCUMENTS TO BE PRESENTED WITH 10 DAYS AFTER THE B/L DATE.

INSTRUCTION TO PRESENTING BANK：DOCUMENTS ARE TO BE DESPATCHED BY REGISTERED AIR-MAIL IN ONE COVER.

WE HEREBY AGREE WITH THE DRAWERS ENDORSERS AND BONAFIDE HOLDERS OF DRAFTS（汇票善意持有人）DRAWN UNDER AND IN COMPLIANCE WITH THE TERMS OF THIS CREDIT THAT SUCH DRAFTS WILL THE TERMS OF THIS CREDIT THAT SUCH DRAFTS WILL BE DULY HONORED ON DUE PRESENTATION IF NEGOTIATED ON OR BEFORE THE EXPIRY DATE.

THE CREDIT IS SUBJECT TO UNIFORM CUSTOM S AND PRACTICE FOR DOCUMENTARY CREDITS, 1983 REVISION, INTERNATIONAL CHAMBER OF COMMERCE PUBLICATION NO. 400.

****************************** the end **

上海乔安玩具有限公司

SHANGHAI JOY TOYS COMPANY LIMITED

销售确认书

SALES CONFIRMATION

TO：DOUBLE EAGLE IMP. & EXP. COMPANY, 235 MONTGOMERY ST., SUITE 1015 SAN FRANCISCO, CA94104 U. S. A.

NO：JTC-DEO73

DATE：MAR 15, 1993

WE HEREBY CONFIRM HAVING SOLD TO YOU THE FOLLOWING GOODS ON TERMS AND CONDITION AS STATED BELOW：

FOR ACCOUNT OF：

COMMODITY & SPECIFICATION	QUANTITY	UNIT PRICE	AMT	
PLUSE TOYS		CIF SANFRANCISCO		
JT835 DOUBLE ELEPHANT	800PCS.	US$4.50	US$3600.00	
JT912 LONG HAIR LION	400DOZ.	7.60	3040.00	
JT034 PANDA WITH CAP	500PCS.	5.50	2750.00	TOTAL：US$9390.00

SHIPMENT：TO BE EFFECTED FROM SHANGHAI TO NEWYORK DURING JUNE 1993 WITH PARTIAL SHIPMENT AND TRANSHIPMENT NOT ALLOWED.

INSURANCE：TO BE COVERED BY SELLER FOR 110% OF INVOICE VALUE AGAINTST ALL RISKS AND WAR RISKS AS PER C. I. C. OF P. I. C. C. DATED 1/1/1981

PAYMENT：BY IRREVOCABLE SIGHT LETTER OF CREDIT TO REACH THE SELLER 30 DAYS BEFORE SHIPMENT AND REMAIN VALID FOR NEGOTION IN CHINA UNTIL THE 10TH DAY AFTER THE AFTERSAID TIME OF SHIPMENT.

REMARKS：DOUBLE EAGLE
1——UP
SAN FRANCISCO

THE BUYER：DOUBLE EAGLE IMP. &EXP. CO.

THE SELLER：SHANGHAI JOY TOYS CO. LTD.

****************************** the end **

SOME MSG：

THE GOODS JT835 AND JT034 ARE PACKED 25 PCS IN ONE CARTON, AND THE TOTAL GROSS WEIGHT ARE 1152KG AND 720KG, THE TOTAL NET WEIGHT ARE 1056KG AND 640KG, THE TOTAL

MEASUREMENT ARE 8. 30M^3 AND 5. 32M^3.

THE GOODS JT912 ARE PACKED 10 DOZ IN ONE CARTON, THE TOTAL GROSS WEIGHT IS 1440KG, AND THE MEASURMENT IS 6. 50M^3.

B/L NO：CFS792.

FREIGHT CHARGE：US＄892. 00.

S. S. ：TANGHE V63.

INSURANCE NO. ：764859836.

INSURANCE PREMIUM：US＄91. 00.

INVOICE NO：JTC93/721.

INSURANCE AGENCY：BALTIMORE INSURANCE CO., 21/F TIAGO BLDF., 44 AVENUE SAN FRANCISCO.

课题二　国际路运业务

在国际贸易的货物运输中，公路运输承担着的独特的运输任务，它是连接车站、港口和机场的主要运输手段，同时也是实现国际货物“门到门”运输不可缺少的运输方式，在整个运输行业和国际贸易货物运输中发挥了重大作用。

一、国际公路运输的运作

1. 国际公路运输的经营方式

公路运输经营人按专业分工有：散杂件货，冷冻、冷藏货，危险品，重件和大件，以及零担货物和包厢货物，集装箱货物等运输经营人。这些运输经营人通常拥有相应的运输工具、技术及其人员。

公路运输经营人按经营方式划分有：公共运输业、私用运输业、契约运输业。

公路运输经营人按车辆能否过境划分为：过境运输业者和本地运输业者。由于受到地域、条件与规定限制，许多运输公司只能开展管辖地区范围内的运输活动。若超越管辖地区开展运输活动，必须按规定办理车辆过境手续和持有过境运输牌照。

2. 国际公路货物运输运费

公路运费均以“吨·千米”（t·km）为计算单位，一般有两种计算标准：一是按货物等级规定基本运费费率；二是以路面等级规定基本运价。凡是一条运输路线包含两种或两种以上的等级公路时，则以实际行驶里程分别计算运价。特殊道路，如山岭、河床、原野地段，则由承托双方另议商定。

3. 国际公路货物运输公约和协定

为了统一公路运输所使用的单证和承运人的责任，联合国所属欧洲经济委员会负责草拟了《国际公路货物运输合同公约》（以下简称《公约》），并在1956年5月19日在日内瓦由欧洲十七个国家参加的会议上一致通过签订。该《公约》共有十二章五十一条，就适用范围、承运人责任、合同的签订与履行、索赔和诉讼以及连续承运人履行合同等等都做了较为详细的规定。

二、国际铁路货物运输的运作

1. 国际铁路货物联运概念

国际铁路货物联运（International Railway Through Goods Traffic）是指使用一份统一的国际铁路联运票据，由铁路运输部门经过两国或两国以上铁路的运输，并由一国铁路向另一国铁路移交货物时不需要发、收货人参加，简称为“国际联运”。与国内铁路运输相比，国际铁路货物联运的特点为：

1）涉及面广。每运送一批货物都要涉及两个或两个以上国家、几个国境站。

2）运输条件高。要求每批货物的运输条件，如包装、转载、票据的编制、添附文件及车辆使用都要符合有关国际联运的规章、规定。

3）办理手续复杂。货物必须在两个或两个以上国家铁路参加运送，在办理国际铁路联运时，其运输票据、货物、车辆及有关单证都必须符合有关规定和一些国家的正当要求。

4）使用一份铁路联运票据即可完成货物的跨国运输。

5）运输责任方面采用统一责任制。

6）仅使用铁路一种运输方式。

2. 国际铁路组织与联运协定

（1）国际铁路组织　国际铁路组织主要有铁路合作组织和国际铁路联盟。

（2）国际铁路联运协定　国际上关于多边国际铁路联运协定有两个：一个是《国际铁路货物运送公约》，简称为《国际货约》（或 CIM），又称为《伯尔尼货运公约》，这是欧洲各国在 1893 年瑞士伯尔尼铁路代表会议制定的；另一个是《国际铁路货物联运协定》，简称《国际货协》，是苏联和东欧各国在 1951 年缔结的，中国、蒙古、朝鲜、越南先后于 1953 年、1955 年参加了这一协定。

（3）国际铁路货物联运适用规章　国际铁路货物联运适用规章有：《国际铁路货物联运协定》《国际铁路货物联运协定办事细则》，《关于统一国境运价规程的协约》及附件《统一过境运价规程》，《关于国际联运车辆使用规则的协约》及附件《国际联运车辆使用规则》，《关于国际旅客和货物联运清算规则的协约》及附件《国际旅客和货物联运清算规则》以及国境铁路协定或议定书等。

3. 办理联运的基本方法

货主一般委托外运机构代理向铁路运输部门办理国际联运业务（但现在也可以直接与铁路部门联系办理国际联运手续），外运机构接受货主委托后，根据当月铁路要车计划安排制单、准备装车、装车作业，货物装车后，签发提单、向国外代理等单位寄发单证，并代办进出口的报关手续。

国际铁路联运主要针对散杂货而言，由于可不受集装箱的限制，可以承运各种货物，如建材、钢材、水泥、煤炭、大型机械等，且采用普通货车，运量比大陆桥集装箱运输的运量大。

目前，国际铁路联运主要应用于我国出口芬兰、俄罗斯、阿富汗、蒙古、朝鲜和越南的货物运输。这种运输方式的最大缺陷在于，由于俄罗斯和蒙古铁路的轨距与我国不同，因此在边境口岸需要进行货物换装业务。

知识卡

我国铁路轨距为1435mm，只有昆明铁路局昆河线为米轨铁路，中俄、中蒙铁路轨距不同，货物需要换装。油罐车在蒙铁扎门乌德站换装。中朝、中越铁路轨距相同，火车可以直接过轨。

4. 对港澳地区的铁路货物运输

对中国香港地区的铁路运输不同于国际联运，也不同于一般的国内运输，而是一种特定的运输方式。按其特点称为“租车过轨、两票运输”。其一般程序为：

1）发货地的外运分公司或外贸公司向当地的铁路运输部门办理从发货地至深圳北站的国内铁路运输的托运手续，填写国内铁路运单。

2）发货地的外运分公司或外贸公司委托深圳外运分公司办理接货、报关、查验、过轨等运输手续。预寄的单证和装车后拍发的起运电报是深圳外运分公司组织运输的依据（如发货地具备报关条件，也可在发货地报关）。

3）深圳外运分公司接到铁路的到车预告后，抽出事先已分类编制的有关单证加以核对，并抄送香港中旅社以备接车。

4）货车到达深圳北站后，深圳外运分公司与铁路进行票据交接，如单证齐全无误，则向铁路编制过轨计划；如单证不全，或者有差错，则向铁路编制留站计划。准备过轨的货车，由深圳外运分公司将出口货物报关单或监管货物的关封连同货物运单送海关申报，经海关审查无误，即会同联检单位对过轨货车进行联检。联检通过后，海关即可放行。

5）香港中旅社向港段海关报关，并在罗湖车站向九广铁路公司办理起票手续，港段铁路将过轨货车运到九龙车站交中旅社卸货。

由于内地铁路运单不能在香港办理结汇，目前的做法是：各地外运分公司以运输承运人的身份向外贸单位提供经深圳中转香港的“承运货物收据”（Cargo Receipt），并以此作为向银行办理结汇的凭证。

澳门与内地没有铁路直通，内地各省运往澳门的出口货物，先由铁路运至广州南站，然后再转水运至澳门，或转公路运至澳门。

5. 我国的铁路口岸站

我国的铁路口岸站相关资料见表6-4。

表6-4 我国的铁路口岸站及邻国国境站、邻接轨距和国境线距离表

我国国境站名称	邻国国境站名称	邻接轨距/mm	距国境线距离/km	
			我国国境站	邻国国境站
满洲里	后贝加尔	1520	9.8	1.3
绥芬河	格罗迭科沃	1520	5.9	20.6
二连浩特	扎们乌德	1520	4.8	4.5
阿拉山口	德鲁日巴	1520	4.02	8.13
丹东	新义州	1435	1.4	1.7
图们	南阳	1435	7.3	3.8
集安	满浦	1435	2.1	1.3
凭祥	同登	1000	13.2	4.6
山腰	老街	1000	6.5	4.2

知识检验

调研题

1. 调查我国的国际货物公路运输情况。
2. 调查我国的国际货物铁路运输情况。

课题三　国际空运业务

一、班机运输

班机是在固定航线上的固定起落站按预定时间定期航行的。班机运输适于运输急用物品、行李、鲜活物品、贵重物品、电子器件等商品。一般航空公司都使用客货混合机型，由于货舱舱位有限，所以不能满足大批量货物出运。个别航空公司也有专门的货运班机。

班机运输便于收、发货人掌握货物起运和到达时间，保证货物安全、准时地交付。

1. 空代办理货物进口的程序（图6-4）

1）在国外发货前，进口单位就应将合同副本或订单以及其他有关单证送交进口空港所在地的空代，作为委托报关、接货的依据。

2）出口方将货物交与航空公司，完成发货。

3）货物到达后，航空公司向进口空港所在地空代发出到货通知。

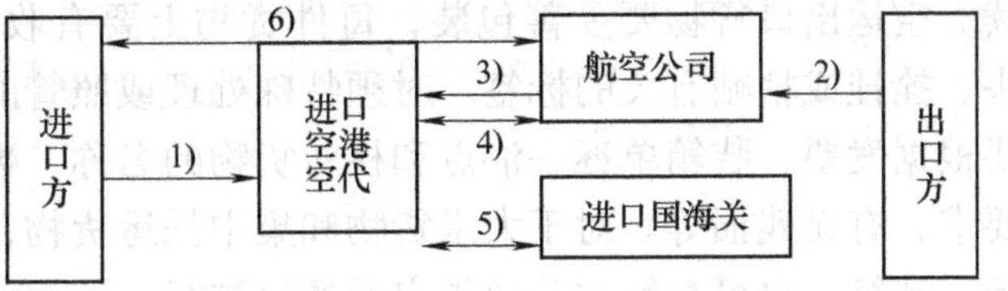

图6-4　空代办理货物进口的程序

4）空代接到航空公司到货通知时，应从机场或航空公司营业处取单（指航空运单第三联正本——Original for the Consignee）。

5）取回运单后应与合同副本或订单校对。如合同号、唛头、品名、数量、收货人或通知人等无误，应立即填制“进口货物报关单”并附必要的单证向设在空港的海关办理报关。如由于单证不全而无法报关时，应及时通知收货人补齐单据或通知收货人自行处理，以免承担近期报关而须缴滞报金的责任。作为收货人应立即答复或处理。海关审单通过后，空代应按海关出具的税单缴纳关税及其他有关费用。然后凭交费收据将所有报关单据送海关放行部，海关对无须验货的货物直接在航空运单上盖章放行：对需要验货的，查验无讹后放行；对单货不符的由海关扣留，另行查处。

6）海关放行后，属于当地货物立即送交货主。如为外地货物，立即通知货主到口岸提取或按事先的委托送货上门。对须办理转运的货物，如不能就地报关的，应填制“海关转运单”并附有关单据交海关制作“关封”随货转运。

7）提货时如发现缺少、残损等情况，空代应向航空公司索取商务记录，交货主向航空公司索赔，也可根据货主委托代办索赔；如提货时包装外表完好，但内部货物的质量或数量有问题，则属于“原残”，应由货主向商检部门申请检验出证向国外发货人交涉赔偿；如一张运单上有两个或两个以上的收货人，则空代应按照合同或分拨单上的品名、数量、规格、型号，开箱办理分拨与分交。收货人应向空代出具收货证明、签字并注明日期。

2. 空代办理货物出口的程序（图6-5）

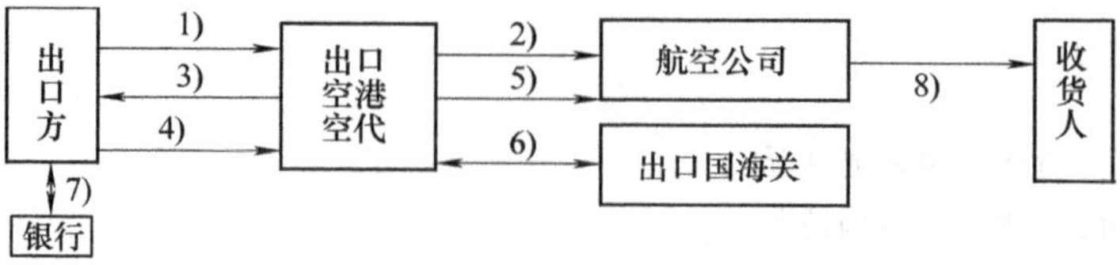

图6-5　空代办理货物出口的程序

1）出口方如委托空代办理空运出口货物，应向空代提供空运出口货物委托书和出口合同副本各一份。对需要包机运输的大宗货物出口方应在发运货物前40天填写包机委托书送交空代。对需要紧急运送的货物或必须在中途转运的货物应在委托书中说明，以便空代设法安排直达航班或便于衔接转运的航班。

2）空代根据发货人的委托书向航空公司填写国际货运托运书，办理订舱手续。国际货运托运书上要写明货物名称、体积、重量、件数、目的港和要求出运的时间等内容。

3）订妥舱位后，空代应及时通知发货人备货、备单。

4）出口方备妥货物、备齐所有出口单证后送交空代，以使空代向海关办理出口报关手续。空运出口货物要妥善包装，每件货物上要有收货人、托运人的姓名、地址、箱号、唛头、拴挂或粘贴有关的标签。对须特殊处理或照管的货物要粘贴指示性标志。空代在接货时要根据发票、装箱单逐一清点和核对货物的名称、数量、合同号、唛头，检查包装是否符合要求，有无残损等。对于大宗货物和集中托运货物，一般由货代在自己的仓库场地、货棚装板、装箱，也可在航空公司指定的场地进行。

5）空代向航空公司交货时，应预先制作交接清单一式两份。航空公司接货人员根据空代提供的交货清单和航空运单逐一核对验收。

6）货代将所有报关单证送海关后，海关审单未发现任何问题（必要时需查验货物）便在航空运单正本、出口收汇核销单和出口报关单上加盖放行章。

7）出口单位凭空代签发的分运单向银行办理结汇。如出口单位直接向航空公司托运，就凭航空公司签的主运单向银行办理结汇。

8）到目的地后，航空公司立即以书面或电话通知当地空代或收货人提货。空代或收货人接到通知后应先行办理进口报关手续，提货时应当场查看货物，如无问题应在运单的发货收据上签收。如发现货物损坏或短缺，应要求承运人出具运输事故记录，以便事后进行索赔。

二、包舱包箱（板）运输

包舱包箱（板）运输是航空货物运输的一种形式，它指托运人根据所运输的货物在一定时间内需要单独占用飞机部分或全部货舱、集装箱（板），而承运人需要采取专门措施予以保证。

目前，航空公司通常采取固定包舱和非固定包舱。固定包舱：是指托运人在承运人的航线上通过包板（舱）的方式运输时，托运人无论向承运人是否交付货物，都必须支付协议上规定的运费；非固定包舱：是指托运人在承运人的航线上通过包板（舱）的方式运输时，托运人在航班起飞前72h如果没有确定舱位，承运人则可以自由销售舱位，但承运人对代理人的包板（舱）的总量有一定控制。

1. 包箱（板）运输

（1）定义 当有固定货源且批量较大、数量相对稳定的托运人在一定时期内、一定航线或航班上包用承运人一定数量的集装箱或集装板运输货物，称为包集装箱（板）运输。

（2）包箱（板）运输合同 包箱（板）人可以在一定时期内或一次性包用承运人在某条航线或某个航班上的全部或部分集装箱。包箱（板）运输必须签订包箱（板）运输合同。包箱（板）运输合同至少一式5份，一份交包箱（板）人，一份随货运单财务联报财务部门审核（连续包箱（板）时可以用复印件），一份收运部门留存，一份随货运单存根联留存（连续包箱（板）时可以用复印件），一份随货运单运往目的站（连续包箱（板）时可以用复印件）。

（3）包箱（板）注意事项

1）除天气或其他不可抗拒原因外，合同双方应当履行包箱（板）运输合同规定的各自承担的责任和义务。

2）包箱（板）人应保证托运的货物没有夹带危险品或政府禁止运输的或限制运输的物品。

3）由于不可抗拒原因导致包箱（板）运输合同不能履行，承运人不承担责任。

4）无论何种原因，一方不能如期履行合同时应及时通知对方。

5）包箱（板）运输合同中的未尽事宜，按照承运人的业务规定办理。

（4）运输凭证 每次运输时应当填制一份或几份货运单，货运单与包箱（板）合同作为包箱（板）的运输凭证。货运单收货人栏内只能填写一个收货人名称。包箱（板）运输的货物件数应如实填写在货运单上。

如果承包人在目的站有固定代理人为其办理货物分拨手续，可将包箱（板）数量作为货物件数填写在货运单上，在货运单货物品名栏内注明各包箱（板）的识别代码，在货运单“储运注意事项”栏内注明“包箱（板）运输”以及合同号码。包箱（板）合同中应明确规定集装设备的使用限制以及承包人所担负的责任。

（5）包箱（板）运输事项 承包人对自己组装的、在目的站有指定的收货人或其代理人拆卸的包箱（板）的货物件数、包装情况负责。除承运人原因外，承运人对货物在运输过程中发生的货物短少、损坏等不承担责任。

包箱（板）的货物只能装在托运人所包箱（板）上，如发生所包箱（板）不够用的情况，余下货物应按正常手续办理散货运输。

每件货物必须粘贴或拴挂货物识别标签，识别标签上的货运单号码必须与货运单一致。以一个包箱（板）作为一个运输单元的货物，其条件符合承包人对自己组装的、在目地站有指定的收货人或其代理人拆卸的包箱（板）货物，可以只在包箱（板）上拴挂或粘贴一个识别标签。包箱（板）运输货物的件数、重量必须准确。

包箱（板）人应按约定时间将货物送到指定机场，自行办理检验检疫等手续后办理托运手续。包箱（板）运输一般只限于直达航班。如果一票货物需包用两个或两个以上箱（板）运输，且根据合同有最低计费标准时，该票货物的最低计费重量为包用的每一个箱（板）的最低计费重量之和。

2. 包舱包箱（板）的意义

1）可减少承运人的运营风险，有一定稳定的收入。对于某些开发难度较大或新开辟的航线，采用包舱包箱（板）的方式，可以减少承运人的市场风险。

2）能够充分调动承包人的积极性和主观能动性，最大限度地挖掘市场潜力。由于包舱包箱（板）主要是代理人的经纪人行为，他会在这个市场中想方设法获取最大利益，会按照市场的需求，充分调配资源，最大限度地挖掘市场潜力。

3）有利于一些新开辟的航线、冷航线的市场开发。

4）对承运人营销力量比较薄弱的回程、中间站航线比较有利。

3. 包舱包箱（板）存在的问题

（1）打乱了航空货运的价格市场　包箱（板）使得代理人成为不是航空公司的航空公司，他们掌握着舱位价格的制定权，可以随着市场情况随意放价，导致承运人的价格处于一种失控状态。

（2）不利于承运人的收益最大化　在旺季，由于舱位承包出去，使高价货运不出去。

（3）助长了不正之风的蔓延　在一些地方出现了包“热”不包“冷”的现象，包舱包箱（板）的种种规定和原则被那些微妙的关系、权力因素打破；有的甚至将整条航线的舱位全部包售出去，削弱了承运人的网络优势；造成中转、联运的困难；很容易诱发暗箱操作。

三、航空快递

航空快递（Air Cour Ier）是指具有独立法人资格的企业将进出境货物或物品从发件人（Drawer-signor）所在地通过自身或代理的网络运达收件人（Consignee）的一种快速运输方式。采用上述运输方式的进出境货物、物品称为快件。航空快递实际上是一种联合运输，是与空运方式前后衔接的一般汽车运输。

快件业务从所发运快件的内容看，主要分成快件文件和快件包裹两大类。快件文件以商务文件、资料等无商业价值的印刷品为主，其中包括银行单证、合同、照片、机票等。快件包裹又称为小包裹服务，包裹的物品多是一些贸易成交的小型样品、零配件、返修件等。国内许多航空货运代理公司都兼营快件业务。同时，也有专门的快件公司从事国际航空快件业务。

快件货物除了航空公司承运之外，其全程运行必须置于快件公司的操作和控制之下，这样才能提高运送速率，减少差错，为跟踪查询提供了条件，使快件运输较之于普通空运在服务水准上有质的提高。

航空快件运输（尤其是包裹运输）与普通空运货物相比，需要办理的手续相同，运输单据和报关单证也基本一样，都需要向航空公司办理托运；都要与收、发货人及承运人办理单货交接手续；都要提供相应的单证向海关办理进、出口报关手续。但其也有其自身特点：

1）快件公司有完善的快递网络。快递是以时间、递送质量区别于其他运输方式的，它的高效运转只有建立在完善的网络上才能进行。

2）从收运范围来看，航空快运以收运文件和小包裹为主。文件种类包括银行票据、贸易合同、商务信函、装船单据、小件资料等；小包裹种类包括小零件、小件样品、急用备件等。快件公司对收件有最大重量和体积的限制。

3）从运输和报关来看，航空快运业务中有一种其他运输形式所没有的单据 POD（Proof of Delivery），即交付凭证。它由多联组成（各快件公司的 POD 不尽相同），一般有发货人联、随货同行联、财务结算联、收货人签收联等，其上印有编号及条形码。POD 类似航空货运中的分运单，但比之用途更为广泛。

4）从服务层次来看，航空快运因设有专人负责，减少了内部交接环节，缩短了衔接时间，因此运送速度快于普通货运和邮递业务，这是其典型特征。

5）从服务质量来看，快件在整个运输过程中都处于电脑的监控之下，每经过一个中转港或目的港，计算机都得输入其动态（提货、转运、报关等），派送员将货送交收货人时并让其在 POD 上签收，电脑操作员将送货情况输入电脑，这样信息将很快反馈到发货方。一旦查询，立刻就能得到准确的回复。这种运输方式可使收、发货人都感到安全、可靠。

知识检验

一、填空题

1. 空代办理货物出口程序中涉及的单据有：____________________。
2. 从运输和报关来看，航空快运业务中有一种其他运输形式所没有的单据，即________。

二、选择题

以下哪些物品适于航空运输________。

A. 行李　B. 鲜活物品　C. 精密仪器　D. 铁矿石　E. 毛绒玩具

三、简答题

1. 简述包舱包板的意义。
2. 简述空代办理货物出口的流程。

课题四　国际多式联运业务

一、国际多式联运的概念

国际多式联运是在集装箱运输的基础上产生和发展起来的新型运输方式。这种运输方式在 1980 年 9 月的国际多式联运公约会议通过的《联合国国际货运多式联合公约》作了如下定义：“国际多式联运是按照多式联运合同以至少两种不同的运输方式，由多式联运经营人将货物从一国境内接收货物的地点运至另一国境内指定交付货物的地点”。

二、国际多式联运的特点

1. 必须要有多式联运合同

国际多式联运必须要有多式联运合同，明确规定多式联运经营人（承运人）与托运人之间的权利、义务、责任、豁免等合同关系。多式联运经营人负责完成和组织完成货物的全程运输，并一次性收取全程运费。

2. 必须使用全程多式联运单据

全程多式联运单据是证明多式联运合同及多式联运经营人已接收货物并按合同条款交付货物的单据。

3. 必须是至少两种不同运输方式的连贯运输

对于为了履行单一方式运输合同而进行的该合同所规定的货物接送业务，不应视为多式联运。

4. 必须是国际间的货物运输

这是区别于国内运输和是否适合国际法规的限制条件。也就是说，在国际多式联运中，必须是跨越国境的一种国际间的货物运输。

5. 必须是多式联营经营人对全程单一负责制

多式联运经营人在联运业务中作为总承运人对货主负有履行合同的责任，并承担自接管货物起至交付货物时止的全程运输责任，以及对货物在运输途中灭失、损坏或延迟交付所造成的损失负赔偿责任。

6. 必须是全程单一运费费率

多式联运经营人应制定一个全程单一费率并以包干形式一次向货主收取。这种全程单一费率一般包括运输成本（全程各段运输费用的总和）、经营管理费用（如通信、制单以及劳务手续费等）和合理利润。

总之，国际多式联运由不同运输方式组合的综合性一体化运输，通过一次托运、一次计费、一张单证、一次保险，由各运输区段的承运人共同完成货物的全程运输，是将全程运输作为一个完整的单一运输过程来安排的高效能的运输方式。

知识卡

国际多式联运

综合性一体化运输：

一次托运，

一次计费，

一张单证，

一次保险。

三、国际多式联运的优越性

1. 手续简便

无论自发货地到目的地的距离有多远，运输方式有多少种，手续有多复杂，发货人只需办理一次托运手续，把货物交给联运经营人接管或装上第一程运输工具，取得包括全程的多式联运单据即完成了交货义务。

2. 安全省费

多式联运货物一般装在集装箱内，货物的外包装可以大大简化，包装材料和费用可以大大节省。集装箱内货物有箱壁保护，虽经多次转运仍可确保货物质量，减少货损货差，从而提高货物运输的安全性。

3. 迅速合理

集装箱利用机械装卸，装卸速度较一般货物快捷。联运经营人除了为提高服务质量，降低运输成本，一般均选择合理的运输路线外，与各段分承运人之间通常采用包干费率计费，各个分承运人为降低成本，增加盈利，也均以最快速度处理，其结果不仅节约了费用，还缩短了运送时间。

4. 提早收汇

多式联运货物交给联运经营人接管或装上第一程运输工具后，从经营人手中取得包括全程的多式联运单据，发货人即可凭此向银行办理收汇手续。收汇时间可较一般运输方式提前，有利出口企业加速资金周转。

5. 统一理赔

货物在运输途中因故遭受损失或丢失，在多式联运情况下，由多式联运经营人负全程的运输责任，因此不论遭受损失或丢失的事故发生在哪个区段，只要事故的性质属于承运人的责任范围，可统一由联运经营人负赔。有利于发货人对货损货差事宜的处理。

四、联合国国际货物多式联运公约简介

国际多式联运运输方式打破了传统的海、陆、空互不连贯的运输方式，与20世纪50年代后期在美国被使用，随后在美洲、欧洲和亚洲的一些地区推广使用。随着这种运输方式的发展，其优越性得到越来越充分地体现。为此，联合国贸发会议为了适应并促进国际贸易和国际多式联合运输的发展，于1980年9月在日内瓦召开的国际多式联运公约会议上经参加会议的84个贸发会议成员国讨论并一致通过产生了《联合国国际货物多式联运公约》（以下简称《公约》)。对多式联运经营人、发货人的责任，索赔和诉讼，多式联运单据以及公约的适用范围和有关国家的管理权限等均作了详细规定。

1. 对国际多式联运和多式联运经营人的规定

按照《公约》规定："国际多式联运"为"按照多式联运合同，以至少两种不同的运输方式，由多式联运经营人将货物从一国境内接管货物的地点运至另一国境内指定交付货物的地点。为履行单一方式运输合同而进行的该合同所规定的货物接送业务，不应视为国际多式联运。"

按照《公约》规定："多式联运经营人"是指"其本人或通过其代表订立多式联运合同的任何人，他是事主，而不是发货人的代理人或代表或参加多式联运的承运人的代理人或代表，并负有履行合同的责任。"

国际多式联运已在本节第一个大问题作了具体阐述，这里只对"多式联运经营人"进行说明。

2. 对《公约》的适用范围的规定

《公约》规定，只要多式联运合同规定的多式联运经营人接管货物的地点在一个缔约国境内，或者是交付货物的地点在一个缔约国境内，则《公约》的各项规定适用于两国间的所有多式联运合同。

3. 对多式联运经营人的赔偿责任作了规定

在赔偿责任方面，主要规定了多式联运经营人赔偿责任期间、赔偿责任基础、赔偿责任限额、责任限制权利的丧失和非契约索赔。

多式联运经营人与发货人发生了货物运输纠纷，应依据《公约》的规定进行处理。关于国际多式联运经营人的责任与赔偿将在本节第五个大问题中作具体解释。

4. 公约对多式联运单据的规定

根据《公约》规定多式联运经营人在接管货物时，应向发货人签发多式联运单据。并且规定"多式联运单据则是指证明多式联运合同以及证明经营人接管货物并负责按照合同条

款交付货物的单据”。

多式联运单据的作用：

1）它是多式联运合同的证明。

2）它是货物的收据。

3）它是收货人提货的凭证。

五、国际多式联运经营人的责任与赔偿

1. 赔偿责任期间

根据《公约》第14条规定，多式联运经营人对于货物所负责的期间是从其接管货物之时起至交付货物之时为止，也就是指货物在多式联运经营人的掌管之下这一期间。

2. 赔偿责任基础

根据《公约》第16条规定，对经营人的赔偿责任采取推定过失或疏忽的原则，即除非联运经营人能证明他和他的受雇人或代理人为避免损失事故的发生及其后果已采取了一切所能合理要求的措施，否则就推定联运经营人有疏忽或过失，就应对货物在其掌管期间发生的灭失、损坏或延迟交付负赔偿责任。

《公约》第17条还规定，如果货物灭失、损坏或延迟交付是由于联运经营人或其受雇人或代理人的过失或疏忽与另一原因联合而发生的，则联运经营人仅对其过失或疏忽范围内所引起的损失负赔偿责任，但联运经营人必须证明那部分损失是不属于他的过失或疏忽所造成的。

3. 赔偿责任限额

关于联运经营人赔偿责任限额，《公约》在第18条做了如下规定：

1）包括海运在内的联运，每件货物或其他货运单位不超过920记账单位或毛重每千克2.75记账单位，以较高者为准。

2）国际多式联运如不包括海运和内河运输在内，赔偿责任限额为毛重每千克8.33记账单位。这是考虑到空运承运人，公路、铁路承运人对货损的赔偿责任应高于海运承运人的责任限额。

3）《公约》第19条规定，如果能够确定损失发生的运输区段，而该区段所适用的某项国际公约或强制性的国内法律所规定的赔偿限额高于《公约》规定的赔偿限额时，则适用该项国际公约或该国内法律的规定。

4）联运经营人对延迟交货造成损失所负赔偿责任限额相当于延迟交货应付运费的2.5倍，但不得超过多式联运合同规定的应付运费总和。

5）如果联运经营人与发货人同意，可在多式联运单据中规定超过《公约》所规定的赔偿限额。

6）关于货物数量单位的规定与《汉堡规则》相同。

4. 责任限制权利的丧失

根据《公约》第21条规定，如果有证据证明，货物的灭失、损坏或延迟交付是由于承运人、受雇人或代理人有意造成的，如联运经营人有意欺诈在单据上列有不实资料，或明知会引起损失而毫不在意地作为和不作为所造成的，则该联运经营人或其受雇人或代理人无权享受《公约》规定的赔偿责任限制的权利。

5. 非契约索赔的规定

《公约》在第20条对这一问题作了明确的规定，其规定与《汉堡规则》基本相同。读者可查阅相关内容。

六、国际多式联运业务

1. 国际多式联运中的运输方式

国际多式联运是一种综合性运输，它有多种运输方式：

（1）国际多式联运中的“门到门”运输　国际多式联运中的“门到门”运输可以是：码头到“门”；码头到内地仓库；“门”到码头；“门”到内地仓库；内地仓库到内地仓库。

（2）国际多式联运中的集装箱运输　在多种成组运输方式中，集装箱运输的方式最适合国际多式联运。所以，多式联运一般都是以集装箱运输为媒介。特别是在20世纪70年代以后，集装箱的标准化、系列化，使多式联运各个环节之间的衔接更加合理，运转更加畅通，成为多式联运采用的基本方式。

（3）国际多式联运中的大陆桥运输　大陆桥运输的做法与多式联运基本相同，也是由大陆桥运输总承运人对货主负全程运输责任，签发运输单据，收取全程单一的运费率。从这个意义上说，大陆桥运输实际上也是多式联运方式的一种，属于多式联运的范围。

2. 多式联运货物的交接

多式联运货物的交接地点与方式完全依贸易合同或货主的要求而定，可以有多种形式。但若以集装箱方式运输，其接受方式和地点在国际上有通行的做法。

例外情况：如为整箱是运输业务，若发货人不具有处理集装箱的设备和能力，可以把装箱和开箱工作委托联运经营人在货运站办理。如为拼箱货，货主可以要求联运经营人送到“门”等。作为多式联运经营人一般都能满足货主要求，为其提供各种服务。

3. 多式联运货物运输的业务程序

1）多式联运经营人或其代理人首先与发货人签订多式联运合同，并提供货运单据；

2）多式联运经营人按运输路线设计运输过程，并与分承运人签订运输合同；

3）多式联运经营人负责转运，并且一直负责将货物运到收货人手中或指定地点；

4）多式联运经营人可安排“门到门”运输，由多式联运经人负责在发货人工厂或仓库装箱，卸箱后由多式联运经营人或其代理人将货物送到收货人的工厂或仓库。实行门到门运输，对发货人来讲，手续简便，减少货损货差，交货及时。

七、国际多式联运单据

1. 国际多式联运单据的概念及作用

根据《公约》的规定：多式联运单据是指证明多式联运合同，以及多式联运经营人接管货物并负责按照多式联运合同条款交付货物的单据。

因此，多式联运单据的作用表现在：

1）多式联运单据不是运输合同，而是运输合同的证明。

2）多式联运单据是多式联运经营人收到货物的收据和凭此交付货物的凭证。

2. 多式联运单据的主要内容

多式联运单据是当事人之间进行国际多式联运业务活动的凭证。因此，要求单据的内容必须正确、清楚、完整。其具体内容有：

1）货物的外表状况、数量、名称、包装、标志等。

2）多式联运经营人的名称和主要营业所。

3）发货人、收货人的名称、住址。

4）多式联运经营人接管货物的日期、地点。

5）经双方明确协定的交付货物的时间、地点。

6）多式联运单据可转让或不可转让的声明。

7）多式联运单据的签发时间、地点。

8）多式联运经营人或经其授权人的签字。

9）有关运费支付的说明。

10）有关运输方式、运输路线、运输要求的说明等。

多式联运单据所记载的内容，通常由货物托运人填写，或由多式联运经营人或其代表根据托运人提供的有关托运文件制成。但要在多式联运经营人接管货物时，被认为货物托运人或发货人已向多式联运经营人保证其在多式联运单据中所提供的货物品类、标志、件数、尺码、数量等情况准确无误。

3. 多式联运单据与联运提单的区别

（1）两种运输单据的名称不同　根据《公约》的规定，在多式联运方式下所使用的运输单据称为多式联运单据在联运方式下所使用的运输单据称为联运单据。联运单据一般是指包括海运和水运在内的两种以上运输方式的联合运输。因此，联运提单也称为海运联运提单。

（2）两种运输单据的签发人不同　多式联运单据的签发人可以不拥有运输工具，但能控制运输并对全程运输负责的人签发，如无船公共承运人或国际货运代理人等经营人。而联运提单习惯上由拥有运输工具的海上承运人或其代理人签发。

（3）两种运输单据签发时间和地点不同　在多式联运方式下，多式联运经营人或其代理人在内陆货运站、码头堆场、发货人的工厂或仓库接收货物后即可签发多式联运单据。而货运提单习惯上是在装货港货物装上船舶后签发。

（4）两种运输单据下的责任范围不同　由于两种运输单据签发人的地位不同，因此其签发人的责任也存在着差异。多式联运单据的签发人即为多式联运经营人，对货物负有全程运输的责任。为履行合同他可以自己办理全部或一部分实际运输，也可以自己完全不办理实际运输，而把全程各段运输以他自己的名义分别委托相应的区段承运人办理。换言之，在整个运输过程中，他始终要对货物的灭失或损坏（不论它们发生在任何区段）承担责任。而联运提单签发人的责任为单一责任制或网状责任制。前者是指各承运人对自己运输区段内的货物灭失与损害负责，对货物从他的运输工具卸离后的货损不负责任。因此，两者的责任范围是不同的。

知识检验

简答题

1. 简述国际多式联运的特点。
2. 简述多式联运单据与联运提单的区别。

课题五 技能训练

任务描述

模拟整个国际货运代理的业务流程。

任务目的

通过各种角色的体验，让学生能够熟悉业务流程，达到训练的目的。

任务准备

将学生每6~8人一组分为若干组，并且根据需要将学生分成不同的角色（业务员、操作员、单证员）。事先了解多式联运单据，业务流程。

任务实施

规定好各个角色的任务，不可越范围；准备好一套模拟数据。

范例

海运出口货物代运委托书

<table>
<tr><td colspan="2">Entrusting Serial No
JTC93/721</td><td colspan="2">B/L NO:
CFS792</td><td rowspan="4">CONTRACT NO.
JTC-DEO73

Entrusting Date
MAR 30. 1993</td></tr>
<tr><td colspan="4">Shipper(Full Name and Address): SHANGHAI JOYS CO., LTD. 400 HONGQIAO ROAD, SHANGHAI CHINA</td></tr>
<tr><td colspan="4">Consignee(Full Name and Address): DOUBLE EAGLE IMP. AND EXP. COMPANY. 235 MONTGOMERY STREET, SUITE 1015 SAN FRANCISCO, CA94104, U. S. A</td></tr>
<tr><td colspan="4">Notify Party (Full Name and Address): DOUBLE EAGLE IMP. AND EXP. COMPANY. 235 MONTGOMERY STREET, SUITE 1015 SAN FRANCISCO, CA94104, U. S. A</td></tr>
<tr><td>Vessel Name:
TANGHE V63</td><td colspan="2">Port of Loading:
SHANGHAI</td><td colspan="2">Port of destination:
SAN FRANCISCO</td></tr>
<tr><td>Mark Number:</td><td>No. and Kind of Packages</td><td>Deseription of Goods</td><td>Weight in KG</td><td>Measurement in CBM</td></tr>
<tr><td>DOUBLE EAGLE
JTC-DEO73
SAN FRANCISCO
C/NO. 1-100</td><td>JT835 AND JT034 ARE PACKED 1300 PCS IN 52 CARTON
JT912 ARE PACKED 400 DOZ IN 40 CARTON</td><td>3 ITEM OF PLUSH TOYS
CIF
SAN FRANCISCO
U. S. A</td><td>3312</td><td>20. 12</td></tr>
</table>

Loading Date	If Transshipment Allowed	If Partial Shipment Allowed
1 JUN 93	ALLOWED	NOT ALLOWED

（续）

L/C Expiry Date 15 JULY 93	Copies of B/L Original Copy THREE(3)
Freight Payable at: ENDORSED TO THE ORDER OF FAR EAST NATIONAL BANK OF SAN FRANCISCO, MARKED "FREIGHT PREPAID"	
Remark: Vessel Name: TANGHE V63 CHARGES(USD): FREIGHT CHARGE: US $892.00 INSURANCE PREMIUM: US $91.00	

Entrusting Party Signed to the:
Address: 400 HONGQIAO ROAD, SHANGHAI CHINA
Telephone:
Agent Signed to the:
Address:
Telephone:

任务评价

项目（或任务）编号		学时		学生姓名		总分	

类别	序号	评价项目	评价内容及要求	评价标准	配分	学生自评	学生互评	教师评价	得分
岗位技能评价	1	质量控制	能够完成国际货运业务	不能完成无分	35				
	2	方法技巧运用	能够运用技巧快速进行业务的办理	会用3种以下总分减半，不会用无分	30				
	3	运用知识能力	能够运用知识点解决案例问题	不能运用知识点无分，能够运用部分知识点减分	30				
	4	完成时间	按时完成任务	不按时完成无分	5				
职业素质评价	5	安全生产	遵守设备安全操作规程	不遵守有关规定扣1~5分					
	6	文明生产	遵守实训室文明生产规则	不遵守有关规定扣1~5分					
	7	沟通交流	积极主动性强	不积极沟通扣1~5分					
	8	团队合作	合作参与意识好	合作不好扣1~5分					

注：按学生自评占20%、学生互评占30%、教师评价占50%计算总分。

任务小结

授课班级		授课时间		授课地点	
授课教师			任务名称		
学生表现					
存在问题及改进方法措施					

任务拓展

中远国际货运有限公司

中远国际货运有限公司（中远集装箱船务代理有限公司）成立于1995年12月，是中国远洋控股股份有限公司的成员企业之一，是中远集装箱运输有限公司直属的大型国际货运及班轮代理公司。公司经营范围包括：国际、国内海上集装箱货运代理，国际、国内集装箱及其他船舶代理，沿海货物运输、拼箱、项目运输、多式联运、报关、供应链融资、货运保险等业务。

截止到2011年8月，中远国际货运有限公司（中远集装箱船务代理有限公司）共在中国各地设立了257家网点公司，形成了以北京为中心，以大连、天津、青岛、武汉、上海、厦门、华南为龙头，以全国主要城镇货运网点为依托的货运综合服务网络体系。在国际货运、集装箱船代、多式联运、拼箱、项目开发等方面，业务规模和综合实力均位居国内同业前列。

中远国际货运有限公司（中远集装箱船务代理有限公司）被中国银行审定为AAA级资信企业；1997年，通过挪威船级社和中国进出口商品质量认证中心ISO9002质量保证体系认证。自2004年起，在全国货运行业各类大型评选活动中，连续多年获得多个奖项的桂冠，多次荣获“全国最佳物流企业”“最佳货代公司”“最佳船代企业”等荣誉称号。

中远国际货运有限公司（中远集装箱船务代理有限公司）将秉承“以市场为导向，以客户满意为中心”的经营理念，不断拓展综合服务领域，满足客户多样化的服务需求，竭诚为客户创造更多价值。

（案例来源：http：//www. cosfre. com/initMain. do）

问题讨论：

1. 中远国际货运有限公司（中远集装箱船务代理有限公司）的业务经营有何特点？
2. 试探讨中远国际货运有限公司（中远集装箱船务代理有限公司）的业务经营在未来会有怎样的发展。

单元七　集装箱运输业务

知识目标

1. 通过本单元的学习，了解集装箱的特性、集装箱运输的方式和业务流程。
2. 分析案例导入中索尼集团的集装箱运输路线，了解索尼集团其他集装箱运输路线。

技能目标

- 质量要求：能很好地掌握集装箱的特点进行相应的运输活动。
- 方法要求：熟悉各种规格的集装箱，不犯常识性错误。
- 安全要求：严格按照集装箱运输业务流程进行，程序不紊乱。
- 文明要求：能按照学习现场的管理规章要求实施活动，自觉合作完成任务。
- 任务完成时间要求：6 学时。

案例导入

索尼的全球物流运营

索尼公司是日本一家跨国经营和生产电子产品的厂商，在全球拥有 75 家工厂和 200 多个销售网点。据国家物流专家估计，仅仅在电子产品方面，索尼公司每年的全球集装箱货运量已经超过 16 万标准箱，是世界上规模比较大的发货人之一。

索尼公司每年都会举行一次与承运人的全球物流洽谈会，通过认真谈判把计划中的集装箱货运量配送给选中的承运服务提供人。在一年中，如果索尼公司提供的箱量低于承诺量，索尼公司向承运人赔款，如果箱量超过承诺量，索尼公司不要求承运人提供回扣。在合同中，索尼公司只要求承运人提供半年至一年的运价成本。索尼公司这样做的目的是为了加强与同样艰苦奋斗、拼搏不止的承运人的合作和联系，建立和提高质量上乘、价位低廉的物流链服务网络。

索尼公司在处理自己产品的远洋运输业务中，往往是与集装箱运输公司直接洽谈运输合同而不是与货运代理谈，但是在具体业务中索尼公司也乐意与货运代理打交道。索尼公司与其他日本实业公司不同的是，索尼公司与日本的商船三井、日本邮船、川崎船务等实力雄厚的船运集团结成联盟。因此索尼公司在业务上始终保持独立自主。但是索尼公司非常重视电子信息管理技术（EICT），使用比较先进的通用电子信息服务（GEIS）软件，与日本和世界各地的国际集装箱运输公司建立密切的电子数据交换联系（EDIL）。

为了进一步降低物流成本，索尼公司常常根据实际需要，办理集装箱货物的多国拼箱。例如，索尼公司把半箱货物的集装箱从某产地发往新加坡，在那里把另外一种产品补充装入箱子，变成满箱货物的集装箱，然后继续运输，直至北美或欧洲某目的港。现在索尼公司已经把新加坡和中国台湾高雄作为索尼产品多国拼箱的集装箱枢纽港。其他地方还有满箱货物的“工厂直接装箱”，或者在一个国家内的几家索尼子公司的产品进行拼箱。索尼公司把这些物流服务委托给中国香港东方海外集团和马士基海陆船务公司。索尼公司在对美国的跨太平洋出口贸易航线上，常常把产品集中到北美内地某一个配送中心站，或者把货物送到洛杉矶附近混合中心进行中转或拼箱，充分发挥索尼公司在北美的亚特兰大、纽约和洛杉矶等地区拥有的仓储能力。索尼公司还利用欧洲荷兰作为其拼箱中心。凡是准备运往东欧地区的货物先从其他各国进口和集中到荷兰这个拼箱中心，然后发送到东欧各地的配送站。但是发往莫斯科的货物一向不是从荷兰出去的，而是先运至芬兰的赫尔辛基，然后再从那里转运到莫斯科和俄罗斯其他腹地。

（案例来源：张庆英．物流案例分析与实践［M］．北京：电子工业出版社，2010.）

问题：

1. 对索尼公司的集装箱运输模式理念做出相应的评论。
2. 集装箱运输模式在索尼公司的物流中起到哪些作用？

课题一 集装箱运输特点及方式

1946年集装箱运输之父——美国货车司机马尔科姆·麦克莱恩（1915—2001）成功发明集装箱。1956年4月26日第一只集装箱船从美国新泽西州开出，船上只有58只集装箱。而现在每天有180万只集装箱在全球流动，在经济全球化的时代，世界贸易因为集装箱化而更为方便了，集装箱运输因此扮演着全球货物流动的主角。

一、集装箱运输的定义与特点

1. 集装箱的定义

集装箱（Container）香港称为货箱。台湾称为货柜。其原义是一种容器，具有一定的强度和刚度，专用周转使用并便于机械操作和运输的大型货物容器。因其外形像一个箱子，又可以集装成组货物，故称集装箱。

关于集装箱的定义，国际上不同国家、地区和组织的表述有所不同。国际标准化组织（ISO）认为集装箱是一种运输设备，根据集装箱在装卸、堆放和运输过程中的安全需要，规定了作为一种运输工具的货物集装箱的基本条件是：

1）具有足够的强度，可长期反复使用。

2）为便于商品运送而专门设计的，在一种或多种运输方式下运输时无须中途换装。

3）从一种运输方式转移到另一种运输方式时可快速装卸和搬运。

4）设计时注意到便于货物的装满或卸空。

5）其容积为$1m^3$（即$35.32ft^3$）或$1m^3$以上。

集装箱术语的这一含义不包括车辆的一般包装。

2. 集装箱运输的特点

集装箱运输与传统的货物运输相比具有以下特点：

1）在全程运输中，以集装箱为媒介，箱体坚固，在减少包装费用的同时还可方便机械装卸、搬运，可以从一种运输工具直接方便地换装到另一种运输工具上而无须接触或移动箱内的货物，既可减少装卸时间，又可避免破损与盗损。

2）货物从内陆发货人的工厂或仓库装箱后，经由陆海空不同运输方式，可一直运至内陆收货人的工厂或仓库，达到“门到门”运输，中途无须倒载，也无须开箱检验，可缩短运输时间，降低运输费用。

3）集装箱运输以集装箱为运输单位，并由专门的运输工具装运，不仅装卸快效率高，而且货运质量有保证。

由于上述特点，大大有利于解决传统运输中久已存在而又不易解决的问题，如货物装卸操作重复劳动多，劳动强度大，装卸效率低，货损货差多，包装要求高，运输手段烦琐，运输工具周转迟缓等问题，对于开展国际贸易运输起到了重要作用，因此得到了广泛推广应用。

纵观世界集装箱运输发展的历史，大体上可以分为以下四个阶段：

第一阶段，即20世纪50年代以陆运中、小型集装箱为主。

第二阶段，即20世纪60年代以海运大型集装箱和国际标准集装箱迅速发展。

第三阶段，即20世纪70年代后，水路、公路、铁路的集装箱的运输成为件杂货运输的主导形式。

第四阶段，即20世纪80年代后，集装箱运输逐渐形成“门到门”的水路、公路、铁路、航空的联合运输时代。

在集装箱运输的发展过程中，客观上存在投资高、运载量降低、空箱运输难以避免以及管理复杂等困难和问题，这对物流管理技术水平提出了更高的要求。

二、集装箱的分类

运输货物用的集装箱种类繁多，从运输家用物品的小型折叠式集装箱直到40ft标准集装箱，以及航空集装箱等，不一而足。

这里仅介绍在海上运输中常见的国际货运集装箱类型。

1）按集装箱用途、箱内所装货物分类有：通用干货集装箱、保温集装箱、罐式集装箱、散货集装箱、台架式集装箱、平台集装箱、敞顶集装箱、汽车集装箱、动物集装箱及服装集装箱等。

2）按集装箱规格尺寸分类有：20ft柜、40ft柜、40ft高柜、45ft高柜、20ft开顶柜、40ft开顶柜、20ft平底货柜、40ft平底货柜等。（1ft=0.3048m）

其中，最常用的是20ft柜和40ft柜的。20ft柜的又称为标准箱（TEU），常用于计量集装箱港口的作业能力、吞吐量等；40ft柜的可折合两个标准箱（TEU）。

20ft柜的外形尺寸为：20ft×8ft×8ft6in（1in=0.0254m），内部尺寸为：5.69m×2.13m×2.18m，配货毛重一般为17.5t，体积为24～26m^3。

40ft柜的外形尺寸为：40ft×8ft×8ft6in，内部尺寸为：11.8m×2.13m×2.18m，配货毛重一般为22t，体积为54m^3。

三、集装箱货物运输方式

1. 集装箱货物装箱方式

在集装箱货物的流转过程中，其流转形态分为两种：一种为整箱货，另一种为拼箱货。

1）整箱货（Full Container Cargo Load，FCL）是指发货人或其代理人把经报关、检验的货物自行装箱、签封后，以整箱为单位进行托运和交付。进口货物由收货人或其代理人在办理进口报关、提货手续后按约定地点提取未经开封的整箱货并自行安排拆箱卸货。

2）拼箱货（Less Than Container Cargo Load，LCL，or Consolidated Cargo）是指承运人或货运代理人接受货主托运的数量不足整箱的小票货运后，根据货类性质和目的地进行分类整理，把去同一目的地的货集中到一定数量，拼装入箱。由于一个箱内由不同货主的货拼装在一起，所以称为拼箱。这种情况在货主托运的货物数量不足装满整箱时采用。拼箱货的分类、整理、集中、装箱（拆箱）、交货等工作均在承运人码头集装箱货运站（Container Freight Station，CFS）或内陆集装箱转运站进行。

2. 集装箱货物的交接方式

在集装箱运输过程中，根据实际交接地点的不同，集装箱货物的交接有多种方式，在不同的交接方式中，集装箱运输经营人与货方承担的责任、义务不同。集装箱货物的交接方式有以下四种：①可以传统的方式在船边进行交接；②可以整箱货的方式在集装箱堆场（Container Yard，CY）进行交接；③可以拼箱货的方式在集装箱货运站（CFS）进行交接；④可以在多式联运方式下在货主的仓库或工厂进行交接。由于集装箱货物可以在四个地点进行交接，因此理论上就应有十六种交接方式。但是，目前在船边交接的情况已很少发生，而在货主的工厂或仓库交接又涉及多式联运，因此在海上集装箱班轮运输实践中，班轮公司通常承运整箱货，并在集装箱堆场（CY）进行交接；而集拼经营人则承运拼箱货，是在集装箱货运站（CFS）与货方进行交接。实际业务中，集装箱货物的交接方式通常主要有以下几种（图7-1）：

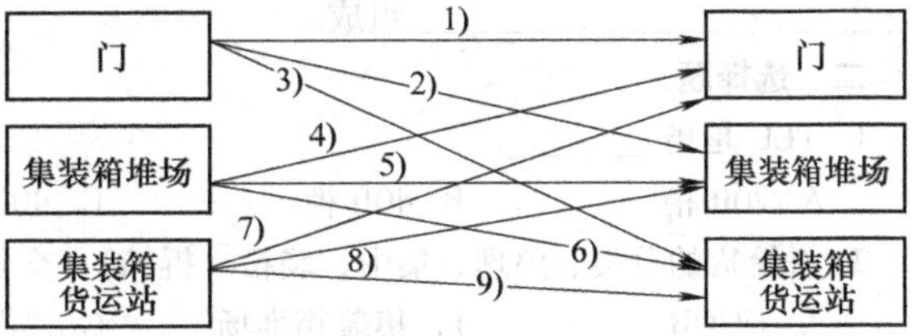

图7-1 集装箱货物的交接方式

1）门到门（Door to Door）：这是指从发货人工厂或仓库接受货物，负责运至收货人工厂或仓库交付。货物的交接形态都是整箱接、整箱交。

2）门到场（Door to CY）：这是指从发货人工厂或仓库接受货物，并负责运至卸货港码头堆场或其内陆堆场，向收货人交付。这种货物的交接形态也都是整箱接、整箱交。

3）门到站（Door to CFS）：这是指在发货人工厂或仓库接受货物，并负责运至卸货港码头的集装箱货运站或其在内陆地区的货运站，经拆箱后向各收货人交付。这种货物的交接形态是整箱接、拆箱交。

4）场到门（CY to Door）：这是指在码头堆场或其内陆堆场接受发货人的货物（整箱货），并负责把货物运至收货人的工厂或仓库向收货人交付。这种货物的交接形态是拼箱接、整箱交。

5）场到场（CY to CY）：这是指在装货港的码头堆场或其内陆堆场接受货物（整箱货），并负责运至卸货港码头堆场或其内陆堆场，在堆场向收货人交付（整箱货）。这种货物的交接形态是整箱接、整箱交。

6）场到站（CY to CFS）：这是指在装货港的码头堆场或其内陆堆场接受货物，并负责运至卸货港码头集装箱货运站或其在内陆地区的集装箱货运站，经拆箱后向收货人交付。这种货物的交接形态是整箱接、拆箱交。

7）站到门（CFS to Door）：这是指在装货港码头的集装箱货运站及其内陆的集装箱货运站接受货物，拼箱后运至收货人的工厂或仓库交付。这种货物的交接形态是拼箱接、整箱交。

8）站到场（CFS to CY）：这是指在装货港码头或其内陆的集装箱货运站接受货物，经拼箱后运至卸货港码头或内陆地区的堆场交付。这种货物的交接形态是拼箱接、整箱交。

9）站到站（CFS to CFS）：这是指在装货港码头或内陆地区的集装箱货运站接受货物，经拼箱后，运至卸货港码头或其内陆地区的集装箱货运站，拆箱后，向收货人交付。这种货物的交接形态是拼箱接、拆箱交。

为明确货物的交接性质与责任，便于业务实际操作，在货运单证上通常载有表明货物交接方式的条款，例如：FCL/FCL，这种条款是指货物的交接形态为整箱接、整箱交；LCL/LCL，是指拼箱接，拆箱交。

知识检验

一、填空题

1. 在集装箱货物的流转过程中，其流转形态分为两种：一种为________，另一种为________。
2. 集装箱货物交接方式由________、________、________、________、________、________、________、________、________组成。

二、选择题

1. TEU 是指________。
   A. 20ft 柜　　B. 40ft 柜　　C. 40ft 高柜
2. 拼箱货的分类、整理、集中、装箱（拆箱）、交货等工作均在________进行。
   A. DOOR　　B. 集装箱堆场　　C. 集装箱货运站

三、简答题

1. 国际标准化组织规定集装箱的基本条件有哪些？
2. 集装箱运输都有哪些优缺点？

课题二　集装箱整箱货运输业务流程

一、集装箱整箱货出口货运流程及相关单证

1. 集装箱整箱货出口货运流程（图7-2）

操作说明：

1）货主向国际货运代理提出运输委托，双方建立货运代理关系。

2）货运代理根据货主的委托，填写托运单证，及时办理订舱。

3）订舱手续办妥后，货运代理将有关订舱信息通知货主或将“配舱回单”转交货主。

4）货运代理申请用箱，取得集装箱发放/设备交接单（EIR）后就可以凭此到空箱堆场

提取所需的集装箱。

如果货运代理负责装箱，则货运代理提空箱到货主指定地点装箱，制作集装箱装箱单（CLP），然后将重箱送至码头堆场"集港"。

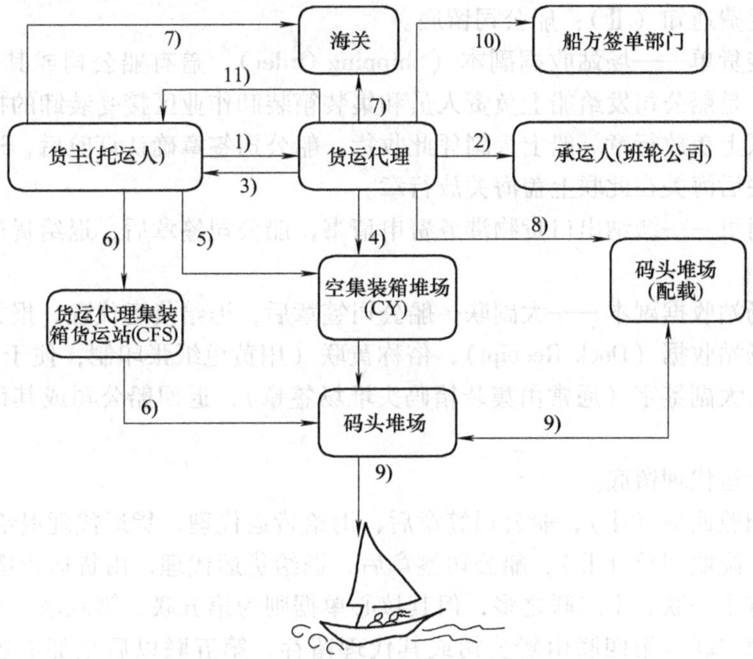

图 7-2 集装箱整箱货出口货运流程

5）如果货主负责装箱，则先从货运代理处取得 EIR 单，然后提取空箱，装箱后制作 CLP 单，并按要求及时将重箱送码头堆场，即集中到港区等待装船。

6）如果货主将货物送到货运代理集装箱货运站（CFS）处，则货运代理提空箱，并在 CFS 装箱，制作 CLP 单，然后"集港"。

以上三种操作方式在实际业务中只选一种。

7）货主委托货运代理代理报关、报检，办妥有关手续后将单证交货运代理；货主也可自行报关，并将单证交给运货代理。

8）货运代理将办妥手续后的单证交码头堆场配载。

9）配载部门制订装船计划，经船公司确认后实施装船作业，在货物装船后可以取得场站收据（D/R）正本。

10）货运代理可凭 D/R 正本到船方签单部门换取提单（B/L）或其他单据。

11）货运代理将 B/L 等单据交给货主。

2. 集装箱整箱货出口主要货运单证

集装箱出口主要货运单证是货主委托货运代理办理运输事宜的单证。主要有以下单证：

（1）集装箱货物托运单（场站收据） 现代海洋班轮运输中以集装箱运输为主（件杂货运输占极小比重），为简化手续即以场站收据作为集装箱货物的托运单，该单由货运代理企业缮制送交船公司或其代理人订舱，因此托运单就是订舱单。集装箱货物托运单又称为场站收据，共有十一联，有的为十二联，各联的作用如下：

第一联：货主留底。

第二联：船公司留底并加注编号和所配载船名。

第三联：运费通知（Ⅰ）：船公司向托运人收运费依据。

第四联：运费通知（Ⅱ）：船公司留底。

第五联：装货单——场站收据副本（Shipping Order），盖有船公司或其代理人的图章，表示确认订舱，是船公司发给船上负责人员和集装箱装卸作业区接受装卸的指令，报关时海关查核后在此联上盖放行章。船上大副凭此收货，船公司签章确认订舱后，退给货运代理报关时使用。报关后海关在此联上盖海关放行章。

第六联：附页——缴纳出口货物港务费申请书，船公司签章后，退给货运代理，报关时使用。

第七联：场站收据副本——大副联，船公司签章后，退给货运代理，报关时使用。

第八联：场站收据（Dock Receipt），俗称黄联（用黄色纸张印制，便于辨认），在货物装上船后由船上大副签字（通常由集装箱码头堆场签章），退回船公司或其代理人，据此签发提单。

第九联：货运代理留底。

第十联：配舱回单（Ⅰ），船公司签章后，退给货运代理，货运代理退给货主。

第十一联：配舱回单（Ⅱ），船公司签章后，退给货运代理，由货运代理保存。

托运单虽有十一联、十二联之多，但其核心单据则为第五联、第六联、第七联。第一联为货主留底。第二联~第四联由船公司或其代理留存，第五联以后全部退还给货运代理公司。

缮制说明：集装箱货物托运单除了以“场站收据”代替“大副收据”换取正本提单外，其他各联的作用及内容与杂货运输托运单基本相同，填写时应注意以下几点：

1）集装箱号：应列明所有集装箱编号。

2）D/R编号：即提单号。

3）箱数或件数：一般为集装箱中所装载货物件数，例如：1800CARTONS。

4）“场站收据”的收货方式（Service Type on Receiving）和交货方式（Service Type on Delivery）应根据运输条款如实填写——CY或CFS，同一单不得出现两种或两种以上的收货、交货方式。

（2）集装箱预配清单　集装箱预配清单是船公司为集装箱管理需要而设计的一种单据，该清单格式及内容各船公司大致相同，其内容有：提单号、船名、航次、货名、件数、毛重、尺码、目的港、集装箱类型、尺寸和数量、装箱地点等，货运代理在订舱时或一批一单，或数批分行列载于一单，按订舱单内容缮制后随同订舱单据送船公司或其代理人，船公司配载后将该清单发给空箱堆存点，据以核发设备交接单及空箱之用。

（3）集装箱发放/设备交接单（Equipment Interchange Receipt，EIR）　集装箱发放/设备交接单是集装箱进出港区、场站时，用箱人、运箱人与管箱人或其代理人之间交接集装箱及设备的凭证，兼有发放集装箱的凭证功能，所以它既是一种交接凭证，又是一种发放凭证，对集装箱运输特别是对箱务管理起着巨大作用。在集装箱货物出口运输中，设备交接单主要是货主（或货运代理人）领取空箱出场及运送重箱装船的交接凭证。

（4）集装箱装箱单（Container Load Plan，CLP） 集装箱装箱单是详细记载集装箱内货物的名称、数量等内容的单据，每个载货集装箱都要制作这样的单据，它是根据已装进集装箱内的货物制作的。不论是由发货人自己装箱，还是由集装箱货运站负责装箱，负责装箱的人都要制作装箱单。集装箱装箱单是详细记载每一个集装箱内所装货物详细情况的唯一单据，所以在以集装箱为单位进行运输时，它是一张极其重要的单据。装箱单所记载事项必须与场站收据和报关单上的相应事项保持一致，否则会引发不良后果。例如，装箱单重量或尺码与报关单或发票不符，船公司按装箱单重量或尺码缮制提单、舱单，出口单位结汇时发生单、单不一致，就不能结汇，这主要在于发货人办理托运时未向仓库或工厂取得正确数据，以致造成单据之间的不一致。为此，发货人应特别加以注意。另外，集装箱内所装货物如果品种不同时，必须按箱子前部到箱门的先后顺序填写。

二、集装箱整箱货进口货运代理业务流程及相关单证

1. 集装箱整箱货进口货运代理业务流程（图7-3）

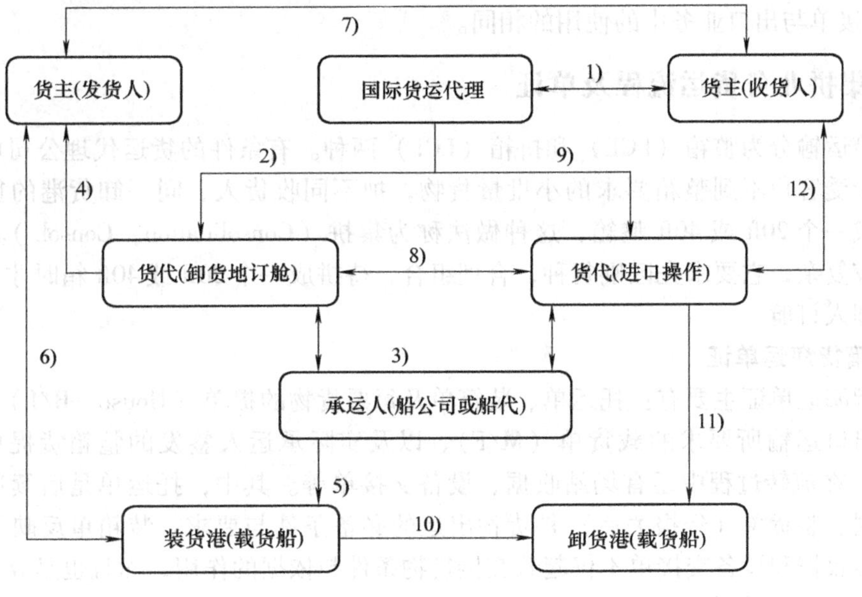

图7-3 集装箱整箱货进口货运代理业务流程

海运进口的货运代理业务是我国货运代理业务中涉及面最广、线最长、量最大、货种最复杂的货运代理业务。完整的海运进口业务，从国外接货开始，包括安排装船、安排运输、代办保险，直至货物运到我国港口后的卸货、接运报关报检、转运等业务。

操作说明：

1）货主（收货人）与国际货运代理建立货运代理关系。

2）在买方安排运输的贸易合同下，货运代理办理卸货地订舱业务，将货单齐备即可。

3）货运代理缮制货物清单后，向承运人（船公司或船代）办理订舱手续。

4）货运代理通知买卖合同中的卖方（实际发货人）及装运港代理人。

5）船公司安排载货船舶抵达装货港。

6）实际发货人将货物交给船公司，货物装船后发货人取得有关运输单证。

7）货主之间即发货人与收货人之间办理交易手续及单证。

8）货代掌握船舶动态，收集、保管好有关单证。

9）货代及时办理进口货物的单证及相关手续。

10）船舶抵达卸货港卸货，货物入库、进场。

11）在办理了货物进口报关等手续后，就可凭提货单到现场提货，特殊情况下可在船边提货。

12）货代安排将货物交收货人，并办理空箱回运到空箱堆场等事宜。

2. 整箱货进口货运单证

集装箱整箱货进口货运单证主要包括：进口货运代理委托书、进口订舱联系单、提单、发票、装箱单、保险单、进口许可证、机电产品进口登记表以及包括木箱包装熏蒸证明等单证外，还应包括“交货记录”联单和集装箱发放/设备交接单。集装箱“交货记录”是在集装箱进口业务中普遍采用的一种单据，用来代替件杂货运输中使用的“提货单”。集装箱发放/设备交接单与出口业务中的使用的相同。

三、集拼业务货运流程及单证

集装箱运输分为整箱（FCL）和拼箱（LCL）两种。有条件的货运代理公司可承办拼箱业务，即接受客户不到整箱要求的小批量货物，把不同收货人、同一卸货港的货物集中起来，拼凑成一个20ft或40ft整箱，这种做法称为集拼（Consolidation，Consol.）。集拼业务的操作比较复杂，它要求先区别货种，合理组合，待拼成一个20ft或40ft箱时才可以向船公司或其代理人订舱。

1. 拼箱货海运单证

拼箱货海运单证主要有：托运单、装箱单及每票货物的提单（House—B/L）。货物拼成箱后形成出口运输所要求的载货单（M/F）、以及实际承运人签发的整箱货提单（Sea B/L）。此外，在流转过程中还有场站收据、设备交接单等。其中，托运单是后续单证制订的条件与依据。装货单（经报关后）是货物出运的必备条件与要求。装箱单反映了箱内载货情况。场站收据和设备交接单不仅起着交接货物条件与依据的作用，而且也是界定当事人责任的重要凭据。提单则是货物所有权和提货权的凭据。

在集拼货运实务中，会产生分提单即拼箱货提单（House B/L）和总提单即整箱货提单（Sea B/L）。前者是指货运代理人以承运人的代理人或无船承运人身份，按每票货物签发给实际发货人的提单；后者是指为了便于货运作业，或以托运人身份的货运代理人在货物托运后由实际承运人签发的提单。分提单（House B/L）样式及条款内容与一般提单没有多大区别，但在提单正面需打制“CFS/CFS”，“LCL/LCL”的字样，以表示在货运站以拼箱货形式交付。整箱货提单（Sea B/L）应该是记名提单并清楚显示箱内每票货物的资料，提单正面一般显示“CFS/CFS”字样。

2. 集拼业务货运流程（图7-4）

操作说明：

1）A、B、C为不同的货主，他们将各自的拼箱货交由无船承运人。

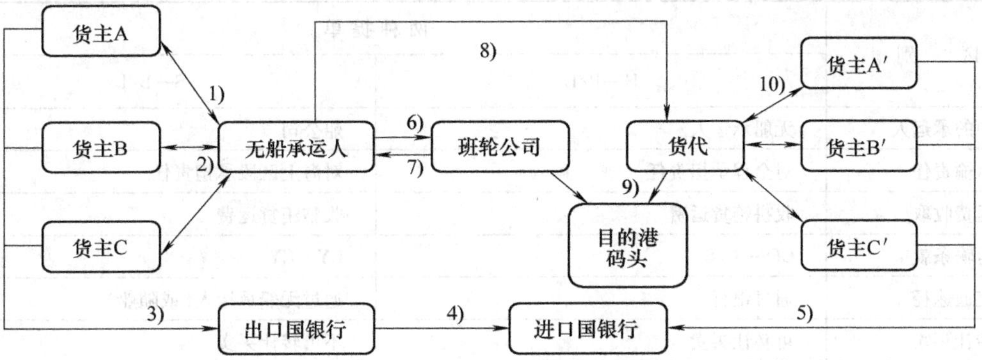

图 7-4 集拼业务货运流程

2）无船承运人在接收托运的拼箱货后签发自己的拼箱货提单（House—B/L），并分别给 A、B、C 三个货主。

3）发货人 A、B、C 持无船承运人签发的提单去银行结汇，因为信用证规定 CFS—CFS，则可凭拼箱货提单做到单单相符，顺利结汇。

4）出口国银行将 H—B/L 转到进口银行。

5）进口国收货人 A、B、C 分别向银行付款赎取各自的 H—B/L。

6）无船承运人对 A、B、C 货主的货进行整理后装在同一箱内，以整箱方式交由船公司运输（对船公司而言，此时接受的是一个货物、外表状况良好、关封完整的整箱）。

7）船公司在接受整箱货后，向无船承运人签发 S—B/L，并在 B/L 上记载 CY—CY 运输条款。

8）无船承运人将整箱货提单（S—B/L）转国外货运代理。

9）在船公司将整箱货运进进口国后，无船承运人代理凭 S—B/L 去船公司提货。

10）无船承运人代理在提取整箱货后拆箱，收货人 A、B、C 凭 H—B/L 去无船承运人代理那里提货。

四、无船承运人签发的拼箱货提单（H—B/L）与船公司签发的整箱货提单（S—B/L）的区别

在实际业务中，由于信用证要求 CFS—CFS 、提单 CY—CY 运输条款同时使用到两种提单，从事该行业的人员必须对这两种提单的区别有一准确的认定，以保证业务的正常运作，表 7-1 为两种提单的区别。

表 7-1 H—B/L 和 S—B/L 的区别

区　别	两种提单	
	H—B/L	S—B/L
提单中的托运人	真正货主(通常为卖方)	无船承运人或代理
提单中的收货人	在提单不转让时,通常是买方	无船承运人或代理

（续）

区　别	两种提单	
	H—B/L	S—B/L
提单中的承运人	无船承运人	船公司
提单运输责任	对全程承担责任	对海上区段承担责任
提单运费收取	收拼箱货运费	收整箱货运费
提单运输条款	CFS—CFS	CY—CY
提单流通途径	通过银行	通过无船承运人(或随船)
提单转让买卖	可转让买卖	不可转让买卖
提单当事人	托运人、无船承运人、收货人	无船承运人、船公司、无船承运代理
证据效力	对托运人是初步证据 对收货人是最终证据	对托运人、收货人 无证据效力
运费差价	收	不收
佣金	不收	收

知识检验

一、案例分析

1999年2月，某市轻工进出口公司（以下简称A公司）从智利进口1000t纸板，进口港为天津新港，共计52标准箱。1999年2月8日，A公司接到出口方全套单据，其中包括正本海运提单（三正三副）、正本箱单发票、合同等。通过提单中的装货港（圣安东尼奥）、卸货港（釜山）及提单签发人可以了解到以下信息：①此票货物为转船运输，必须凭一程正本提单换取二程提单传真件。②提单签发人表明此票货物由B船公司负责承运。知道上述信息后，A公司就及时与B公司天津代表处取得联系，并了解到船舶动态，该票货物于2月9日在釜山上二程船（PUSAN TIANJIN VESSEL/VOY：LING QUAN HE V. 0520W），并获悉天津外轮代理公司作为该船的船舶代理，还要用二程提单的传真件去外代换取真正用于提货的提货单。

2月10日，A公司在B公司天津代表处交纳换单费、押箱费后，换取了二程提单传真件与一份开与塘沽外代的保函（保函内容：B公司正本提单已收回，请凭此保函放货；请协助放箱给收货人，并安排将空集装箱回运到指定堆场；押箱费用已向收货人收取，箱体追踪与外代无关）。2月11日，A公司携带二程传真件与保函到塘沽外代交纳换单费后换取了提货单，并马上将提货单1、3联与全套报关单据于报关行报关，之后报关行通知A公司：①纸板需要做商检，要先去做商检登记。②舱单没有传送到海关电脑系统中，因此无法预录报关单。

由于上述两点失误耽误了一些时间，以致报关员将报关单据递交海关申报后直到海关下班还没有打印出税单，因而影响了通关速度。

2月12日上午，海关审单完毕并打印出税单交于A公司去开户行交税。完税后将税单中海关留存联交于海关审核。当日下午，海关开出验货通知单，要求提16个20ft集装箱到指定地点开箱验货，并要求报关行出具保函放货，即打保放行（保函内容：由于海关验货需要先将集装箱从港内提至验货地点验货，因此要求报关行保证先验货，如无任何问题再放行）。

2月13日上午，A公司携带有海关放行的提货单白联（打保放行〕及相关报验单据办理三检，一般情况下将所有单据（即报验单据，包括箱单、发票、合同、报关单）提交给报验行，由它办理代报验，交纳一定费用后，由三检机构在提货单白联上盖商检、动植检、卫检放行章，三检手续办理完毕后，即可去所有货物的港区办理港务港杂，交纳港杂费用后，就可凭提货单白联提货。当日下午，A公司及时与港区有关部门联系摆箱事宜，将海关指定开验的16个20ft集装箱调至海关指定的地点依次摆开，以便海关验货。海关验货放行后，A公司即将提货单白联交与事先联系好的仓库，预计2月14日上午就可将52个20ft集装箱全部提回仓库。

2月14日早晨，仓库来电，由于没有准备交接单，提箱车队不允许出港区。上午A公司马上到塘沽外代换取设备交接单并交于仓库车队，一直到2月19日，经过校对更正才将该箱提出。之后A公司及时安排汽车、铁路车皮将货物发往目的地。至此该票进口操作基本结束。

通过这票案例的实际介绍，可以对整个集装箱进口实务操作环节有更深刻地理解，并吸取其中的经验教训，在今后的进口操作中争取占据主动地位，尽量减少中间环节，及时将货物运抵目的地。

教训一，换单前就应落实纸板是否需要监管条件，如需商检，就应提前携带报验单据去商检机构申请报验，然后将盖有商检登记在案章的报关单交与报关员。

教训二，换单时应与塘沽外代落实舱单是否传送给海关，并到海关舱单室得到确认。

教训三，2月11日在塘沽外代换取提货单时，没有同时到箱管部门换取设备交接单，致使后来提货时发生困难。

教训四，由于2月10日A公司带正本提单到B公司天津代表处换取由釜山传来的二程提单传真件时，没有认真核对每一个集装箱号，提货单中有一个集装箱箱号有误，致使该集装箱没有及时从港区内提出，从而产生了不必要的转栈堆存费用。

二、思考题

集装箱运输业务中应该注意哪些事项？

课题三 技能训练

任务描述

根据本章案例导入，设计出日本到中国的集装箱运输的最佳路线方案，在地图上描绘路线图。

任务目的

考核学生对集装箱运输业务流程的熟悉程度。

任务准备

将学生每5~7人一组分为若干组，事先了解各种集装箱运输路线。

任务实施

完成集装箱运输方案设计，及集装箱运输业务流程。

范例

日本到中国的集装箱运输的最佳路线方案为：

日本大阪—日本长崎港—韩国釜山港—中国上海港—中国高雄港—中国香港港—中国深圳盐田港。

任务评价

项目（或任务）编号		学时		学生姓名		总分	

类别	序号	评价项目	评价内容及要求	评价标准	配分	学生自评	学生互评	教师评价	得分
岗位技能评价	1	质量控制	掌握集装箱特性和集装箱运输业务流程	不能掌握无分	35				
	2	方法技巧运用	掌握各种集装箱规格	掌握3种以下总分减半，都不会无分	30				
	3	运用知识能力	能够运用知识进行物流业务流程	不能运用知识无分，能够运用部分知识减分	30				
	4	完成时间	按时完成任务	不按时完成无分	5				
职业素质评价	5	安全生产	遵守设备安全操作规程	不遵守有关规定扣1～5分					
	6	文明生产	遵守实训室文明生产规则	不遵守有关规定扣1～5分					
	7	沟通交流	积极主动性强	不积极沟通扣1～5分					
	8	团队合作	合作参与意识好	合作不好扣1～5分					

注：按学生自评占20%、学生互评占30%、教师评价占50%计算总分。

任务小结

授课班级		授课时间		授课地点	
授课教师			任务名称		
学生表现					
存在问题及改进方法措施					

任务拓展

集装箱运输需要不同“菜单”

近年来，随着电子信息网络技术迅猛发展，有关集装箱运输产业的包装、装箱、运价、付费、订舱、承包、储运、报关以及善后等一条龙服务大多可以在网络平台上解决，速度快、效率和精准率高。但是为集装箱提供直达或转达服务的不少物流经营商并不心甘情愿地停留在千篇一律的服务模式上，他们提出面向地区性和全球性的人性化物流服务，提供运输费用实惠、规模化和可靠的物流解决方案，其中包括提供集装箱运输的预定物流服务项目、全球无船承运人服务、集装箱公路货运服务、集装箱海运服务、集装箱空运服务、仓储服务、保安服务和有关集装箱航运物流供应链的咨询服务等。

最近几年，英国海速集团旗下的全球物流公司因在集装箱运输中采用人性化物流服务设计，使其市场信誉剧增。该公司总经理戴维·哈里代对集装箱化国际的记者表示，所谓集装箱运输物流人性化设计就是根据市场客户需求提供必要的增值服务，该公司除了以集装箱为主业的全球物流公司外，还有充分运用高端科技，以集装箱货物温度控制为主业的全球冷链配送物流公司；“门-门”直达全球物流安全服务公司；覆盖英国、欧洲和世界各地的水果物流公司；与其他船公司合伙经营的海上世界快运班轮公司（该班轮公司专门为英国内外各地客户提供人性化服务。迄今该快运班轮公司在全球87个国家和地区设立办事处或分支机构，服务范围从英国扩大到中国、印度、中东、欧洲和南北美洲在内的世界各地海陆空集装箱运输、重大件、特种货物和零担货运）等。

（案例来源：中国物流与采购网）

问题讨论：

1. 除了上述案例中提到人性化物流服务外，对于标题中所说的“菜单”你还能想到哪些？

2. 英国海速集团旗下的全球物流公司占领集装箱市场的关键有哪些？

单元八　国际货运检验与包装

知识目标

1. 通过本单元的知识学习及实践活动，了解不同类型货物的进出口检验制度，熟悉包装的种类及合同包装中涉及的内容和规定。

2. 分析案例导入中天津检验检疫局遇到的问题，拟写检验检疫中应注意的事项，分析进出口货物中可能遇到的问题并提出解决方案。

技能目标

- 质量要求：能很好地掌握各种货物的国际货运检验规定和包装的类型。
- 方法要求：熟悉国际货运检验的各项规则和包装的基本知识，不出现应用错漏。
- 安全要求：严格按照国际货运检验的规定，程序不紊乱。
- 文明要求：能按照学习现场的管理规章要求实施活动，自觉合作完成任务。
- 任务完成时间要求：4 学时。

案例导入

2005 年 5 月 9 日，中信金属公司从印度进口的一船散装铁矿粉在天津新港卸货，天津检验检疫局的检验人员抽样时发现大量非铁矿物质混入其中，还有一些冶炼过的矿渣、煤、少量的石块、塑料布等物质，进而初步判定非铁矿物质为国家限制进境的氧化铁皮等。

此批货物报验数量为 300260t，货物总值 226 万美元。经实验室检测鉴定，货物中含有钢渣、铁渣、氧化铁皮等国家限制进境废弃物，废弃物占货物比例约 40%，且与铁矿粉混合相当均匀，天津检验检疫局判定有欺诈嫌疑。鉴于此批货物问题较严重，天津检验检疫局请示国家局后，做全船退运处理。

近年，天津口岸进口铁矿粉持续高涨，今年 1 ~ 4 月天津检验检疫局已检验 1200 万 t，是去年全年的 60%。其中，印度进口铁矿粉约 500 万 t，质量问题较严重，主要为铁含量低、水分高及同批货物混合不均匀、品质波动大等。

通过上述情况分析，天津检验检疫局建议：

一、目前进口铁矿粉品味繁杂，应制定限制极低品位铁矿粉进口的相关规定。

二、尽快统一各口岸的做法，防止因做法不同，使类似情况蒙混过关。

三、2004 年，天津检验检疫局检验的一船类似本案例中的铁矿粉，只以减价告终，不足以惩戒。建议尽快制定有关含有限制进境物的规定，对国外掺假伪、借机蒙混、牟取暴利的行为给予严惩。

（案例来源：周哲，申雅君．国际物流［M］．北京：清华大学出版社，2007．）

问题：中信金属公司进口的铁矿粉出现严重的质量问题，请问是在采购中的哪个环节出现了问题？天津检疫局遇到此类问题，应如何处理？

课题一 出入境报检实务

一、商品检验的内容和检验程序

1. 商品检验的内容和依据

《中华人民共和国进出口商品检验法》（以下简称《商检法》）规定，进出口商品实施检验的内容，包括商品的质量、规格、数量、重量、包装以及是否符合安全、卫生要求。检验的依据首先遵守进出口商品检验、检疫制度有关规定判断是否进行法定检验，然后再以买卖合同（包括信用证）中所规定的有关条款为准进行商品检验。

法定检验：根据《商检法》的规定，对列入“进出口商品检验种类表”（以下简称“种类表”）和其他法律、行政法规定须经商检机构检验的进出口商品施行强制性检验。

法定检验商品均应在报关前向商品检验机构报验。我国进出口商品检验工作的主管机关是国家商品检验局，各省、自治区、直辖市商品检验局及其分支机构负责管理本地区的进出口商品检验工作。国家商检部门根据《商检法》和对外贸易发展的需要，制定、调整、公布“种类表”。

2. 进出口商品检验工作程序

我国进出口商品检验工作程序主要有4个环节（图8-1）。

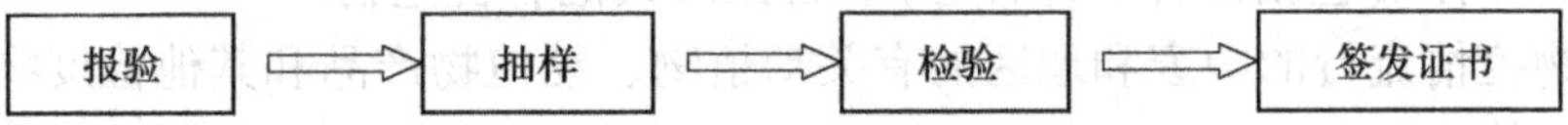

图8-1 我国进出口商品检验工作程序

（1）报验 报验是指对外贸易关系人向商检机构报请检验。报验时需填写“报验申请单”，填明申请检验、鉴定工作项目和要求，同时提交对外所签买卖合同、成交小样及其他必要的资料。

（2）抽样 商检机构接受报验之后，及时派员赴货物堆存地点进行现场检验、鉴定。抽样时，要按照规定的方法和一定的比例，在货物的不同部位抽取一定数量的、能代表全批货物质量的样品（标本）供检验之用。

（3）检验 商检机构接受报验之后，应认真研究申报的检验项目，确定检验内容，仔细审核合同（信用证）对品质、规格、包装的规定，弄清检验的依据，确定检验标准、方法，然后抽样检验，仪器分析检验，物理检验，感官检验，微生物检验等。

（4）签发证书 在出口方面，凡列入“种类表”内的出口商品，经商检检验合格后签发放行单（或在“出口货物报关单”上加盖放行章，以代替放行单）。凡合同、信用证规定由商检部门检验出证的，或国外要求签检证书的，根据规定签发所需封面证书；不向国外提供证书的，只发行单。“种类表”以外的出口商品，应由商检机构检验的，经检验合格发给证书或放行单后方可出运。在进口方面，进口商品经检验后，分别签发“检验情况通知单”

或“检验证书”，供对外结算或索赔用。凡由收、用货单位自行验收的进口商品，如发现问题，也供对外索赔用。对于验收合格的，收、用货单位应在索赔有效期内把验收报告送商检机构销案。

二、动植物检疫制度

根据《中华人民共和国进出境动植物检疫法》，凡进出境动植物及其产品和其他检疫物及检疫物装载容器和包装物，以及来自动物疫区的运载工具等实施强制性检疫。国家在各口岸设立动植物检疫机构，行使进出境动植物检疫的行辖管理权。

> **动脑筋**
>
> 哪些货物进出境须强制检验？为什么？

1. 动植物进出境检疫范围

（1）动物　饲养、野生的活动物，如畜、禽、兽、蛇、鱼、虾、蟹、贝、蚕、蜂等。

（2）动物产品　来源于动物未经加工但仍可能传播疾病的产品，如生皮张、毛类、肉类、脏器、油脂、动物水产品、奶制品、蛋类、血液、精液、胚胎、骨、蹄、角等。

（3）植物　栽培植物、野生植物及其种子、种苗及其他繁殖材料等。

（4）植物产品　来源于植物未经加工或虽经加工仍有可能传播病虫害的产品，如粮食、豆、棉花、油类、麻类、烟草、籽仁、干果、鲜果、蔬菜、生药材、木材、饲料等。

（5）其他检疫物　动物疫苗、血清、诊断液、动植物废弃物等。

2. 国家禁止入境的物品

1）动物病原体（包括菌种、毒种等）、害虫及其他有害生物。

2）动植物疫情流行的国家和地区的有关动植物、动植物产品和其他检疫物。

3）动物尸体。

4）土壤。

三、药品、药材检验制度

根据《中华人民共和国药品管理法》和国务院《关于加强医药管理的决定》，凡进口的药品，必须有卫生部核发的“进口药品注册证”，并列为法定检验，需经口岸药品检验所检验合格方准进口。进口药品的外贸企业，须具有卫生行政部门核发的“药品经营企业许可证”。其具体通关过程如下。

1. 一般药品、药材

进口药品、药材到达口岸后，收货人应向口岸药检所报检。经营单位凭口岸药检所出具的“进口药品报验证明”或者加盖“已接受报验”印章的进口货物报关单向海关报关。

对用于医疗急救、科研或国外赠送的进口药品，海关凭省级卫生厅（局）出具的免验证明验收。

出境的药材，按动植物检疫办法和濒危物种、商品检验的管理规定进行管理。

2. 麻醉药品

麻醉药品的进出口业务必须由卫生部审核批准，发给麻醉药品进出口许可证，并通知出口国政府和国际麻醉品管制局。目前，麻醉药品的进出口由中国医药保健品进出口总公司及省、自治区、直辖市医药保健品进出口公司或由卫生部、外经贸部指定的其他单位经营。进出口麻醉药品必须向海关提供卫生部核发的“麻醉品进口准许证”或“麻醉品出口准许证”，海关凭此验放。

3. 精神药物

精神药品品种及分类每年由卫生部发布。为了加强对精神药物的进出口管理，我国进出口的精神药物一律凭卫生部审核批准并发放的“精神药物进（出）口准许证”向海关报关，精神药物的进出口业务由中国医药保健品进出口总公司和中国化工进出口总公司统一经营。

4. 血液制品

卫生部会同海关总署联合规定，除人血清白蛋白以外，禁止国内任何单位或个人进口血液制品。如确因临床医疗需要急需进口，必须事先报经省级卫生厅（局）批准，进口时凭批准文件向药检所报检。海关凭药检所出具的“进口药品报验证明”或已加盖药检所“已接受报检”印章验放。

四、食品卫生检验制度

根据《中华人民共和国食品卫生法》的规定，一切进出口的食品及原料、食品添加剂、食品容器、包装材料和食品用工具及设备，必须由国家指定的检验机构进行卫生监督、检验。

列入食品卫生检验的范围的物品有：

(1) 食品　指各种供人食用或饮用的食品和原料，以及按照传统习惯加入药物的食品，但不包括以治疗为目的的物品。

(2) 食品添加剂　指为改善食品品质和色、香、味以及为防腐和加工工艺的需要而加入食品中的天然或化学合成物质。

(3) 食品容器、包装材料　指包装、盛放食品用的纸、钉、木、金属、搪瓷、陶瓷、塑料、橡胶、天然纤维、化学纤维、玻璃等制品和接触食品的涂料。

(4) 食品用工具、设备　指食品生产经营过程中接触食品的机械、管道、传送带、容具、用具、餐具等。

五、国家对其他特殊进出口货物的管制

1. 文物出口管制

根据《中华人民共和国文物保护法》的规定，珍贵文物禁止出境，一般文物限制出境。贸易性文物出口，除需经国家指定口岸鉴定机构，并发给许可出口证件外，还应交验文化部的批准文件。具有重要历史、艺术、科学价值的文物，除经国务院批准允许运往国外展览的外，一律禁止出口。

(1) 文物出境鉴定范围

1) 1949 年中华人民共和国成立以前的中国和外国制作、生产或出版的陶瓷器、金银器、铜器及其他金属器、玉石器、漆器、玻璃皿、各种质料的雕塑品、家具、书画、碑帖、拓片、图书、文献资料、织绣、文化用品、邮票、货币、器具、工艺美术品等。

2) 新中国成立后我国已故的近、现代著名画家、工艺美术家的作品等。

3）古脊椎动物化石和古人类化石。

4）国家文化管理部门指定的其他物品。

（2）有关手续和通关要求　文物出境必须由经国务院批准设立的国家文物出境鉴定部门进行出境鉴定。经鉴定准予出境的文物，由执行鉴定任务的机构在文物上加印九四年版火漆印（七七年版火漆印自1995年1月1日起作废）。

文物出境指定在北京、天津、上海、广州四个口岸办理验放手续。有关单位申报出口文物需经文化行政管理部门批准，向海关提交文化行政管理部门的批准证明或国家文物局开具的“文物出口特许证”或“文物出口证明”。

对境外人员在我国购买的文物出口，海关凭文物商店出具的盖有“外汇购买”印章的“特许出口文物核发票”验放。

2. 濒危物种的进出口管制

根据《中华人民共和国野生动物保护法》、《中华人民共和国野生动植物保护条例》和《濒危野生动植物种国际公约》的有关规定，野生动植物资源属于国家所有，国家对珍贵濒危的野生动植物实行重点保护。

（1）国家重点保护的野生动植物管理　野生动植物管理范围：

1）野外、人工饲养和繁殖的野生动物活（死）体、标本。

2）野生植物活（死）体、标本。

3）野生植物制成品及任何可辨认的部分。

4）含野生动植物成分的中成药。

出口国家重点保护的野生动植物及产品，或者进出口中国参加的国际公约所限制出口的野生动植物、产品以及含有野生动植物成分的产品，必须经中华人民共和国濒危物种进出口管理办公室核准，并取得其核发的“允许进出口证明书”，进出口单位凭“允许进出口证明书”向海关报验。

（2）象牙的进出口管理　进口非洲象牙必须事先向林业部提出申请，取得有关批准证件，进口时应向海关交验林业部的审查同意证明，并取得进口国核发的“允许进口证明书”，海关凭濒危物种出口管理办公室或其授权的部门核发的“允许出口证明书”验收。

（3）含野生动物药材成分的成药　列入林业部《部分野生动物药材成分的中成药名单》的中成药出口，必须经当地省级野生动物行政主管部门同意，并备函注明出口中成药的品名、数量、所含野生动物药材成分的名称、该药材成分所属野生动物种类、动物来源、获得时间等报送国务院野生动物行政主管部门。海关凭中华人民共和国濒危物种进出口管理办公室或其授权的办事处核发的“允许出口证明书”验放。

（4）珍贵树种　列入《国家珍贵树种名录》的一级、二级珍贵树种（含根、茎、叶、花、果实、种子及其制成品、产品等），出口单位凭中华人民共和国濒危物种进出口管理办公室或其授权的办事处核发的“允许出口证明书”办理出口手续。

3. 金银产品进出口管制

根据《中华人民共和国金银管理条例》等有关规定，黄金及其制品出口应经中国人民银行批准并检查登记，取得其制发的“金银产品出口准许证”办理出口手续。黄金及其制品进口应经中国人民银行批准（个人携带黄金首饰限自用合理数量）。为加工出口成品而从境外进口的金银原料，应当在进口后持进口报关单据到中国人民银行办理登记手续，以便出口时审查发证。

国家对白银出口实行配额许可证管理，并由核定的公司经营。对外经济贸易部授权配额许可证事务局核发白银出口许可证。海关凭许可证验放。

出口以珠宝为主要价值的带有金银镶嵌的珠宝饰品，不包括此管理范围内。

4. 民用枪支弹药进出口管制

1）根据《中华人民共和国枪支管理办法》的规定，非国防工业部门因特殊需要进口军用枪支、弹药（含样品），必须事先报经主管部委批准，并须经所在省、自治区、直辖市公安厅（局）同意，凭以上部门签发的批准文件办理过境手续。

2）体育部门进口各种射击运动用枪支、弹药（含样品），由国家体委批准，并须经所在省、自治区、直辖市公安厅（局）同意，报关时海关凭批准证件验放。

3）林业、狩猎部门狩猎用枪支、弹药（含样品），必须事先报经林业部批准，进口时须经所在省、自治区、直辖市公安厅（局）的同意，海关凭批准证件验放。

4）根据《中华人民共和国爆炸物品管理条例》规定，进出口非军事用爆炸器材和爆炸品，包括各类炸药、雷管、导火索、非电导爆系统、起爆药和爆破剂，必须经国家机械工业管理部门审核批准和所在省、自治区、直辖市公安部门同意，申领进出口货物许可证，海关凭许可证验放。

5. 无线电器材和通信设备进口管制

根据《中华人民共和国无线电管理条例》规定，无线电器材和通信设备是指有发射能力的无线电设备及无发射能力的收信无线电设备（包括无线电话筒、无线对讲机、无线电话机等）的整机及整套散件。国家对其进出口管制包括：

1）中央系统的单位进出口无线电器材，须报全国无线电管理委员会批准。

2）地方单位和中央驻地方单位进出口无线电器材，须报省级无线电管理委员会批准。

3）军事系统进口无线电器材，须报解放军各级无线电管理委员会批准。

海关凭国家无线电管理委员会及其授权的省级无线电管理委员会签发的“无线电设备入关通知单”验放。进口无线电设备如属其他进口管制范围的，如机电产品进口管制、商检管理等，还要向海关提交其他授权发证机关签发的批件。

6. 音像制品、印刷品的进出口管制

（1）进口音像制品的管理 国家实行进口管理的音像制品是指录有内容的录音带、录像带及其他已录制磁带、照片、激光唱盘、视盘及其他已录制光盘和其他已录制媒体等。国家对音像制品进口经营实行许可制度。文化部负责全国音像制品的进口管理，省、自治区、直辖市人民政府音像制品行政管理部门负责管理本行政区域内的音像制品进口工作。有关规定如下：

音像出版单位和音像制品经营单位（以下简称进口经营单位），须由所在地省、自治区、直辖市人民政府音像制品行政管理部门审核同意，报文化部批准后方可从事音像制品的进口经营活动。

全国性和省、自治区、直辖市的图书馆、音像资料馆、科研机构、高等院校、以及有其他特殊需要的单位，进口供研究、教学参考的音像制品，需委托有进口资格的音像制品经营单位代理进口业务，由代理进口的单位将进口协议和目录报文化部办理进口审批手续。用于研究、教学参考的进口音像制品，不得用于进行经营性复制、批发、零售、出租和放映。

进口经营单位进口用于出版或进口用于直接销售的音像制品，经文件部批准后凭文化部签发的“音像制品发行许可证”向海关办理母带（母盘）和销售用音像制品进口手续。

进口经营单位进口用于报审的样带（片），应持由文化部统一印制的“进口音像制品样带（片）提取单”，经省、自治区、直辖市人民政府音像制品行政管理部门登记盖章后，由海关按暂时进口货物办理进口手续。

进口专门用于展览、展示活动的音像制品，经文化部批准后委托音像制品进口经营单位办理暂时进口手续；配合其他商品展览、展示活动进口示范宣传性音像制品的，海关按照暂时进口货物办理进口手续，但这类音像制品不得用于销售、赠送。确需为销售、赠送的，需办理进口审批手续。

个人携带邮寄用于非经营目的音像制品进出境，按照《中华人民共和国对个人携带和邮寄印刷品及音像制品进出境管理规定》的规定，在自用合理数量内海关予以放行。

（2）印刷品管理　去港、澳地区印刷的印刷件，国内委托印刷单位必须事先填写“赴港澳印刷审查卡片”报省、自治区、直辖市主管部和新闻出版局签署意见盖章后，再经国家新闻出版署审批。经审核确认需赴港、澳地区印刷的，在审查卡片上加盖“新闻出版署赴港澳印刷审批专用章”。印件进口时，海关凭盖有上述专用章的审查卡片验放。

与港澳地区、国外合作出版并需运来国内的印刷件，国内出版单位按隶属关系报国务院各部委或省、自治区、直辖市一级主管部门审查，经审查批准后，将批准文件连同合作出版合同书（协议书）一并报新闻出版署核批，海关凭新闻出版署的批准文件查验放行。

贸易性印刷品的进出口，统一由中国图书进出口总公司、中国教育图书进出口总公司和国际书店等单位经营。

7. 化学品首次进口及有毒化学品环境管制

（1）管制范围　国家对化学品的首次进口和列入《中国禁止或严格限制的有毒化学品名录》（以下简称《名录》）的化学品的进出口实行严格管制。食品添加剂、医药、兽药、化妆品和放射性物质不列入此管理范围之内。

“化学品”是指人工制造的或者是从自然界取得的化学物质，包括化学物质本身、化学混合物或者化学配制中的一部分，以及作为工业化学品和农药使用的物质。

“禁止的化学品”中指因损害健康和环境而被禁止使用，但经授权在一些特殊情况下仍可使用的化学品。

“有毒化学品”是指进入环境后通过环境蓄积、生物累积、生物转化或化学反应等方式损害健康和环境，或者通过接触对人体具有严重危害和具有潜在危险的化学品。

“化学品首次进口”是指外商或其代理人向中国出口其未曾在中国登记过的化学品，即使同种化学品已有其他外商或其他代理人在中国进行了登记，仍被视为化学品首次进口。

（2）通关管制　进出口列入《名录》的有毒化学品，海关凭国家环境保护部签发的“有毒化学品进（出）口环境管理放行通知单”验放。“有毒化学品进（出）口环境管理放行通知单”实行一批一证制，每份通知单在有效期内只能报关使用一次。

进出口有毒化学品属国家实施其他进出口管制的，如进出口许可证管理、商检等，在进出口通关时，还应出具其他授权机关签发的有关证件。

8. 输港澳果菜的进出口管制

1）全国经营管理的输港澳果菜指除广东省自行管理的供港澳果菜以外，国家对供港澳市场实行配额加放行管理的水果、蔬菜。全国各地（广东省除外）有关企业出口上述商品，凭外经贸部驻广州特派员办事处签发的放行证办理海关出口手续。

2）广东省有关企业出口属广东省自行管理的供应港澳市场的果菜，海关凭广东省经贸部门签发的放行证验放。

速冻蔬菜不属此管理范围。

供港澳果菜若属国家规定实施动植物检疫的，还须向海关提供检疫证明。

9. 废物进口环境保护管制

根据《废物进口环境保护管理暂行规定》，禁止进口境外废物在境内倾倒、堆放、处置；限制进口可用作原料的废物，对确有必要进口的必须依法办理进口审批手续。由国家环境保护部对全国废物进口实施监督管理，有关规定如下：

1）列入《国家限制进口的可用作原料的废物目录》中的任何废物，必须经国家环境保护部审查批准方可进口。凡未列入上述目录的所有废物禁止进口。

2）进口单位申请进口上述目录所列第六类废物的，由废物进口单位或废物利用单位直接向国家环境保护部提出进口申请，由国家环境保护部审批，并签发“进口废物批准证书”，海关凭此办理通关手续。

3）申请进口其他所列废物的，由废物进口单位或者废物使用单位向废物利用所在地市级人民政府环境保护行政主管部门提出废物进口申请，经所在地市级环境保护行政主管部门和省、自治区、直辖市人民政府环境保护行政主管部门审查同意后，报国家环境保护部审批。进口时凭国家环境保护部签发的“进口废物批准证书”办理通关手续。

进口废物如属国家其他管制的，如特定商品登记、商检等，进口时还应向海关提交其他授权部门批准的进口证件。

知识检验

简答题

1. 什么叫法定检验？
2. 我国进出口商品检验检疫制度有哪些？

课题二 商品的包装实务

一、包装的重要性和约定包装条件的意义

在国际物流过程中，多数商品在运输、装卸、分配、使用过程中都离不开包装。它对于保护商品，便于运输、储存、分配、消费和进行宣传起着重要的作用。在国际物流中如商品包装拙劣，就很难在上述方面起到应起的作用。

商品没有经过包装是不能从生产领域进入流通领域的。从这个意义上说，包装便成为实现商品价值和使用价值的一种必要手段。如果包装美观还可以提高售价，这一点在国际贸易上尤为突出。不断改进和提高商品的包装，不仅可以减少货损、节约运费，而且还可以扩大销量，提高售价，并能反映一个国家在科学技术和文化方面的水平。

出口商品的包装应符合科学、经济、牢固、美观、适销等方面的要求。超级市场和一些连

锁商店里没有售货员，只有少数理货员和收款员。各种商品分别摆在货架上全靠产品的自我介绍。因此，无论是做广告还是制作包装都要考虑AIDMA的因素。它是英文Attention、Interest、Desire、Memory、Action等字的缩写，其意思就是要使商品的包装能引起消费者的注意，从而使其感兴趣，产生购买欲望，即使顾客一时不买也会使其牢记不忘，终归会有一天让其采取购买行动。

二、包装的种类

商品包装根据在流通过程中所起作用可分为运输包装和销售包装两大类。

1. 运输包装

运输包装（Transport Packing）又称为大包装或外包装（Outer Packing）。它是将货物装入特定容器，或以特定方式成件或成箱的包装。运输包装的作用有二：一是保护货物在长时间和远距离的运输过程中不被损坏和散失；二是方便货物的搬运、储存和运输。

（1）运输包装的种类　运输包装的种类及适用情况见表8-1。

表8-1　运输包装的种类和适用情况

按包装方式分类	举　例	适用情形及有关说明
箱(Case)	木箱(Wooden Case)、板条箱(Crate)、纸箱(Carton)、瓦楞纸箱(Corrugated Carton)、漏孔箱(Skeleton Case)、夹板箱(Ply-Wood Case)、金属箱(Metal Case)	多由纸板、稻草、纤维板制成,内衬防潮纸或塑料薄膜、锌箔、铝箔、纸屑、木屑、纸条等,箱外常以铁皮、塑料带加固,适用于集装箱、托货板运输
捆包(Bale Packing)	包(Bale)、捆(Bundle)	对于羽毛、羊毛、棉花、布匹、蚕丝等蓬松货物,运输前应先压缩,再用帆布、麻布(Hessian Cloth)或棉布进行包裹,并用金属丝或塑料带加箍。这种包装有利于装饰,但不利于保护商品
袋(bag)	麻袋(Gunny Bag)、布袋(Cloth Bag)、纸袋(Paper Bag)、玻璃纤袋(Glassfibre Bags)、单层麻袋(Singlegunny Bags)等。此外,还有纸塑复合、多层塑料复合和编织袋等	适用于粉状、颗粒状的农产品及化学原料包装,如水泥、化肥、面粉、糕点、动物饲料、化工产品等。这种包装易被水渗漏,尤其纸袋易破碎,复合袋和编织袋较其他类型的袋牢固。一般放于托板上运输
桶(Drum,Cask)	木桶(Wooden Cask)、铁桶(Irondrum)、琵琶桶(Bar El)、塑料桶(Plastic Cask)、纸板桶(Card-Board Drum S)、镀锌桶(Cal-Vaized Iro Ndrum)	适用于挥发性液体、半液体及粉状商品运输包装。这种包装有再卖价值。包装一定要密封,防止渗漏、生锈。酸性物品可采用塑料桶或瓶装运
其他	瓶(Bottle)、罐(Can)、钢瓶(Cyln-Detr)、坛(DE Mijohn,Carboy)、篓、筐(Basket)、(Jar)	盐酸、硫酸、酒类、液化气等易发生化学反应的物品应采用瓶罐装,而蔬菜、水果等一般采用以竹片、柳条、藤条、纺条等制成的篓装运

(2) 集合包装 运输包装除上述各种单件包装之外，还可采用集合包装，这是将一定数量的单件运输包装的商品组合成一件大的包装或装入一个大的包装容器内，集合包装可以提高港口装卸速度，便利货运，减轻装卸搬运的劳动强度，降低运输成本和节省运杂费用，可以更好地保护商品的质量和数量，并促进包装的标准化。集合包装通常采用的是集装箱、集装包、袋和托盘。

1) 集装箱（Container）：集装箱一般由钢板、铝板等金属制成，多为长方形，可以反复周转使用，它既是货物的运输包装，又是运输工具的组成部分。使用集装箱需要有专用的船舶、码头，并配备一定的机械和设施。详细内容可参考本书第八章。

2) 集装包、袋（Flexible Container）：集装包是采用合成纤维和复合材料编织而成的，适用于装载已经包装好的桶装和袋装的多件商品。每包一般可容纳 1 ~1. 5t 重的货物。集装袋是用合成纤维和复合材料编织而成的圆形大口袋，适用于集合包装商品，每袋一般可容纳 1 ~4t 重的货物。

3) 托盘（Pallet）：托盘是在一件或一组货物下面附加一块垫板，板下有 3 条“脚”，形成两个“口”字形扁孔，统称为插口，供叉车的两条叉叉伸入，将托盘连同所载的货物一起叉起，进行堆放、装卸和运送。为防止货物散落，需要用厚箱板纸、收缩薄膜、拉伸薄膜等将货物牢固包扎在托盘上，组合成一件“托盘包装”。每一托盘的装载量一般为 1 ~1. 5t。

2. 销售包装

销售包装（Selling Packing），又称为小包装（Small Packing）、内包装（Inner Packing）或直接包装（Immediate Packing）。这是在商品制造出来以后采用适当的材料或容器所进行的包装。销售包装直接接触商品，随着商品进入零售环节和消费者直接见面。销售包装除了要求具备保护商品的条件外，更重要的是要美化商品，宣传商品，便于销售和使用。有的商品如照相胶卷、罐头食品，只有进行销售包装，生产过程才真正完成。

(1) 销售包装的种类 根据商品的特征和形状，常见的销售包装有以下几种：

1) 挂式包装：即在包装上设有挂钩、吊带及挂孔等，以使商品在货架上悬挂展销。

2) 堆叠式包装：如罐、瓶的商品，其同类包装的盖部和底部的造型设计可以相互吻合，以使商品能在商品货架上堆叠摆放、陈列展销。

3) 便携式包装：为方便消费者携带，在包装上附有提手装置的包装。

4) 一次用量包装：又称为单份包装、专用包装或方便包装。

5) 易开包装：是指在密封的包装容器上设有容易开启装置的包装。易开包装又分为易开罐、易开瓶和易开盒等。

6) 喷雾包装：是指包装是一个液体喷雾器，使用时按按钮液体即可自动喷出。

7) 配套包装：是指把经常同时使用的不同种类、不同规格的商品搭配成套、合成一体的包装。

8) 礼品包装：即专门作为礼品的销售包装。

(2) 销售包装的装潢和文字说明 商品销售包装的装潢和文字说明通常直接印刷在商品包装上，也有采取在商品上粘贴、加标签、挂吊牌等方式。

销售包装的装潢，通常包括图案与色彩。装潢应美观大方，富于艺术吸引力，并突出商品的特性。同时，还应适应进口国或销售地区的民族习惯和爱好，以利于扩大出口。文字说明通常包括：商品名称、商标品牌、数量规格、成分构成与使用说明等内容。这些文字说明应与销售包装的装潢画面紧密结合、和谐统一，以达到树立产品及企业形象、提高宣传和促销的目的。注意不违反有关国家的标签管理条例的规定。例如，有的国家明文规定所有的进口商品的文字说明必须使用英文及本国文两种文字。

（3）物品条形码标志　物品条形码（Product Code）是一种产品代码，这是由一组粗细间隔不等的平行线条及其相应的数字组成的标记。

这些线条和间隙表示一定的信息，通过光电扫描阅读装置输入相应的计算机网络系统，即可判断该商品的生产国别或地区、生产厂家、品种规格和售价等一系列有关该物品的信息。

国际上通用的条形码种类很多，主要有以下两种：一种是美国统一代码委员会编制的UPC条码（Universal Prlduct Code）；另一种是由欧洲十二国成立的欧洲物品编码协会，后改名为国际物品编码协会编制的EAN条码（European Article Number）。目前使用EAN物品标识系统的国家（地区）众多，EAN系统已成为国际公认的物品编码标识系统。为了适应我国对外经济技术交流不断扩大的要求，国务院于1988年批准成立了中国物品编码中心。该中心于1991年4月代表中国加入国际物品编码协会，并成为正式会员，统一组织、协调、管理我国的条形码工作。

知识卡

目前，国际物品编码协会分配给我国的国别号为“690”“691”“692”，凡标有“690”“691”和“692”条码的商品，即表示是中国生产的商品。

条形码标志主要用于商品的销售包装上。它不仅能够促进和扩大商品在各国商场内的销售，而且可使货物的分类和输送更为迅速、准确，还可极大地方便货物的储存和运输，为发展立体化仓库，实现仓储自动化管理创造了条件。许多国家规定进口商品如没有条形码标志的是不能进入超级市场和大型百货商店的，为此出口企业对条形码工作应给予足够的重视。

三、包装的标志

包装的标志按其用途分为运输标志、指示性标志和警告性标志三种。

1. 包装的标志

包装标志是指在商品外包装上刷制的简单图形和文字。为了使国际货物在交接、运输、仓储、检验、报关等工作中顺利进行，需要在商品运输包装上刷写一定的包装标志。主要包括：

（1）运输标志（Shipping Mark）　又称为唛头。它通常由一个简单的几何图形、必要的字母、数字及文字组成，其内容一般包括目的地的名称或代号，收发货人的代用简字或代号，该批货物的件号、批号。有的运输标志还包括合同号码、信用证号码或许可证号码。联合国欧洲经济委员会简化国际贸易程序工作组，在国际标准化组织和国际货物装卸协调会的支持下，制定了一套运输标志向各国推荐使用。例如，一项标准的唛头内容如下：

ABCD—△收款人。

SANFRANCISCO—△目的港或目的地的名称，如有同名，还应注明国别。

VIAHONGKONG—如需转运，应注明装运地名称。

NO. 1/100—△件号，表明总件数和该件货物的顺序号。

98/S/C-6695—△合同号。

LC601225—信用证号。

CTN/NO. 1-100—采用集装箱运输时，有时还应注明集装箱号

知识卡

唛 头 标 准

联合国欧洲经济委员会简化国际贸易程序工作组规定的标准运输标志包括：①收货人或买方名称的英文缩写字母或简称；②参考号，如动单号、订单号或发票号；③目的地；④件号。

根据国家标准化组织制定的《标准运输标志》的规定，运输标志使用的是带△的四行文字，每行不超过17个字符。在刷制运输标志时应注意：标志要简明清晰、大小适当、易于辨认、颜色牢固；另外，部位要得当，应在每件包装上相对应的两侧面上刷制相同的标志，便于半面识别。

（2）指示性标志（Indicative Mark） 指示性标志是根据商品的性能和特点，采用简单醒目的图形或文字对一些容易破碎、残损、变质的商品，提出某些在装卸搬运操作和存放保管条件方面的要求和注意事项。

（3）警告性标志（Warning Mark） 警告性标志是针对危险品货物所用的特殊标志，是为了在运输、保管和装卸过程中，使有关人员加强防护措施，以保护货物和人身的安全在外包装上标明的标志。凡对包装内装有爆炸品、易燃品、有毒品、腐蚀性物品、氧化剂和放射性物品等危险品，应在运输包装上刷写清楚明显的危险品警告性标志，以示警告。

2. 刷制运输包装标志应注意的问题

（1）必须按照有关规定办理 我国的《包装储运指示标志》和《危险货物包装标志》，已对我国进出口货物运输包装标志以及所使用的文字、符号和图形作了具体的规定。此外，联合国海事协商组织规定，在出口危险品的外包装上要刷写《国际海运危险品标记》，世界上许多国家已照此执行。为了防止我国危险品出口货物到国外港口产生不准靠岸和卸货或增加移泊或改港绕航等问题，出运时应同时在外包装上分别刷写我国和国际海运危险品规章规定的两套危险品标志。

（2）包装标志要简明清楚 包装标志选用的文字要少，图案要清楚，标志的文字、字母及数字号码的大小要适当，让人一目了然。除了必要的文字标志外，不要加上任何广告性质的宣传文字或图案，以免同标志混杂起来难以辨认。

（3）涂刷标志的部位要适当 所有包装标志都应涂刷在装卸搬运时容易看到的部位。例如箱形包装，应将标志刷在箱的四周，不宜刷在底、盖部位；桶形包装，应将标志刷在桶盖或桶身上；袋、捆包装，应将标志刷在位于明显的一面，或拴以吊牌。凡制作标志的颜料，都应具有耐温、耐晒、耐摩擦的性能，以免标志发生褪色和脱落等现象。

3. 中性包装

由于一些国家采取高关税和配额等保护主义的措施以扼制别国的商品输入，为了突破某些国家高关税和配额限制或避免一些国家的歧视，一般采用一种双方都可接受的包装，即中性包装。

知识卡

中 性 包 装

是指在商品上和内外包装上既不注明生产国别、地点和厂商名称，也不标明商标或牌号的包装。

中性包装有两种：一种是无牌中性包装，这种中性包装上既无生产国别，也无商标牌号，俗称白牌；另一种是一牌中性包装，这种包装上不注明生产国别，但有买方指定的商标或牌号。在我国出口业务中，我国通常接受中性包装，但要注意：应审查外商提供的图案、文字内容有无不妥之处，如若与我国社会主义的精神文明标准相悖，则不应接受；应向外商指出，如若我国采用买方指定的商标、牌号后，在我国国外市场上发生工业产权的争议或侵权行为，则一切责任应由买方负责。

四、合同中包装条款的内容及规定

包装条款的内容主要包括：包装材料、包装方式费用和运输标志等。

例1　每20件装一盒，10盒装一纸箱，共500只纸箱。

20pieces to a box，10boxes to export carton. Total 500 cartons only.

例2　每只包纸，并套塑料袋，每一打装一坚固新木箱，适合长途海运，防湿，防潮，防震，防锈，耐粗暴搬运。

订立合同中的包装条款，应注意以下问题：

1. 考虑商品的特点和不同运输方式的要求

有的商品容易腐烂，有的商品容易受潮，有的商品容易破碎，所以应根据商品的不同特点确定包装。海上运输的商品容易受潮，就要求应该有防潮的包装。

2. 包装费用的规定要明确具体不要笼统

有的合同里规定采用海运包装或习惯包装，这就太笼统了，容易引起争端。为了防止产生分歧，不要采用这种笼统的字眼。

3. 对包装费用要做出明确具体的规定

包装费用由谁负担，包装由谁提供，在国际贸易中通常有三种做法：

1）由出口商提供包装，包装和商品一同交给进口商，包装的成本打在货价里，不另行收费。大部分商品都采用这种做法。

2）出口商提供包装，货使用完后，如果出口商打算把原来的包装回收，应在合同中订明（如有的装液体货物的铁桶回收后可以多次反复使用）。包装退给出口商的时间、退回的费用由谁负担，应在合同里明确规定。

3）由进口商按合同规定提供包装或包装材料，这主要是进口商对包装有具体的要求或出口商提供包装材料不符合要求，所以改由进口商提供包装或包装材料。此时应在合同中规定进口商提供包装或包装材料的时间。如果进口商提供包装或包装材料的时间晚了，也就是没有按时提供，因而影响了出口商不能按时发货，一般来说应该是顺延时间，出口商同时有权要求赔偿损失或撤销合同。

一般来说，包装费用包括在货价里。但也有不包括在货价里的，而由进口商另行支付的。采用哪种做法，合同里要明确规定。

知识检验

一、填空题

1. 集合运输包装通常采用的是________、________、________。

2. 包装上的标志按其用途分为：________、________、________。

二、选择题

1. 提出某些在装卸搬运操作和存放保管条件方面的要求和注意事项的标志，属于________。

   A. 运输标志　　B. 指示性标志　　C. 警告性标志

2. 现有一批水泥准备包装出口，其适用的包装方式为________。

   A. 箱　　B. 袋　　C. 桶

三、案例分析

我国某出口公司与德国某厂商签订大豆的出口合同，数量100t，品质规格为：水分最高15%，杂质最多3%，交货品质以中国商检局检验为最后依据。但在成交前，我方又向对方寄送样品，合同签订后又电告对方，确认成交货物与样品相似。货物装运前中国商检局签发了品质规格合格证书。货物运抵德国后，该厂商提出：虽有中国商检局出具的品质合格证书，但货物品质比样品低，卖方交货与合同不符，因此要求每吨减价6英镑。我方表明合同未规定凭样品交货，而是凭规格交货，既然所交货物符合规定，因此不同意减价。于是买方请当地某检验局进行检验，出具所交货物的平均品质比样品低7%的检验证明，并据此案赔600英镑。双方由此引起纠纷。最后经中国贸促会仲裁，由于我方陈述理由不充分而赔付。

四、思考题

在该案例中我们应该吸取什么教训？

课题三　技能训练

任务描述

为中信金属公司制订一个严谨的方案采购质量好的铁矿粉，为天津检验检疫局制订检验流程和解决问题的方案。

任务目的

考核学生对进出口货物流程和检验的熟悉程度。

任务准备

将学生每6～8人一组分为若干组，分别模拟中信金属公司和天津检验检疫局。

任务实施

设计检验检疫流程与检验检疫方案。

范例　　　　出口蔬菜检验检疫流程与检验检疫方案

一、检疫依据

1.《中华人民共和国进出境动植物检疫法》及《中华人民共和国进出境动植物检疫法实施条例》。

2. 输入国家或地区和中国的植物检验检疫要求。

3. 两国政府间双边植物检疫协定、协议、备忘录和我国参加的地区性或国际性植保检疫公约的有关规定。

4. 贸易合同中订明的有关条款。

二、报检

1. 报检范围：两国政府间双边植物检疫协定、协议、备忘录和我国参加的地区性或国际性植保检疫公约的有关规定。所列明范围。

2. 报检时应索取并审核的单据。

3. 出境货物报检单。

4. 信用证及合同副本。

5. 装箱单、运（提）单、发票。

6. 如属于代理性质的需提供报检委托书。

7. 包装性能结果单。

8. 出口蔬菜厂检单。

9. 出口蔬菜加工厂库的“登记备案证”及“出口蔬菜种植基地登记表”复印件。

三、现场检验检疫与采样

1. 蔬菜品名、品种、重量、数量与报检所附单证是否相符。

2. 蔬菜色泽、气味、口味是否正常。

3. 蔬菜菜体是否均匀洁净、规格是否与合同要求相符。

4. 蔬菜是否腐烂变质。

5. 蔬菜是否有生活害虫或虫蚀。

6. 内外包装是否完整、有无破损，是否适合长途搬运及运输。

7. 包装标记是否准确无误。

8. 运输集装箱是否清洁、密闭。

9. 需做农残检测项目的，根据有关规定采样。采样后应及时确定检验项目，填写送检单并送样，同时做好法定留样。

10. 按有关要求认真做好现场检验检疫工作记录。

四、出口蔬菜放行

1. 检验检疫人员应根据现场检验检疫及实验室检验结果（需做农残检测项目的），进行综合判定。

2. 对判定合格的出口蔬菜进行检验检疫结果录入，填写出口蔬菜检验检疫原始记录，拟制植物检疫证书稿。

3. 完成的检验检疫原始记录及植物检疫证书稿交科长审核及科长签发后，提交检务科。

任务评价

项目（或任务）编号		学时		学生姓名		总分	

类别	序号	评价项目	评价内容及要求	评价标准	配分	学生自评	学生互评	教师评价	得分
岗位技能评价	1	质量控制	能够掌握各种进出口货物的检验和包装的不同类型	不能掌握无分	35				

（续）

项目（或任务）编号			学时		学生姓名		总分		
类别	序号	评价项目	评价内容及要求	评价标准	配分	学生自评	学生互评	教师评价	得分
岗位技能评价	2	方法技巧运用	能区分各种货物进出口的不同	会用3种以下总分减半，不会用无分	30				
	3	运用知识能力	能够运用知识点解决案例问题	不能运用知识点无分，能够运用部分知识点减分	30				
	4	完成时间	按时完成任务	不按时完成无分	5				
职业素质评价	5	安全生产	遵守设备安全操作规程	不遵守有关规定扣1~5分					
	6	文明生产	遵守实训室文明生产规则	不遵守有关规定扣1~5分					
	7	沟通交流	积极主动性强	不积极沟通扣1~5分					
	8	团队合作	合作参与意识好	合作不好扣1~5分					

注：按学生自评占20%、学生互评占30%、教师评价占50%计算总分。

任务小结

授课班级		授课时间		授课地点	
授课教师			任务名称		
学生表现					
存在问题及改进方法措施					

任务拓展

包装越来越聪明

智能包装技术充分体现了飞速发展的高新技术在包装领域应用的特点，它不仅能反映包装物的质量信息和商品流通信息，而且给物流管理和消费者带来了很多方便。还能监测包装物的质量，警示食品等包装产品的保质保鲜程度，从而保证消费者可安全食用，充分领略包装食品的特有风味。此外，它还具有更加优良的防伪效果，为优质商品保驾护航。

目前，智能包装技术主要有以下几个显著的方面：

1. 自适应包装

自适应包装技术就是模拟食品所需的环境参数，而自动调节食品在储藏与转移中的环境变化，所要调节或适应的食品环境参数主要包括温度、湿度、压力、气体组分等。

2. 显窃启包装

显窃启包装是指为防止开启、偷换、撕破、恶作剧等行为而对物品采取的某些特别技术措施，通过这种措施可以判断物品在外包装开启前的安全性。

3. 可跟踪性运输包装

可跟踪性运输包装是指在运输和流通中包装物品及容器被全程跟踪，以便管理者及时完成对其流通渠道和运输路径的优化调整的包装。这种包装技术是在容器或托盘上装有电子芯片，可以追踪记录下各种信息，能够在任何时间和地点被读出。

4. 智能标签

智能标签包含无线射频识别（RFID）技术电子标签、隐蔽或公开的商标保护指示器或提升产品状况的传感器。

智能标签的相关产品在商品生产、储运、销售的库存管理等领域有广阔的应用空间，在日本，日立、富士通和凸版印刷株式会社已经大规模生产并销售智能标签。在美国和欧洲，包括沃尔玛在内的主要零售商都在努力推广智能标签的使用，2004 年 6 月沃尔玛公司就要求 2005 年开始启用 RFID 技术管理货品，要求其主要的 100 家供货商在 2005 年前必须使用智能的 RFID 标签，并在一两年内要求绝大部分供应商都要使用标准的智能标签。

（案例来源：中国物流与采购网。）

问题讨论：

1. 智能包装在物流和销售中将起到哪些作用？

2. 进行包装设计（以食品为对象或自选包装对象）。看看你的包装含有多少智能成分？在现阶段发展智能包装有哪些利弊？怎样发挥智能包装的最大作用？

单元九 国际货运代理与报关

知识目标

1. 通过本单元知识学习及实践活动，了解海关及中国海关的基本性质、进出口通关制度、进出口货运转关制度及基本通关程序。

2. 分析案例导入中深圳某公司在通关及转关过程中的程序及注意事项。

技能目标

●质量要求：熟练掌握报关流程，能很好对现实中各种货物阶段通关、转关的相关工作做出快速反应。

●方法要求：熟悉海关的权利与义务、进出口通关基本程序及进出口货物转关制度等知识，不犯常识性错误。

●安全要求：严格按照海关法及相关条例所规定程序实施任务，程序不紊乱。

●文明要求：能按照学习现场的管理规章要求实施活动，自觉合作完成任务。

●任务完成时间要求：6学时。

案例导入

运输工具通关

某年7月，深圳某公司从美国进口一批100t的牛皮卡纸。由于到货港是香港港，所以深圳某公司还得安排从香港到深圳的陆路运输，时间紧、任务重。同时，由于深圳某公司仓库库容量有限，装卸能力又差，因此不可能同时把总共5个40ft的集装箱一次拉到深圳，完成卸载任务。

7月底，第一批3个集装箱进入文锦渡海关，深圳公司的报关理科员带齐所有的单据（美国公司寄来的原始发票、装箱单、海运提单，由报关公司计算机打制的报关单、司机簿及香港运输公司重新填制的进境汽车清单）赴海关报关大楼报关。但报关第一步就受挫，因为此批货物是3辆集装箱车，而美国原始发票是整批货物5个集装箱一起开立的，海关关员不同意深圳公司以此报关。于是，深圳公司立即电告美国公司，让美国公司赶制2份发票及装箱单，一份为3个集装箱，另一份为2个集装箱。次日，深圳公司报关员再度报关。结果，海关拒受美国方面开来的原始发票，因为美方开来的发票只有签名没有印鉴。由于中美文化习俗上的差异，美方注重的是签名，而中国注重的是印鉴，所以又造成了麻烦，深圳公司只得再与美国公司联系。但由于时差关系，等到外商急件传真过来已是第三日的早晨。深圳公司的报关员只有三度出击，可是此时又节外生枝。深圳公司报关的是牛皮卡纸，而司机载货清单上赫然写着白板纸三个字。这问题严重了，因为牛皮卡纸只有每吨280美元，而白板纸却要每吨1100美元左右，两者之间有着天壤之别。说得轻点，是以假乱真，偷逃国家税款；说的重一点，则要背上走私的罪名。事到如此，只得让海关关员开箱检查，纸卷外层被捅破足有五六厘米，造成了不必要的损失。最后检查下来的结果证明是牛皮卡纸，但3个集装箱在深圳耽误两夜，共损失1.8万元港币的租箱费，这还不包括司机过夜费、临时停车场费等。

（资料来源：林正章. 国际物流［M］. 北京：机械工业出版社，2006.）

问题：进出口货物通关制度及程序有哪些？结合本案例，指出进出口货物通关的注意事项有哪些？

课题一　海关及海关的基本性质

一、海关及中国海关概况

1. 海关的定义

《中华人民共和国海关法》（以下简称《海关法》）第二条规定：“中华人民共和国海关是国家的进出关境（以下简称进出境）监督管理机关。海关依照本法和其他有关法律、行政法规，监管进出境的运输工具、货物、行李物品、邮递物品和其他物品（以下简称进出境运输工具、货物、物品），征收关税和其他税、费，查缉走私，并编制海关统计和办理其他海关业务。”

各个国家在对外开放的口岸和海关监管业务集中的地点设立海关。海关是国家进出境监督行政管理机关。

2. 中国海关概况

中国海关是国务院直属机构，实行集中统一的垂直领导管理体制。这一体制的特点主要体现在：中国海关的最高领导机关是海关总署，统一管理全国海关，海关总署最高行政领导是署长；国家在对外开放口岸和海关监管业务集中的地点设立海关，海关的隶属关系不受行政区划的限制；各地海关依法独立行使职权，向海关总署负责，不受地方政府及其他机关干预。

二、海关的基本任务与权力

1. 中国海关基本任务

根据《海关法》，海关的基本任务有四项：

（1）进出境监管　海关依照《海关法》规定，对进出境运输工具、货物、行李物品、邮递物品和其他物品进行监管。进口货物自进境起到办结海关手续止；出口货物自向海关申报起到出境止；过境、转运和通运货物自进境起到出境止，应当接受海关监管。2013年02月海关货运监管业务情况见表9-1。

（2）征收关税和其他税　关税是世界各国普遍征收的一个税种。关税是一国根据本国经济、政治的需要，由海关按照国家制订的关税税法、税则，对准许进出境的货物和物品所征收的一种税。它具有强制性、无偿性和固定性等特点，具有增加财政收入（是国家财政收入的三大来源之一）、保护与促进国内生产、调节进出口商品结构和经济利益分配等作用。关税征收的特定对象是进出口货物及进出境的行李物品、邮递物品及其他物品。2011年海关税收净入库16142.1亿元，同比增长29.0%；其中征收关税2559.1亿元，增长26.3%；进口环节税13583.0亿元，增长29.5%。

表9-1　2013年02月海关货运监管业务情况

指标名称	单位	02月			01至02月累计		
		本　年	去　年	同比增长(%)	本　年	去　年	同比增长(%)
进出口货运量	万t	27,595	27,847	-0.9	52,434	50,119	4.6
进口	万t	15,532	17,197	-9.7	34,708	33,633	3.2
出口	万t	12,063	10,649	13.3	17,727	16,486	7.5
监管运输工具总数	辆艘	1,965,820	2,438,057	-19.4	4,785,767	4,777,574	0.2
监管进出境总数	辆艘	1,661,770	2,029,429	-18.1	3,966,642	3,999,690	-0.8
其中：进出境汽车	辆	1,462,260	1,834,286	-20.3	3,546,077	3,591,708	-1.3
进出境火车	节	124,747	120,615	3.4	258,755	251,404	2.9
进出境船舶	艘	31,943	34,403	-7.2	74,528	72,730	2.5
进出境飞机	架	42,820	40,125	6.7	87,282	83,848	4.1

（资料来源：中国海关）

（3）查缉走私　法律规定，海关是查缉走私的主管部门。中国海关为维护国民经济安全和对外贸易秩序，对走私犯罪行为给予坚决打击。我国实行“联合缉私、统一处理、综合治理”的缉私体制。

（4）编制海关统计　海关总署按月向社会发布我国对外贸易基本统计数据，定期向联合国统计局、国际货币基金组织、世界贸易组织及其他有关国际机构报送中国对外贸易的月度和年度统计数据，数据发布的及时性居世界领先地位。海关定期编辑出版《中国海关统计》月刊和年鉴，积极为社会各界提供统计信息资料和咨询服务。

2. 海关的权力

根据《海关法》及有关法律法规的规定，海关在执行职务过程中，可以行使以下权力：

（1）检查　除法律另有规定的以外，在海关监管区检查进出境运输工具；在海关监管区和海关附近沿海沿边规定地区，检查有走私嫌疑的运输工具和有藏匿走私货物、物品的场所，检查走私嫌疑人的身体，检查与进出口活动有关的生产经营情况和货物。

（2）查阅　查阅进出境人员的证件，查阅与进出境运输工具、货物、物品有关的合同、发票、账册、单据、记录、文件、业务函电、录音录像制品和其他的有关资料。

（3）查问　查问违反《海关法》或相关法律法规的嫌疑人。

（4）查验　查验进出境货物、个人携带进出境的行李物品、邮寄进出境的物品。

（5）复制　复制与进出境运输工具、货物、物品有关的合同、发票、账册、单据、记录、文件、业务函电、录音录像制品和其他的有关资料。

（6）询问　询问被稽查人的法定代表人、主要负责人员和其他有关人员与进出口活动有关的情况和问题。

（7）查询　查询被稽查人在商业银行或者其他金融机构的存款账户。

（8）封存　发现被稽查人有可能转移、隐匿、篡改、毁弃账簿的，可以暂时封存其账簿、凭证等资料；发现被稽查人进出口货物有违反《海关法》和其他有关法律、法规规定嫌疑的，可封存有关进出口货物。

（9）扣留　扣留违反《海关法》的进出境运输工具、货物和物品及与之有关的合同、发票、账册、单据、记录、文件、业务函电、录音录像制品和其他资料。扣留走私罪嫌疑人时间一般不超过24h，特殊情况可延长至48h。

（10）扣留移送　海关对查获的走私罪案件，扣留当事人移送缉私警察侦办。对于事实清楚、证据确凿、需追究刑事责任的，由缉私警察将走私罪嫌疑人移送检察院提起公诉，追究其刑事责任。

（11）连续追缉　对违抗海关监管逃逸的进出境运输工具或个人连续追至海关监管区和海关附近沿海沿边规定地区以外，将其带回处理。

（12）处罚　对尚未构成走私罪的违法当事人处以行政处罚，包括对走私货物、物品及违法所得处以没收；对有走私行为和违反海关监管规定行为的当事人处以罚款；对有违法情节的报关企业和报关员处以暂停或取消报关资格。

（13）佩带和使用武器　海关为履行职责，可以依法佩带武器，海关工作人员在履行职责时可使用武器。

（14）强制执行　是在有关当事人不依法履行义务的前提下，为实现海关的有效行政管理，按照法定程序，采取法定的强制手段，迫使当事人履行法定义务。海关的强制执行权包括强制扣税、强制履行海关处罚决定等。

知识检验

一、填空题

根据《中华人民共和国海关法》，海关的基本任务有________、________、________、________。

二、简答题

海关的权力有哪些？

课题二　进出口货物的通关制度

一、报关的基本内容

报关是指货物、行李和邮递物品、运输工具等在进出关境或国境时由所有人或其代理人向海关申报，交验规定的单据、证件，请求海关办理进出口的有关手续，海关对其成交的单证和申请进出口的货物进行审核、查验、征缴税费、批准进口或者出口的全过程。根据《中华人民共和国海关法》第八条规定，进出境货物必须通过设立海关的地点进境或出境；在特殊情况下，需要通过非设立海关的地点临时进境或出境的，必须经国务院或国务院授权的机关批准，并依法办理海关手续。

在进出口贸易的实际业务中，绝大多数是卖方负责出口货物报关，买方负责进口货物报关，即绝大多数的贸易公司只是同自己国家的海关打交道。因此，这里主要介绍本国海关的基本报关情况。

1. 报关单位

海关对进出口货物报关的管理的主要制度实际上是报关注册登记制度。根据《中华人民共和国海关对报关单位实施注册登记制度的管理规定》，未向海关办理注册登记的单位不得直接办理进出口货物的报关手续。也就是说凡是在中华人民共和国及出境口岸办理进出口货物报关手续的企业必须向海关办理报关注册登记。办理报关和代理报关登记在企业所在地海关办理。报关业务，应由报关企业和代理报关企业指派报关员办理。报关员必须经海关培训、考核合格并获得有海关颁发的“报关员证”才可以从事报关业务。

2. 办理报关单位申请注册登记的基本程序

（1）提出申请　由具有法人资格的企业持介绍信或公函向当地海关提出办理注册登记申请。提出申请时，须向海关提交下列证件：

1）国务院和省、自治区、直辖市有关管理部门或其授权部门批准开业的证件（副本或影印件）。

2）国家工商行政管理部门核发的营业执照（副本或影印件）。

3）银行出具的经济担保书（海关认为必要时提交）。

4）“报关注册登记申请书”。

5）按照海关要求由报关单位指定的专职或者专责报关员的个人简历表及最近免冠照片。

（2）海关审核发证　上述证件经海关审核无误后，由海关签发“报关注册登记书”，并收取人民币押金和工本手续费。登记证书一式三份，一份退交报关单位，二份由海关存留。同时，报关单位指定的报关员接受海关组织的培训，经考核合格后，由海关发给《报关员证》。报关单位在申请货物进出境时，须凭证书和证件才能办理报关事宜。

（3）送交印模和签字式样　报关单位按海关规定，将刻制的“××公司（或企业）报关专用章”印模以及报关员名章印模或签字式样，送交海关备案存查。至此，报关单位向海关办理注册登记手续结束。

需要说明的是：

1）“报关注册登记申请书”格式由海关提供。报关单位应按海关要求逐项填写清楚，加盖公章。报关单位需要变更登记内容时，须及时向海关提出申请，经核准后予以更改。

2）报关单位若需更换报关员，应报海关批准。如海关认为必要时，可责成报关单位调换报关员，对拒不调换的，海关可以取消其报关资格。

3）报关单位每次向海关递交的进出口货物报关单上必须盖有报关单位和报关员已备案的印章（或签字）。否则，海关不接受报关。

4）报关单位已在其所在地海关（或主管地，或主要进出口海关）办理过注册登记手续，如果在其他口岸设有负责办理货物进出口有关事务的办事机构（工作组，办事处等），这些办事机构应向该口岸的海关单独办理注册登记手续。如果在其他口岸没有设立办事机构，那么在向其所在地海关办理注册登记时，应列明经常需办理进出口手续的其他口岸名称，经其所在地海关审核同意，可在复印的全部注册登记文件上盖印批注后发还报关单位，以便其送交有关口岸海关备案。这样，海关核发的“报关员证”在其他口岸海关办理进出口报关手续时即可通用。

5）报关单位如果终止经营报关业务，应在1个月内向有关海关申报停业，将“报关注册登记书”和“报关员证”一并送交海关，由海关注销并退还押金。报关单位的资格随同原申请成为报关单位的企业的撤销而自动终止。如果更改注册登记内容，需重新向海关申请。

二、进出口货物的基本通关程序

通关也称为清关或结关，是指进口货物、出口货物和转运货物进入一国海关关境或国境必须向海关申报，办理海关规定的各项手续，履行各项法规规定的义务；只有在履行各项义务，办理海关申报、查验、征税、放行等手续后，货物才能放行，货主或申报人才能提货。同样，载运进出口货物的各种运输工具进出境或转运，也均需向海关申报，办理海关手续，得到海关的许可。货物在通关期间，不论是进口、出口或转运，都是处在海关监管之下，不准自由流通。

1. 进出口货物基本通关程序说明

进出口货物的通关，一般来说可分为五个基本环节，用流程表明，即：申报—查验—征税—放行—通关。

（1）申报（Declaration） 所谓申报，也可理解为狭义上的报关，是指货物、运输工具和物品的所有人或其代理人在货物、运输工具、物品进出境时，向海关呈送规定的单证（可以书面或者电子数据交换方式）并申请查验、放行的手续。申报与否，包括是否如实申报，是区别走私与非走私的重要界限之一。进口货物是在运输工具申报进境之日起14日内，出口货物是在装货的24h以前（海关特许除外）。

海关在接受申报时，将严格审核有关单证，因审核单证是海关监管的第一个环节，它不仅为海关监管的查验和放行环节打下了基础，也为海关的征税、统计、查私工作提供了可靠的单证和资料。海关审单的主要任务有：

1）确认报关企业及报关员是否具备报关资格，有关证件是否合法有效。

2）报关时限是否符合海关规定，是否需征收滞报金。

3）货物的进出口是否合法，即是否符合国家有关对外贸易法律、法规的规定。

4）报关单证的填制是否完整、准确，单证是否相符、齐全、有效。

5）在“加工贸易登记手册”上核扣并登记加工贸易合同的进出口数据。

6）确定进出口货物的征、免税性质。

我国海关规定报关时应交纳的单据、证件有：进出口货物报关单、进出口货物许可证、商品检验证书、动植物检疫证书、食品卫生检验证书以及提货单、装货单、运单、发票、装箱单等。

进口货物报关单：一般填写一式两份（有的海关要求报关单份数为3份）。报关单填报项目要准确、齐全、字迹清楚，不能用铅笔填报；报关单内各栏目，凡海关规定有统计代号的，以及税则号列及税率一项，由报关员用红笔填写；每份报关单限填报四项货物；如发现情况有无或其他情况需变更填报内容的，应主动、及时向海关递交更改单。

出口货物报关单：一般填写一式两份（有的海关要求3份）。填单要求与进口货物报关单基本相同。如因填报有误或需变更填报内容而未主动、及时更改的，出口报关后发生退关情况，报关单位应在3天内向海关办理更正手续。目前，海关使用的报关单从颜色上分有白色、粉红色、浅绿色和浅蓝色4种，分别针对不同的贸易方式。

资料库

随报关单交验的货运和商业单据有：

1）海运进口提货单；

2）海运出口装货单（需报关单位盖章）；

3）空运运单；

4）货物的发票（其份数比报关单少一份，需报关单位盖章等）；

5）货物的装箱单（其份数与发票相等，需报关单位盖章）等。

随报关单交验的货运、商业单据：任何进出口货物通过海关，都必须在向海关递交以填好的报关单的同时，交验有关的货运和商业单据（见资料库），接受海关审核诸种单证是否一致，并由海关审核后加盖印章，作为提取或发运货物的凭证。需要说明的是如海关认为必要，报关单位还应交验贸易合同、订货卡片、产地证明等。另外，按规定享受减、免税或免验的货物，应在向海关申请并已办妥手续后，随报关单交验有关证明文件。

进出口货物许可证：进出口货物许可证制度，是对进出口贸易进行管理的一种行政保护手段。我国与世界上大多数国家一样，也采用这一制度对进出口货物、物品实行全面管理。必须向海关交验进出口货物许可证的商品并不固定，而是由国家主管部门随时调整公布。

（2）查验　查验（Inspection）也即验关，是指海关接受报关员的申报后，依法对进口或出口的货物进行实际的核对和检查，以确定货物的自然属性、货物的数量、规格、价格、金额以及原产地等是否与报关单所列一致。进出口货物除海关总署特准免验的以外，都应接受海关查验。

海关查验，一方面是要复核申报环节中所申报的单证及查证单货是否一致，有无错报、漏报、瞒报、伪报等情况，通过实际的查验发现审单环节不能发现的无证进出问题及走私、违规、逃漏关税等问题；另一方面，通过查验货物才能保证关税的依率计征。因为进口货物税则分类号列及适用税率的确定，申报的货价海关是否予以接受，都决定于查验的结果。如查验不实，税则分类及估价不当，不仅适用的税率可能发生差错，且估价易或高或低，因而使税负不公，国家或进口厂商将蒙受损失。

例如某市外运分公司申报进口制冷机，应归入税号8415，但该税号有8个子目，子目84158210税率为130%，子目84158220税率为90%，所附单据看不出制冷机的制冷温度和容量。通过实际查验，确定该机应归入税号84158220，按税率90%计征关税，从而避免了进口厂商负担其不应负担的关税额，体现了海关征税工作的严肃性，维护了集体的利益。

海关查验货物一般在设有海关的码头、机场、车站的他库或场院等海关监管场所进行。查验进出口货物时，报关员、货物的收、发货人或其代理人必须在场，并按照海关的要求负责搬移货物、开拆和重封货物的包装等。海关认为必要时，可以进行开验、复验或者提取货样，货物保管人应当到场作为见证人。

（3）征税　海关在审核单证和查验货物以后，根据《中华人民共和国关税条例》规定和《中华人民共和国海关进出口税则》规定的税率，对实际货物征收进口关税或出口关税。另外，根据有关规定可减、免、缓、退、保税的，报关单位应向海关送交有关证明文件。货物进出口关税的缴纳应由进出口货物的纳税人自海关填发税款缴纳证的次日起7日内缴纳税款。关税采用从价定率计征和从量定额计征两种基本方法计税，应纳税额计算公式为

应纳税额 = 应税进出口货物数量 × 单位完税价格 × 适用税率

应纳税额 = 应税进出口货物数量 × 适用税额标准

进口货物的完税价格：是以海关审定的成交价格为基础的到岸价格作为完税价格。到岸价格包括货价，加上货物运抵中国关境内输入地点起卸前的包装费、运费、保险费和其他劳务费等费用。

出口货物的完税价格：是以海关审定的货物售价与境外的离岸价，扣除出口关税后，作为完税价格。

（4）放行　放行是指海关在接受进出口货物的申报，经过审核报关单据、查验货物、依法征收税款，对进出口货物做出结束海关现场监管决定的工作程序。收发货人或其代理人必须凭海关签印放行的货运单据才能提取或发运进、出口货物。未经海关放行的海关监管货物，任何单位和个人不得提取或发运。

（5）通关　通关是指对经口岸放行后仍需继续实施后续管理的货物，海关在规定的期限内进行核查，对需要补证、补税货物做出处理直至完全结束海关监管的工作程序。对一般贸易货物来说，放行表示解除海关监管，进境货物可以由收货人自由处置，出境货物可以由发货人装船出运。但是，对于担保放行货物、保税货物、暂时进口货物和海关给予减免税进口的货物来说，放行并不等于办结海关手续，还要在办理核销、结案或者补办进出口和纳税手续后才能通关。

2. 进口通关的基本程序

进口通关的基本程序为：接受申报，审核单证，查验货物，办理征税，通关放行。

1）用换来的提货单1、3联并附上报关单据前去报关：提货单1、3联海关放行后，在白联上加盖放行章，发还给进口方作为提货的凭证。报关单包括：正本箱单、正本发票、合同、进口报关一式两份、正本报关委托协议书、海关监管条件所涉及的各类证件。

注意事项：

①接到客户全套单据后，应确认货物的商品编码，然后查阅海关税则，确认进口税率、确认货物需要什么监管条件。如需作各种检验，则应在报关前向有关机构报验。报验所需单据：报验申请单、正本箱单、发票、合同、进口报关单一式两份。

②换单时应催促船舶代理部门及时给海关传舱单，如有问题应与海关舱单室取得联系，确认舱单是否转到海关。

③当海关要求查验货物时，应提前与场站取得联系，调配机力将所查箱子调至海关指定的场站（事先应与场站确认好调箱费、掏箱费）。

2）进口货物查验与放行

①货物查验放行。海关一般查验具有代表性的进口商品以确定：A——进口货物是否属于必须有原产国标记或其他特别标记的货物，并查验其是否符合要求。B——装运的货物中是否有违禁物品。C——这些货物在发票中是否已正确清楚证明。D——货物是否存在超过或少于发票上所列数量的问题。E——货物的应税情况。作为查验的一部分，海关还需对有些种类的货物称重量，量尺寸。

②即时放行进口规定。货物放行后10个工作日，进口商必须向海关提交即时放行进口

申报单证。需提交的即时放行进口申报单证如下：

已交还进口商的进口申报单证（在单证上注有海关查验记录）。

海关表格75011（用于供消费货物的进口）。

海关表格75010（进口访录）。

海关表格75515（特殊海关发票）。

征税、统计报告所需其他单证。

3）若是法检商品应办理验货手续，如需商检则要在报关前，拿进口商申请单（带公章）和两份报关单办理登记手续，并在报关单上盖商检登记在案章以便通关。验货手续在最终目的地办理。如需动植物检验，也要在报关前拿箱单、发票、合同、报关单取代报验机构申请报验，在报关单上盖放行章以便通关。验货手续可在通关后堆场进行。

4）海关通关放行后应去三检大厅办理三检。向大厅内的代理报验机构提供箱单、发票、合同和报关单，由他们代理报验。报验后，可在大厅内统一窗口缴费并在白色提货单上加盖三检放行章。

5）三检手续办理后，去港池大厅交港杂费，港杂费用结清后，港方将提货联退给提货人供提货用。

6）所有提货手续办妥后，可通知事先联系好的堆场提货。

注意事项：

①首先应与港池调度室取得联系安排计划。

②根据提箱的多少与堆场联系足够的车辆尽可能按港方要求时间内提清，以免产生转栈堆存费用。

③提箱过程中应与堆场有关人员共同检查箱体是否有重大残破，如果有，要求港方在设备交接单上签残。

7）重箱由堆场提到场地后，应在免费期间及时掏箱以免产生滞箱。

8）货物提清后，从场站取回设备交接单证明箱体无残损，去船公司或船舶代理部门取回押箱费。

3. 出口通关操作实务

1）出口制单并校对确认无误后，向海关发送电子信息，通常出口单子都是计算机自动审结的，在2~3min内单子即会审结，如果单子长时间没有审结，说明该单为人工审结。

2）打印正式的纸质报关单，报关单的颜色要根据企业的10位数编码的第6位数和贸易方式决定。

3）整理报关单证，按报关单—委托书—发票—装箱单—三联单—出口明联报关单打印申请单的顺序订好单证（三联单—核销单放行后取回，出口明联报关单之后分离，故这三单打印后不要订入），填制委托书，三联单上填写上箱号和封志号，核销单上填上货物品名、金额、报关单号。在三联单上贴上箱号纸（仔细校对箱号，届时将根据这张纸上的箱号放行）。

4）在报关单上签字，盖上报关章。

5）根据船名航次，相同船名航次的报关单放入同一个报关袋内（出口明联报关单打印申请单一个报关袋只要写一张，把这条船上的所有单子都写在同一张上）。

6）计算机将单据派送审单通道，计算机审结的当天船单证必须在10时30分钟前派单，否则要写情况说明（注：集装箱未进场的单子，计算机是不接受派单的），人工审结的单子可以在16点钟以前进行人工派单。

7）计算机显示该单派在几号窗，单子就必须要交到几号窗（放错要扣分）。

8）在海关的终端上查询是否放行，若放行了就可以到原派单窗口取单。若单子迟迟未放行，极有可能是单证有问题，要及时查问。如果要改单或删单重报，要填写改（删）单申请表，改（删）单申请表在连同原报关单的一联（从原报关单中撕下来，原报关单没用了）请提出改（删）单的关员签字，再请科长签字，然后再交给提出来的关员修改（删除）。修改的单子可以到终端上（PRE2系统里，选择D，打印审结后报关单里）去查，如果内容已经改好，就可以打印正确的报关单了。删单的单子。可以在终端的POP2程序里查询，若已删除，即可以重输再报（未放行的单子的核销单还可以使用，若单证已放行，核销单就作废了）。还有一种可能就是查验，若需查验海关通常会打电话通知。

9）正常放行的单证，从单证中取回三联单和核销单（以及其他特殊的可以反复使用的正本单据，例如：以产顶进），检查三联单上的箱号上已盖有“放行章”，核销单上盖有“验讫章”，其余单证放回报关袋，交回海关留底。

10）之后单证会流到单证科，正常的单子就会打印结汇和退税报关单，到专门放报关单的地方找出自己的单子，签收后该单就完全通关。

11）若遇查验，首先在出口科的查验登记本上登记，然后制作关封，把关封送往箱子所在的码头的监管科查验。

12）查验过程大致为：查验接单—移箱—开箱查验—写查验报告—报关员签字—武警签字—科长签字—返单。

电子报关流程如图9-1所示。

三、保税仓库与保税区货物的报关制度

1. 保税仓库报关

（1）进库报关　货物在保税仓库所在地进境时，除易致毒化学品、监控化学品、消耗臭氧层物质外免领许可证件，由收货人或其代理人办理进口报关手续，海关进境现场放行后存入保税仓库。货物在保税仓库所在地以外其他口岸入境时，经海关批准，收货人或其代理人可以按照转关运输的报关程序办理手续，也可以直接在口岸海关办理异地传输报关手续。

（2）出库报关　保税仓库货物出库可能出现进口报关和出口报关两种情况。保税仓库货物出库视情况可以单批报关，也可以集中报关。

1）进口报关：

①保税仓库货物出库用于加工贸易的，由加工贸易企业或其代理人按加工贸易货物的报关程序办理进口报关手续。

②保税仓库货物出库用于可以享受特定减免税的特定的区、特定企业和特定用途的，由享受特定减免税的企业或其代理人按特定减免税货物的报关程序办理进口报关手续。

③保税仓库货物出库进入国内市场或用于境内其他方面，由收货人或其代理人按一般进口货物的报关程序办理进口报关手续。

2）出口报关：保税仓库货物出库转口或退运，由保税仓库经营企业或其代理人按一般出口货物的报关程序办理出口报关手续，但免纳出口税，免交验出口许可证件。

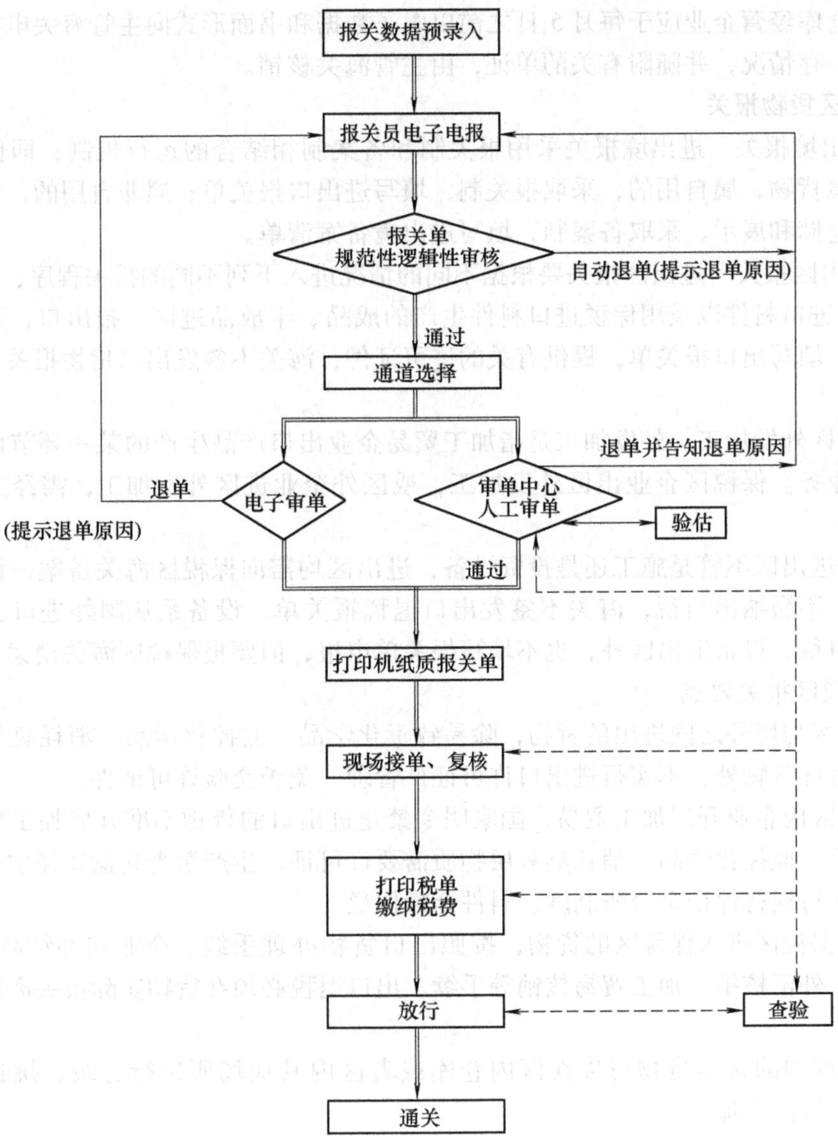

图 9-1 电子报关流程

如果保税货物出库批量少、批次频繁的，经海关批准可以办理定期集中报关手续。

3）保税仓库报关要点：

①保税仓库所存货物的储存期限为 1 年。

②保税仓库所存货物是海关监管货物时，未经海关批准并按规定办理有关手续，任何人不得出售、转让、抵押、质押、留置、移作他用或者进行其他处置。

③货物在仓库储存期间发生损毁或者灭失，除不可抗御原因外，保税仓库应当依法向海关缴纳损毁、灭失货物的税款，并承担相应的法律责任。

④保税仓库货物可以进行包装、分级分类、加刷唛码、分拆、拼装等简单加工，不得进行实质性加工。

⑤保税仓库经营企业应于每月5日之前以电子数据和书面形式向主管海关申报上一个月仓库收、付、存情况，并随附有关的单证，由主管海关核销。

2. 保税区货物报关

（1）进出境报关　进出境报关采用报关制和备案制相结合的运行机制，即保税区与境外之间进出境货物，属自用的，采取报关制，填写进出口报关单；属非自用的，包括加工出口、转口、仓储和展示，采取备案制，填写进出境备案清单。

（2）进出区报关　进出区报关要根据不同的情况进入下列不同的报关程序：

1）保税进口料件以及用保税进口料件生产的成品、半成品进区，报出口，要有加工贸易登记手册，填写出口报关单，提供有关的许可证件，海关不签发出口货物报关单出口退税证明联。

2）进出区外发加工。外发加工是指加工贸易企业出口产品生产的某一环节由其他企业代为加工的业务。保税区企业出区外发加工，或区外企业进区外发加工，需经主管海关核准。

3）设备进出区不管是施工还是投资设备，进出区均需向保税区海关备案，设备进区不填写报关单，不缴纳出口税，海关不签发出口退税报关单，设备系从国外进口已征进口税的，不退进口税；设备退出区外，也不填写报关单申报，但要报保税区海关销案。

（3）保税区报关要点

1）保税区与境外之间进出的货物，除易致毒化学品、监控化学品、消耗臭氧层物质等国家规定的特殊货物外，不实行进出口许可证件管理，免予交验许可证件。

2）保税区内企业开展加工贸易，国家明令禁止进出口的货物不准开展加工贸易，进口易致毒化学品、监控化学品、消耗臭氧层物质需要许可证，生产激光光盘要经主管部门批准等，但是不实行银行保证金台账制度，料件全额保税。

3）从非保税区进入保税区的货物，按照出口货物办理手续。企业在办结海关手续后，可办理结汇、外汇核销、加工贸易核销等手续。出口退税必须在货物实际报关离境后才能办理。

4）保税区内的转口货物可以在区内仓库或者区内其他场所进行分级、挑选、刷贴标志、改换包装等简单加工。

知识检验

一、填空题

1. 进口通关的基本程序为：________、________、________、________、________。

2. 三检手续的三检指的是________、________、________。

二、选择题

1. 保税仓库所存货物的储存期限为________。

A. 1年　　B. 2年　　C. 3年

2. 出口货物的完税价格：是以海关审定的货物售价与境外的________，扣除出口关税后，作为完税价格。

A. 出厂价　　B. 离岸价　　C. 到岸价

三、简答题

1. 简述出口通关业务流程。

2. 简述保税仓库的报关要点。

课题三　进出口货物的转关制度

转关运输业务是随着我国对外改革开放的发展而发展起来的。由于尚未办结海关手续的货物需要长距离运输，不能处于海关直接监管之下，海关需要制定严密的管理措施，运输企业应当切实遵守海关规定，紧密配合海关做好转关运输工作。

一、转关运输及转关运输货物的定义

转关运输是指海关为加速口岸进出口货物的运输，方便收、发货人办理海关手续，依照有关法规规定，允许海关监管货物由一个设关地点转运到另一设关地点办理进出口海关手续的行为。

转关运输货物属海关监管货物，大致有以下三种：

1）由进境地入境后，运往另一设关地点办理进口海关手续的货物。

2）在启运地已办理出口海关手续运往出境地，由出境地海关监管放行的货物。

3）由国内一设关地点转运到另一设关指运地应受海关监管的货物。

在上述定义中："进境地"、"出境地"是指货物进出关境的口岸。"指运地"是指进口货物指定运达的地方，或海关监管货物国内转运的到达地。"启运地"是指出口货物办理报关发运的地方，或海关监管货物在国内转运时的始发地。

二、办理转关运输应具备的条件

由于转关运输货物不是由进境地海关进行实际监管的货物，为加强监管，海关对办理转关运输应具备的条件，在《中华人民共和国海关关于转关运输货物监管办法》中作了严格的规定，即：

1）进出口货物经收发货人或其代理人向进境地（启运地）海关提出申请，并具备以下条件的，经海关核准方予以办理转关运输：

①指运地和启运地设有海关机构。

②运载转关运输货物的运输工具和装备，具备密封装置和加封条件的（超高、超长及无法封入运输装置的除外）。

③承运转关运输货物的企业是经海关核准的运输企业。

不具备以上条件，但有特殊情况，经进出口货物收发货人申请并经海关核准的，也可以办理转关运输，例如：

①国家重点工程建设急需的物资。

②国家农业生产建设急需的物资。

③成套设备、精密仪器、仪表以及其他经开拆包装查验后不宜继续长途运输的货物。

④救灾物资。

⑤其他特殊情况物资。

2）小轿车转关应符合下列条件：

①集装箱运输的。

②铁路运输的。

③使用专用运输工具运输的。

3）承运转关运输货物的汽车应具备经海关认可的加封设备，其技术条件如下

①与车架固定一体的厢体全部或局部密封，构成永久性密封体，其密封部位具有坚固性、可靠性。

②与车架固定一体没有隐蔽空隙。

③可以装载货物的一切空间便于海关检查。

经海关检验认可的汽车，因故更换、改装或维修车厢车体的，必须事先报经海关核准并及时报经海关重新检验认可。

三、从事转关运输企业的注册登记

根据海关规定，从事转关运输货物的境内承运人，应事先向海关办理下列手续并承担以下有关责任：

1）向所在地或主管海关办理企业、运输工具以及驾驶人员的注册登记手续，向海关提交经济担保或海关认可的保证书，海关认为必要时，承运人应向海关交纳适当的保证金。

承运人办理注册登记手续时应提交下列证件：

①工商行政管理部门签发的企业营业执照副本或影印件。

②交通管理部门签发的运输工具的行驶证影印件。

③驾驶人员的驾驶执照影印件（船舶可免交）。

④“承运转关运输货物汽车申请表”或“承运转关运输货物船舶申请表”。

2）承运转关运输货物的运输工具的条件，应符合本节所述海关的有关规定要求。

3）承运人申请办理注册登记手续经海关审核同意后，由海关向承运人核发“承运转关运输货物注册登记证书”。经海关核准的汽车驾驶人员应接受海关培训、考试合格后，核发有关批准证件，驾驶人员如有变动应向海关报告。

4）经海关批准注册登记的承运人、有关运输工具及驾驶人员每年要接受海关的年审。

四、转关运输货物的通关程序

1. 进口转关运输货物

1）进口货物的收货人或其代理人应自运输工具申报进境之日起14日内向进境地海关申报转关运输。

2）申报货物转关运输时，进口货物的收货人或代理人应填制“中华人民共和国海关进口转关运输货物申报单”（以下简称“申报单”），交数据录入中心录入海关计算机报关自动化系统，并打印成正式的“申报单”一式三份。

3）进口货物的收货人或其代理人应如实向海关申报，并递交“申报单”、指运地海关签发的“进口转关运输货物联系单”、随附有关批准证件和货运、商业单证（如货物的提单或运单、发票、装箱单等）。

4）货物的收货人或代理人申请办理属于申领进口许可证的转关运输货物，应事先向指运地海关交验进口许可证，经审核后由指运地海关核发进口转关运输货物联系单，并封交申请人带交进境地海关。

5）进境地海关在接受进口货物收货人或代理人申报递交的有关单证后进行核对，核准后要将上述有关单证制作关封交进口货物的收货人或其代理人。

6）进口货物的收货人或其代理人要按海关指定的路线负责将进口货物在规定的时限内运到指运地海关，向指运地海关交验进境地海关签发的关封，并应在货物运至指运地海关之日起 14 日内向指运地海关办理报关、纳税手续。

7）指运地海关在办理了转关运输货物的进口手续后，按规定向进境地海关退寄回执，以示进口转关运输货物监管工作的完结。

8）来往港澳进境车辆装载的转关运输货物，由车辆驾驶人员向进境地海关交验“载货清单”一式三份，并随附有关货运、商业单证，进境地海关审核后制作关封交申请人带交指运地海关，由指运地海关负责办理该车辆及所载货物的监管手续。

9）保税仓库之间的货物的转关手续，除办理正常的货物进出保税仓库的手续外，也按上述 1）~7）程序办理手续。但在填报“申报单”时，在“指运地”一栏应填写货物将要存入的保税仓库名称。

10）空运转关运输货物的转关手续，当指运地与运单的目的地是相同时，可免填“申报单”，海关可不签发关封，由海关在运单上加盖“海关监管货物”印章。指运地与运单目的地不同时，仍按上述 1）~7）程序办理通关手续。

2. 出口转关运输货物

1）出口货物的发货人或其代理人应向启运地海关申报出口转关运输货物。

2）出口货物的发货人或其代理人在申报前应填制“中华人民共和国海关出口转关运输货物申报单”（以下简称“转关运输申报单”）、“中华人民共和国海关出口货物报关单”（以下简称“出口货物报关单”）交启运地数据录入中心录入海关计算机报关自动化系统，并打印成正式的“转关运输申报单”和“出口货物报关单”各一式三份。

3）出口货物的发货人或其代理人应持“转关运输申报单”“出口货物报关单”及随附有关货运、商业单证向启运地海关办理报关、纳税手续。

4）启运地海关在办理出口货物的报关、纳税手续后，签发《出口转关运输货物联系单》并将上述有关单证制作关封交申请人带交出境地海关。

5）出境地海关在货物出口后按规定向启运地海关退寄回执，以示出口转关运输货物监管工作的完结。

6）来往港澳的出境车辆装载的出口转关运输货物，由车辆驾驶人员向启运地海关交验“出口货物报关单”或“载货清单”一式三份，并随附有关货运、商业单证，启运地海关审核后制作关封交申请人带交出境地海关，由出境地海关负责办理该车辆及其所载货物的监管手续。

五、海关监管要求

为了加强对进出境转关运输货物的管理，海关制定了严格的监管要求，包括：

1）进口转关运输货物应自运输工具申报进境之日起 14 日内向进境地海关办理申报转关运输手续，有关货物自运抵指运地海关之日起 14 日内向海关办理进口手续，逾期办理的，由海关依照《海关法》的规定征收滞报金。

2）进口转关运输货物自运输工具进境之日起超过 3 个月未向指运地海关申报的，由海关依照《海关法》的规定提取变卖处理，所得价款由海关在扣除运输、装卸、储存等费用后，上缴国库。

3）转关运输货物未经海关许可不得开拆、改装、调换、提取、交付，对海关在运输工具和货物上施加的封志，包括经海关认可的商业封志要保持完整，不得擅自开启或损坏。

4）转关运输货物必须存放在经海关指定的仓库、场所。存放转关运输货物的仓库、场所的经理人应依法向海关负责，并按照海关规定办理收存和交付手续。

5）海关认为需要派员押运转关运输货物时，申请人或承运人应当按规定向海关缴纳规费，并为海关关员执行监管任务提供必要的工作条件。

6）转关运输货物在国内运输途中发生损坏、短少、丢失情况时，申请人、承运人或保税仓库负责人应及时向有关海关报告，对于损坏、短少、丢失的货物，除不可抗御的原因外，申请人、承运人或保税仓库负责人应该承担税赋责任。

知识检验

一、案例分析

1993年2月初，美国合美有限公司向上海某外贸公司求助，委托上海某外贸公司接受一批江苏某公司不履行合同的“路边货”——白面牛皮卡纸。由于这批货物已经从美国装船出运，上海某外贸公司与美国合美有限公司重新订立了一个合同来确定此批货物的所有权。原来的运输唛头是92UA304，而新合同号为93WS—9119503US。此时又值上海某外贸公司内部人员大换班，有关业务员也未特别交代，结果这批货物在2月底到达上海港，而上海某外贸公司却一无所知。外运公司拿到92UA304的舱单却无从查找进口这批货物公司名称，因为通常所有外贸公司编制合同号都要根据外贸部红头文件规定来制定。尽管上海某外贸公司的业务员把合同和进口材料加工手册存入外运公司的计算机，但仍于事无补。直到4月下旬上海某外贸公司要货，才想起这批货物还未进仓，于是即刻与美国合美有限公司联系，凭原始发票、装箱单等去外运公司查询，最后费了一番周折才找到这批货物。由于滞延了41天报关，被罚款1.21多万元人民币。

二、思考题

作为报关员应该注意哪些事项？

课题四 技能训练

任务描述

为案例导入中的深圳某公司罗列通关及转关的流程，以及所需单据。

任务目的

考核学生对进出口货物通关的准备事项，了解报关、通关、转关的制度及流程。会制作相关单据。

任务准备

将学生每6~8人一组分为若干组，事先调研了解进口商品通关、转关的制度，流程。

任务实施

准备好报关单据，填写单据。

范例

中华人民共和国海关进口货物报关单

预录入编号： 海关编号：

进口口岸： 蛇口海关 4534	备案号：	进口日期： 20130728	申报日期：	
经营单位： 深圳国际贸易有限公司（4404141112）	运输方式： 水路运输	运输工具名称： @1102029999559392	提运单号： SW465867	
发货单位： 美国出口公司	贸易方式： 一般贸易	征免性质： 一般征税	征税比例：	
许可证号：	起运国（地区）： 502	装货港： 110	境内目的地： 44041	
批准文号：	成交方式： FOB	运费： 502/1000/3	保费： 502/200/3	杂费：
合同协议号： RS1234321	件数： 1000	包装种类： 纸箱	毛重（千克）： 100000	净重（千克）： 96000
集装箱号： TEXU3605231/40/3275	随附单据： 入境货物通关单	用途： 外贸自营内销		
标记唛码及备注：				

项号	商品编号	商品名称、规格型号	数量及单位	原产国（地区）	单价	总价	币制	征免
01	15091000.00	牛皮卡纸	10000 千克 1000 箱	美国	10	10000	USD	照章收税

税费征收情况		
录入员 录入单位	兹声明以上申报无讹并承担法律责任	海关审单批注及放行日期（签章）
报关员 单位地址	申报单位（签章）	审单 审价 征税 统计
邮编 电话	填制日期	查验 放行

任务评价

项目（或任务）编号		学时		学生姓名		总分	

类别	序号	评价项目	评价内容及要求	评价标准	配分	学生自评	学生互评	教师评价	得分
岗位技能评价	1	质量控制	能够完成进出口货物通关活动	不能完成无分	35				
	2	方法技巧运用	能够查找相关书籍掌握进出口货物通关单据填写要求	会用3种以下总分减半，不会用无分	30				
	3	运用知识能力	能够运用知识点解决案例问题	不能运用知识点无分，能够运用部分知识点减分	30				
	4	完成时间	按时完成任务	不按时完成无分	5				
职业素质评价	5	安全生产	遵守设备（采购软件）安全操作规程	不遵守有关规定扣1~5分					
	6	文明生产	遵守实训室文明生产规则	不遵守有关规定扣1~5分					
	7	沟通交流	积极主动性强	不积极沟通扣1~5分					
	8	团队合作	合作参与意识好	合作不好扣1~5分					

注：按学生自评占20%、学生互评占30%、教师评价占50%计算总分。

任务小结

授课班级		授课时间		授课地点	
授课教师		任务名称			
学生表现					
存在问题及改进方法措施					

任务拓展

国内A公司从香港B公司进口若干套德国设备，合同价格条件为CFR广西梧州，装运港是德国汉堡，装运期为开出信用证后90天内，提单通知人是卸货港的外运公司。合同签订后，A公司于7月25日开出信用证，10月18日香港B公司发来装船通知，11月上旬B公司将全套议付单据寄交开证行，A公司业务员经审核未发现不符并议付乐乐货款。船运从汉堡到广西梧州包括在香港转船，正常时间在45~50天内，12月上旬，A公司屡次查询梧州外运公司都无货物消息，A公司怀疑B公司倒签提单，随即电询B公司，B公司答复已如期装船。12月下旬，A公司仍未见货物，再次电告B公司要求联系其德国发货方协助查询货物下落。B公司回电说德国正处圣诞节假期，德方无人上班，无法联络。A公司无奈只好等待。次年元月上旬，圣诞假期结束，B公司来电，称货物早已在去年12月初运抵广州黄埔港，请速派人前往黄埔办理报关提货手续。此时货物海关滞报已经40多天，待A公司办好所报关提货手续已是次年元月底，发生的滞期费、仓储费、海关滞报金、差旅费及其他相关费用达十几万元。

（案例来源：http：//wenku. baidu. com/view/af81a00c7cd184254b35359c. html.）

问题讨论：

1. 请列出A公司在合同中未注明的条款，并修改。
2. 在案例中出现最大的问题是什么？如何避免？

单元十　国际货运代理与保险

知识目标

1. 通过学习国际货运代理责任险及保险实务，熟悉投保及索赔程序，能选择适合的投保方式和索赔方式。

2. 分析案例导入中香港某货运代理责任保险的主要方式、投保渠道、保险条款、保险单据及索赔程序。

技能目标

● 质量要求：熟练掌握货运代理责任险、国际货运保险实务，并可以在实际运用中选择正确的投保方式和索赔方式。

● 方法要求：熟悉国际货运代理责任险的防范措施、国际货运代理责任险的主要方式、投保渠道、索赔程序和运输保险条例等知识，不犯常识性错误。

● 安全要求：严格按照国际货运代理责任险及保险实务所规定程序实施任务，程序不紊乱。

● 文明要求：能按照学习现场的管理规章要求实施活动，自觉合作完成任务。

● 任务完成时间要求：6 学时。

案例导入

1998 年，香港某货运代理受委托人的委托，将 35 包中国丝绸分别装入集装箱运往日本的 YOKOHAMA 和意大利的 GENOA。由于装箱人员的疏忽，错将发往日本 YOKOHAMA 的 B/LNO. CSC/98017 货装入发往意大利 GENOA 的 B/LNO. CSC/98018 货中，造成 YOKOHAMA 日本客户急需的货物不能按时收到，要求以空运形式速将货物运至 YOKOHAMA，否则整批货物无法出售，其影响更为严重。为了减少客户的损失，委托人通知有关代理将货物空运到 YOKOHAMA，另外将误运到 YOKOHAMA 的货运至意大利的 GENOA 去。这样便产生两票货物重复运输费用，共计 14724.04 港元。上述损失是货代的装箱员失职，导致货物错运。因此，其责任全部应由货运代理承担。鉴于该货运代理投保了责任险，且保单附加条款 A 明确规定：本保单承保范围延伸至由于错运货物所产生的重复运输的费用及开支，只要不是被保险人及其雇员的故意或明知造成的。根据保单条款的上述规定，在货运代理赔付了委托人后，保险公司赔偿货运代理所承担的全部损失。同时，又因该保单规定了免赔额为 3500 港元，故保险人从应赔付的 14724.04 港元中扣除了 3500 港元的免赔额，货运代理实际获得赔偿金额为 11224.04 港元。

（案例来源：http：//www.doc88.com/p－05729792006.html.）

问题：

1. 国际货运代理投保责任险后，是否都可以得到赔偿？
2. 货物错运后，国际货运代理作为被保险人应采取哪些措施？

课题一　国际货运代理责任险

所谓国际货运代理人责任保险，是指将货代企业以被保险人的身份对第三者依法应负的赔偿责任作为保险标的的保险。各国保险法均规定，对责任保险的被保险人给第三者造成的损害，保险人可以依照法律规定或者合同的约定直接向第三者赔偿保险金。大多数发达国家的国际货运代理业都设有责任保险，投保该险已成为国家法律、货运代理协会甚至客户的强制性要求。例如德国《国际货运代理的标准贸易条款》，就强制国际货运代理为其客户提供最高的保险，以便客户能向其追偿全部责任。英国《标准贸易条款》第 37 条 E 款规定："当客户明确批示时，公司将依照第 21 条尽最大努力获取保险（只要有可能）来赔偿客户所遭受的超过依本条款而未赔偿的数额。"保险公司赔偿时，不得援用条款中的责任限制。

我国有关国际货运代理责任险规定虽已出台，但从我国各大保险公司所反馈的信息看，尚未见之于实践，也没有统一的货运代理协会对此予以强制要求。

知识卡

我国的国际货运代理责任险

我国外经贸部颁布的《国际货物运输代理业管理规定实施细则》第 37 条第 4 款："国际货运代理企业使用的国际货运代理提单实行登记编号制度（在单据上要注明外经贸部的批准编号），并实行责任保险制度，须到经中国人民银行批准开业的保险公司投保责任保险。"

一、国际货运代理投保责任险的必要性与重要性

国际货运代理的责任保险，通常是为了弥补国际货物运输方面所带来的风险，而这种风险不仅来源于运输本身，而且来源于完成运输的许多环节当中，如运输合同、仓储合同、保险合同的签订、制作、报关、管货、向承运人索赔和保留索赔权的合理程序、签发单证、付款手续等。上述这些经营项目一般都是由国际货运代理来履行的。一个错误的指示、一个错误的地址，往往都会给国际货运代理带来非常严重的后果和巨大的经济损失。同时，为了争取客户，很多国际货运代理不惜违规操作，轻易接受货方提出的不合理要求，如随便接受货主的委托、垫付运杂费、出借空白提单等。所以，这些都使国际货运代理的风险大大增加。因此，国际货运代理有必要投保自己的责任险。另外，当国际货运代理以承运人身份出现时，不仅有权要求合理的责任限制，而且其经营风险还可通过投保责任险而获得赔偿。

现在我们已进入一个风险管理的时代，谁能进行风险预测，事先将风险转移或能将其风险降至最小，谁就能获得最大利润。国际货运代理从事现代物流服务较之原有业务，其风险有增无减，主要表现在：

1. 投资风险

原有业务属劳动密集型产业，投资较少；而现代物流服务则为智能型、管理型产业，现

代化程度较高，需要投入巨额资金。例如，组建或改建一些自动化、功能性的配送中心仓库，建立信息网络的软件配套及升级，储运各类物品所需设备及运输工具的购置，均面临很大的投资风险。如遇对方提前终止合同或倒闭，配送中心又一时无法被附近其他客户使用，势必造成物流公司的巨大资金损失，风险将更大。所以，决策前应对客户的资信情况及合作程序心中有数，合同中要订有保护性条款。

2. 合同风险

原有业务对时间的要求不高，一般无协议约定；而现代物流业务对时间性要求很高，货物运到客户手中太晚了不行、太早了也不行，要刚好，即 Just in time。也就是说现代物流业务服务要求货运代理要帮助客户控制存货和配送，即要做到在正确的时间内将完整无缺的产品以准确的数量送到准确的地点，甚至直接上架出售商品，所运到的货物不光要求数量正确，还要保证质量，不能出现有短少或残损。如不能做到按时、按质、按量提供货物，则直接影响到客户的信誉、形象，以至给客户带来经济损失。所以，物流服务对时间和质量的要求都极严格，一般合同中都有明确的条款加以规定。

3. 无责任限制

有时物流服务合同承担的责任是很大的，即从货物接受到货物交付最终客户手中为止，整个过程无论何时、何处，也无论是否在其实际控制之下，或转由其他公司运输或保管，无论是其自身责任还是承包人责任，对客户来说，只要货物发生问题，均由物流服务提供商承担责任。有的物流公司为了揽取生意，甚至将涉及的各种运输所适应法律中的正常除外责任条款都删掉了，例如原有业务对货物发生短少和残损引起的赔偿，承运人往往可享受责任赔偿限额，而现代物流服务在某种程度上将可能面对的是全额赔偿，不得享受责任限制，这样就承担了无限大的责任。

4. 加大责任范围

原有业务多为简单的、单一的制作，衔接问题较少；而现代物流服务为一站式的全程服务，需要配套制作，强调科学合理的衔接，这样物流服务供货商的责任范围无形中加大了。例如，有时物流服务所承担的责任是全过程的，要求所有环节密切配合，在全程服务中不得有任何一个环节出问题，否则会给整个物流服务带来损失和影响。有时物流服务承担全天候的服务，要求任何时候都要有人提供服务，并且须精心照料不得出现任何差错。此外，原有业务不包括计算机系统导致的问题，而现代物流服务对计算机系统造成的影响和损失也要负责，而且诸如此类高科技产品的损失，如未投保，其赔付的责任将是巨大的，有时甚至是难以承受的。

5. 责任与商品特性

物流服务供货商的责任往往与商品的特性有关，其特性直接关系到商品损坏的风险程度及导致的索赔事故。商品的特性主要包括6个方面：易损坏性、易腐烂性、易被盗性、易自燃性、易爆炸性，以及每磅价值和财产对货运损坏的责任等。

此外，作为一个好的现代物流供货商，应清醒地认识到从事物流服务业务的风险与责任较比做货运代理的传统业务要大得多。所以，在首先弄清物流业务服务中的责任与风险的同时，加强风险的防范意识，相应地采取一些有效地防范和补救措施，以避免或减少其风险损失。而国际货代企业投保责任险，可以使企业在事故发生时得到保险公司的风险处理帮助，保险公司还可以通过其丰富的理赔经验和知识，协助国际货代企业有效地处理在全球各地发生的事故和索赔案件。

二、国际货运代理责任险的主要内容和除外责任

1. 国际货运代理投保责任险的内容

国际货运代理投保责任险的内容，取决于因其过失或疏忽所导致的风险损失。例如：

（1）错误与遗漏　例如，虽有指示但未能投保或投保类别有误；迟延报关或报关单内容缮制有误；发运到错误的目的地；选择运输工具有误；选择承运人有误；再次出口未办理退还关税和其他税务的必要手续；保留向船方、港方、国内储运部门、承运单位及有关部门追偿权的遗漏；不顾保单有关说明而产生的遗漏；所交货物违反保单说明。

（2）仓库保管中的疏忽　在港口或外地中转库（包括货运代理自己拥有的仓库或租用、委托暂存其他单位的仓库、场地）监卸、监装和储存保管工作中代运的疏忽过失。

（3）货损货差责任不清　在与港口储运部门或收货单位各方接交货物时，数量短少、残损责任不清，最后由国际货运代理承担的责任。

（4）延迟或未授权发货　例如，部分货物未发运；港口提货不及时；未及时通知收货人提货。

2. 责任保险的险别及限额

1968 年于伦敦成立的联运互保协会有限公司（Through Transport Mutual Insurance Association Ltd.，TT. CLUB），在其拟定的保险单中，为国际货运代理人及运输经营人提供的保险险别包括：

1）货物丢失或损坏的责任险、过失与疏忽险，包括迟延交货及未授权交货的责任险。

2）第三方责任险。

3）海关责任险。

4）调查、抗辩、诉讼费用险。

5）错误指示费用险。

6）事故发生处理费用险。

7）检疫、消毒费用险。

8）共同海损分摊及救助费用险。

9）随意险。

10）其他可供选择的险别，包括集装箱、拖轮及装卸设备的灭失或损坏险，海上战争险，罢工、内乱及恐怖活动险，船舶代理责任险，顾客货物险（一切险）等。

责任保险都规定有责任限额。国际上流行的责任险限额通常有以下几种：限额责任保险、足额责任保险和超额责任保险。超额责任保险在欧洲国家被广泛采用。在这种体制下，对于超过确定范围的责任，国际货运代理必须为委托人提供最高保险，即向其支付一笔额外的费用。这种责任由于要求国际货运代理必须支付一笔高额保险费，尚未在国际上广泛使用，仅在欧洲流行。

目前，我国主要有两种赔偿限额，每次意外事故的赔偿限额和保险期限内的总赔偿限额。对于下述三种情况所涉及的风险，国际货运代理都可以通过投保责任险，从不同的渠道得到保险的赔偿。

①国际货运代理本身的过失。国际货运代理未能履行代理义务，或在使用自有运输工具

进行运输出现事故的情况下，无权向任何人追索。

②分包人的过失。在“背对背”签约的情况下，责任的产生往往是由于分包人的行为或遗漏，而国际货运代理没有任何过错。此时，从理论上讲国际货运代理有充分的追索权，但复杂的实际情况却使其无法全部甚至部分地从责任人处得到补偿，例如海运（或陆运）承运人破产。

③保险责任不合理。在不同情况的保险责任下，单证不是“背对背”的，而是规定了不同的责任限制，从而使分包人的责任小于国际货运代理或免责。

3. 除外责任

除外责任又称为免责，系指根据国家法律、国际公约、运输合同的有关规定，责任人免于承担责任的事由。国际货运代理与承运人一样享有除外责任，对于承运人我国《海商法》规定了12项免责事由，《海牙规则》和《海牙—维斯比规则》规定了17项免责事由。

> **动脑筋**
>
> 为什么可以免责？

对于国际货运代理，其除外责任通常规定在国际货运代理标准交易条件或与客户签订的合同中，归纳起来可包括以下7个方面：

1）客户的疏忽或过失所致。

2）客户或其代理人在搬运、装卸、仓储和其他处理中所致。

3）货物的自然特性或潜在缺陷所致，例如，由于破损、泄漏、自燃、腐烂、生锈、发酵、蒸发或由于对冷、热、潮湿的特别敏感性。

4）货物的包装不牢固、缺乏或不当包装所致。

5）货物的标志或地址的错误或不清楚、不完整所致。

6）货物的内容申报不清楚或不完整所致。

7）不可抗力所致。

尽管有上述免责条款的规定，国际货运代理仍须对因其自己的过失或疏忽而造成的货物灭失、短少或损坏负责。如果另有特殊约定，货运代理还应对货币、证券或贵重物品负有责任。

三、国际货运代理责任风险的防范措施

国际货运代理的责任风险涉及面广索赔金额大，往往会给国际货运代理带来严重的后果和巨大的经济损失，特别是近年来随着企业业务量的增大、业务范围的不断拓展，行业内有条件的企业普遍开展物流配送业务，加大资金投入，各种索赔案件不断出现，巨大的索赔金额常常使企业丧失当年的经营收益，严重时会使企业无法经营。因此，国际货运代理企业有必要投保责任险，将风险事先进行转移。

1. 规避责任不明风险

为了避免与货主之间责任不明可能引起的风险，货运代理应该采取以下的防范对策：

1）使用规范化和标准格式委托书并应附有专门的有关国际货运和相关业务的委托代理协议

> **想一想**
>
> 什么情况下容易出现风险？

的详细条款。

2）应建立统一的、规范化的受理业务程序与合同履行规则，以改变目前很多货运代理企业各基层机构或业务人员单兵作战、各自为政的做法。

2. 预防业务风险

对于风险事件，如货物没有根据约定安排引发违约事件，工作失误导致海关查扣，掌管期间的货物丢失、货损货差，延误货物运送时间，以及货运业务处理过程中的侵权行为等。例如，未经合法或正当授权，或违反当地法规或行业习惯，擅自或随意将委托货物作出各种处理，如违规承接、出运或分批运输，未按约定航班和船名订舱运输、违约转运或转运地不当，未按约定实施放货行为，任意滞留货物、拍卖等。

3. 预防单证风险

对于单证风险，包括单证的使用、内容缮制、签署、批注、流转等各个方面。例如，错误使用单证和随意签署他人提单，单证内容缮制错误或不完整不准确，签署不规范或与事实不符，批注不正确、用词含糊，流转过缓或滞留，单证丢失，被人冒取，提单预借或倒签等，这便可能导致延误报关、货物或船舶被海关再次查验、扣留；货物不能正常入仓、进场与装船，或错装箱子和船舶，或不能卸货、拆箱及后续安排；收货人拒受货物和引发索赔；货物被他人领取和引发侵权责任追究等。

4. 防范垫付费用风险

对于垫付运杂费用风险，包括为货主或船东垫付运杂费，货运代理应采取如下防范对策：

1）建立客户信誉等级评估制度，审查客户及船东的资信：对于客户的信誉，应从品质、能力、资本、抵押和条件等方面进行综合评估。对于信誉较差的、具有拖欠费用习惯的客户，应登记在册并列入黑名单中，应断绝与其继续往来。即使对于信誉良好的老客户，货运代理也应尽量减少为其垫付运杂费。

2）对垫付运杂费实行限额制度：公司应根据客户信誉等级的不同，规定不同的运杂费垫付限额。

3）建立业务人员运杂费回收责任制：货运代理应制定由揽货人员直接负责追收运杂费的制度，将揽货人员的工资或奖励同收取运费挂钩。

4）在法定时效内及时行使索赔权，以维护自己的权利。

5. 预防欺诈风险

在国际航运和货运业务中，欺诈一般有签署假合同，骗取他方信任，达到行骗目的；利用虚假货运文件，例如，用失效提单向承运人骗取货款；联手欺诈，例如在境内设立所谓办事点或与货运公司内部业务员联手，以货物交易或承运货物名义或利用文件等骗取货物、货款和运费等；船东欺诈，即船东违法和不良行为，使托运的货物遭到侵害而使货运代理人蒙受利益损失等。

下面案例说明了此类问题。

案由：上海一家公司（以下称委托方）与美国一家公司成交布料一批，共装载6×20ft，信用证规定：“CIF价；分三批出运；每批发2×20ft；预付运费”。

委托方将第一批货2×20ft委托一家货运代理出运。该货运代理向船公司订舱托运，但第二、三批货则由委托方直接向该船公司订舱托运。因为通过第一批货物的托运，该委托方已经知道真正的承运人是谁。但由于该三批货物为预付运费，船公司在签发提单时向真正的货主收运费，然而货主却出具保函给船公司，称："三批货，6×20ft 的预付运费由货运代理支付"，但并没有在保函中说明他是否已将运费付给了货运代理。

船公司接受的保函在一定程度上对货运代理构成了欺诈。因为，船公司在并不明确货运代理是否已收取了货主支付运费的情况下，接受由货主提供的运费支付保函，这在一定程度上已构成船公司与货主联手对货运代理的欺诈行为。

知识检验

简答题

1. 为什么要投保国际货运代理责任险？
2. 国际货运代理责任风险主要有哪几种情况？应该如何防范？

课题二　投保实务

一、国际货运代理责任险实务

1. 国际货运代理责任保险的主要方式

国际货运代理投保责任险时，主要有以下几种方式可供选择，即有限责任保险、完全法律责任保险、最高责任保险、集体保险制度。国际货运代理根据自己的情况，选择适合自己的方式进行投保。

（1）国际货运代理的有限责任保险　国际货运代理仅按其本身规定的责任范围对其有限责任投保，国际货运代理的有限责任保险主要分为三种类型：

1）根据国际货运代理协会标准交易条件确定的国际货运代理责任范围，国际货运代理可选择只对其有限责任投保。

2）国际货运代理也可接受保险公司的免赔额，这将意味着免赔额部分的损失须由国际货运代理承担。

3）国际货运代理还可通过缩小保险范围来降低其保险费，只要过去的理赔处理经验证明这是合理的。但意料之外的超出范围的大额索赔可能会使其蒙受巨大损失。

（2）国际货运代理的完全法律责任保险　国际货运代理按其所从事的业务范围、应承担的法律责任进行投保。有的国家的法院对国际货运代理协会标准交易条件中有关责任的规定不予认定，所以国际货运代理进行完全法律责任保险是十分必要的。

（3）国际货运代理的最高责任保险　在某些欧洲国家，一种被称为 SVS 和 AREX 的特种国际货运代理责任保险体制被广泛采用。在这种体制下，对于超过确定范围以外的责任，国际货运代理必须为客户提供最高保险，即向货物保险人支付一笔额外的保险费用。这种体制尽管对国际货运代理及客户都有利，但目前仅在欧洲流行。

（4）国际货运代理的集体保险制度　在某些国家，国际货运代理协会设立了集体保险制度，向其会员组织提供责任保险。这种集体保险制度既有利也有弊。其优点是：①使该协会能够代表其成员协商而得到一个有利的保险费率；②使该协会避免要求其成员进行一个标准的、最小限度的保险，并依此标准进行规范的文档记录。其缺点是：①一旦推行一个标准的保险费率，就等于高效率的国际货运代理对其低效率的同行进行补贴，从而影响其改进风险管理、索赔控制的积极性；②使其成员失去协会的内部信息，而该信息可能为竞争者所利用。

2. 国际货运代理主要通过四种渠道投保其责任险

1）所有西方国家和某些东方国家的商业保险公司，可以办理国际货运代理责任险。

2）伦敦的劳埃德保险公司，通过辛迪加体制，每个公司均承担一个分保险，虽然该公司相当专业性，但市场仍分为海事与非海事，并且只能通过其保险经纪人获得保险。

3）互保协会也可以投保责任险。这是一个具有共同利益的运输经纪人，为满足其特殊需要而组成的集体性机构。

4）通过保险经纪人（其自身并不能提供保险）。可为国际货运代理选择可承保责任险的保险公司，并能代表国际货运代理与保险人进行谈判，还可提供损失预防、风险管理、索赔程度等方面的咨询，并根据国际货运代理协会标准交易条件来解决国际货运代理的经济、货运、保险及法律等问题。

二、国际货运代理责任险的索赔程序

进出口货物在运输途中遭受损失，被保险人（投保人或保险单受让人）可向保险公司提出索赔。保险公司按保险条款所承担的责任进行理赔。

索赔的主要程序如图 10-1 所示：

1）损失通知：被保险人获悉货损后，应立即通知保险公司或保险单上指明的代理人。被保险人除向保险公司报损外，还应向承运人及有关责任方（如海关、理货公司等）索取货损货差证明，如系属承运人等方面责任的，应及时以书面方式提出索赔。

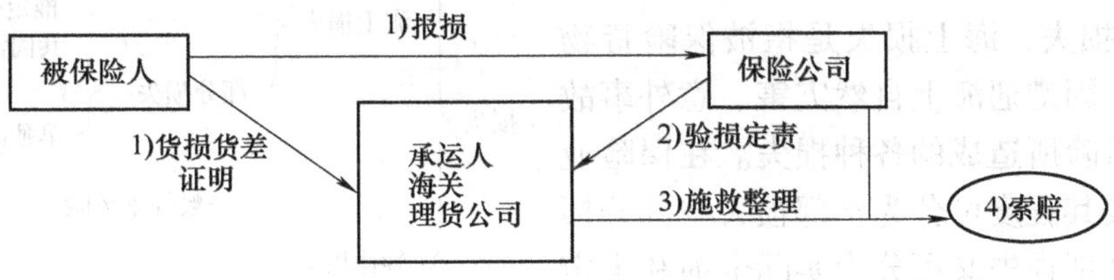

图 10-1 国际货运代理责任保险的索赔程序

2）保险公司接到损失通知后，应即采取相应的措施，如检验损失，提出施救意见，确定保险责任和签发检验报告等。

3）采取合理的施救、整理措施。被保险人应采取必要的措施以防止损失的扩大，保险公司对此提出处理意见的，应按保险公司的要求办理，所支出的费用可由保险公司负责，但以与理赔金额之和不超过该批货物的保险金额为限。

4）备妥索赔单证，提出索赔要求。索赔单证除正式的索赔函以外，应包括保险单证、运输单据、发票，以及检验报告、货损货差证明等。保险索赔的时效一般为两年。

三、国际货物运输保险实务

1. 海洋货物运输保险的范围——风险和损失

保险公司并非对任何风险都给予承保，也不是对什么损失都给予赔偿，首先必须熟悉海运保险的范围——即风险与损失。

（1）风险　海上货物运输保险中的风险有两大类：海上风险和外来风险。其中，海上风险包括自然灾害和意外事故；外来风险包括一般外来风险和特殊外来风险。

1）海上风险：海上风险又称为海难，是指船舶或货物在海上运输过程中所遇到的自然灾害和意外事故。

自然灾害在海运保险业中仅指恶劣气候、雷电、地震、海啸或火山爆发等人力不可抗拒的自然力量造成的灾害。

意外事故仅指运输工具搁浅、触礁、沉没、船舶与流冰或其他物体碰撞以及失踪、失火、爆炸等。

2）外来风险：外来风险是指由于自然灾害和意外事故以外的其他外来原因造成的风险，但不包括货物的自然损耗和本质缺陷。依据风险的性质可分为一般外来风险和特殊外来风险两类。

一般外来风险是指由于一般外来原因所造成的风险，主要包括：偷窃、渗漏、短量、碰损、钩损、生锈、雨淋、受热、受潮等。

特殊外来风险是指由于社会、政治原因所造成的风险，主要包括：战争、罢工、拒收以及交货不到等。

（2）损失　有风险就会有损失，不但有货物本身的损失，而且也有遭遇风险施救货物而支出的费用损失。损失可以按图10-2进行分类：

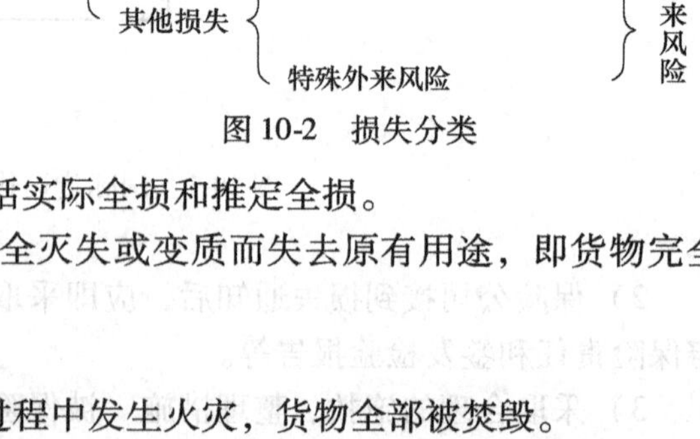

图10-2　损失分类

1）海上损失：海上损失是指被保险货物在运输途中，因遭遇海上自然灾害、意外事故和各种外来风险所造成的各种损失。在保险业务中，损失按其程度可分为全部损失与部分损失两种。而全部损失又可分为实际全损和推定全损。损失按其性质可分为共同海损和单独海损。

①全部损失（Total Loss）简称为全损，包括实际全损和推定全损。

实际全损（Actual Total Loss），是指货物完全灭失或变质而失去原有用途，即货物完全损失已经发生或者不可避免。

实际全损主要有以下四种情况：

第一，被保险货物完全灭失，如船舶航行过程中发生火灾，货物全部被焚毁。

第二，被保险货物遭受严重损害已丧失原有用途，已不具有任何使用价值，如水泥遭水泡后结成硬块，虽然没有灭失，仍是水泥，但已完全丧失原有用途，不具有任何使用价值。

第三，被保险货物丧失已无法挽回，如船、货被海盗劫去或被敌对国扣押，虽然船、货并未遭到损失，但被保险人已失去这些财产。

第四，船舶失踪，达到一定时期，仍无音讯，则可视为实际损失。

推定全损（Constructive Total Loss），是指被保险货物受损后虽然未完全灭失，但施救、恢复、整理受损货物并将其运送到原定目的地的费用总和已超过货物到达该目的地价值的损失，即这种损失已超过被保险货物的保险价值。

推定全损主要有以下四种情况：

第一，被保险货物遭受严重损害，完全灭失已不可避免，或者为了避免实际全损需要施救等所花费用将超过获救后被保险货物的价值。

第二，被保险货物受损后的修复费用估计要超过货物修复后的价值。

第三，被保险货物遭受严重损害后，整理和续运抵目的地的运费已超过残存货物到达目的地的价值。

第四，被保险货物遭受责任范围内的事故，使被保险人失去被保险货务的所有权，而收回这一所有权，其所需要费用将超过收回被保险货物的价值。

实际全损和推定全损虽然都为全损，但二者是有区别的。在被保险货物遭受实际全损时，被保险货物确实已经或不可避免地完全丧失，被保险人自然可以向保险人要求全部赔偿，而不需要办理委付手续；委付是指被保险人将保险货物的一切权利转让给保险人，并要求保险人按全损给予赔偿的行为。在被保险货物遭受推定全损时，被保险货物并未完全丧失，是可以修复或者可以收回的，只是所支出的费用将超过被保险货物的保险价值或者收回的希望很小。因此，被保险人可以向保险人办理委付，要求保险人按全部损失赔偿，也可以不办理委付，由保险人按部分损失进行赔偿。

知识卡

共 同 海 损

是指载货船舶在海运途中遇到危难，船长为了维护船舶和所有货物的共同安全或使航程得以继续完成，而采取的有意并且合理的行为，所产生的某些特殊牺牲或支出的特殊费用。

②部分损失（Partial Loss）是指被保险货物没有达到全部损失的程度，包括共同海损和单独海损。

共同海损（Gereral Average，简称为 G. A.），构成共同海损必须具备以下四个条件：

第一，船方在采取紧急措施时，必须确有危及船、货共同安全的危险存在，不能主观臆测可能有危险发生。

第二，船方所采取的措施必须是有意的、合理的，是为了船、货共同安全的。有意的，是指共同海损的发生必须是人为的，有意行为的结果，而不是一种意外的损失。

第三，所作出的牺牲或支出的费用是在非常性质下产生的，具有特殊性，非常性质，是指这种牺牲或费用不是通常业务中必然会遇到或支出的，是在正常营运之外产生的牺牲以及支出的费用。

第四，构成共同海损的牺牲和费用支出最终还必须是有效的，也就是说，经过采取某种措施后，船舶和货物的全部或一部分安全抵达航程的终点或目的港，避免了船、货同归于尽。

共同海损的牺牲和费用支出都是为了使船舶、货物于遭受损失而做出的，因而应由船、货各方在最后获救价值的基础上按比例分摊，通常这种分摊称为共同海损分摊。然而，凡是在由保险承包范围内的风险引起的共同海损的牺牲和费用，保险人按共同海损分摊方法，就各方承担的损失额赔偿给被保险人，同时被保险人在共同海损中的权利由保险人“代位”，但代位的金额不得超过保险人原来赔偿的金额。所谓代位追偿权，是指当被保险货物发生了由第三者责任造成的保险责任范围内的损失，保险人按照合同的规定向被保险人履行了损失赔偿的责任后，有权获得被保险人在该项损失中向第三者责任方要求索赔的权利。

单独海损（Particular Average），是指除共同海损以外的、由海上风险直接导致的船舶或货物的部分损失。这种损失只属于特定利益方，而不属于所有其他的货主或船方，由受损方单独承担。

案例：一艘开往新加坡的货轮，在航行途中甲舱突然起火，乙舱并未着火，但船长并未调查便认为甲、乙两舱都已着火，便命令对两舱进行罐水施救，结果甲舱货物大部分被烧毁，剩下的部分及乙舱全部货物发生了严重的水渍。问：甲舱、乙舱所造成的损失哪些属于共同海损？哪些属于单独海损？

按照海损性质，甲舱货物大部分被烧毁，属于单独海损，因为这是由火灾这一自然灾害直接导致的损失。甲舱另外一部分因救火罐水遭受水渍造成的损失属于共同海损。乙舱货物未着火，该货物严重水渍，并非确有危及船、货共同安全的危险存在。因此，该项损失不属于共同海损，应属于单独海损。

2）其他损失：其他损失是指外来风险造成的被保险货物的损失。一般外来风险所造成的损失就称为一般外来风险损失；特殊外来风险所造成的损失就称为特殊外来风险损失。前者如偷窃、雨淋、短量等风险所造成的被保险货物的损失；后者如战争、罢工等风险所造成的被保险货物的损失。

2. 中国海洋运输货物保险条款与险别

世界上主要国家都有自己的保险条款，其中影响最大的是英国伦敦保险协会制定的《协会货物条款》。我国为适应对外经济贸易发展的需要，由中国人民保险公司根据我国保险业务的实际情况，并参照国际保险市场的习惯做法，分别制定了海洋、陆地、航空等多种运输方式的货物运输保险条款，总称为《中国保险条款》（China Insurance Clause，简称CIC）。我国的货物运输保险险别，按照能否单独投保，可分为基本险和附加险两类。基本险可以单独投保，而附加险不能独立投保，只有在投保基本险的基础上才能加保附加险。

（1）基本险　基本险是指可以独立投保的险别，依据承保的不同责任范围，可以分为平安险、水渍险和一切险三种险别。

1）平安险（Free from Particular Average，F. P. A）：平安险的承保范围包括：

①被保险货物在运输途中由于恶劣气候、雷电、海啸、地震、洪水等自然灾害造成的全部损失。

②由于运输工具遭受搁浅、触礁、沉没、互撞、失火、爆炸等意外事故而造成的全部损失和部分损失。

③在运输工具发生搁浅、触礁、沉没、焚毁等意外事故之前或之后又在海上遭受恶劣气候、雷电、海啸等自然灾害而使货物造成部分损失。

④在装卸或转船过程中一件或数件货物落海造成的全部或部分损失。

⑤发生承保责任范围内的危害，被保险人对货物采取抢救、防止或减少货损的措施而支付的合理费用，但以不超过该货物的保险金额为限。

⑥运输工具遭遇海难后，在避难港由于卸货、存舱以及运送货物所产生的特殊费用。

⑦共同海损的牺牲、分摊和救助费用。

⑧运输契约订有“船舶互撞责任”条款，根据该条款规定由货方偿还船方的损失。

2）水渍险（With Particular Average，W. P. A. 或 With Average，W. A.）：水渍险承保责任范围包括：

①平安险所承保的全部责任。

②被保险货物在运输途中，由于恶劣气候、雷电、海啸、地震、洪水等自然灾害所造成的部分损失。

3）一切险（All Risks，A. R.）：一切险的责任范围包括平安险和水渍险的各项保险责任外，还包括被保险货物在运输过程中由于一般外来原因所造成的全部或部分损失。

投保人可根据货物的特点、运输路线等情况，选择投保平安险、水渍险和一切险三种险别中的任意一种。

（2）附加险　附加险是对基本险的补充和扩大。在投保平安险或水渍险后，可根据该保险货物的情况和需要，加保以下 11 种一般附加险，即：偷窃、提货不着险；淡水雨淋险；短量险；混杂、沾污险；渗漏险；碰损破碎险；串味险；受潮、受热险；钩损险；包装破裂险；锈损险。

值得注意的是这 11 种一般附加险已包括在一切险的责任范围内，如投保一切险，则无须再行加保。

（3）特殊附加险　特殊附加险是承保由于特殊外来风险所造成的全部或部分损失。包括：交货不到险；进口关税险；舱面险；拒收险；黄曲霉素险；战争险；罢工险；出口货物到中国香港（包括九龙在内）或中国澳门存舱火险责任扩展条款。

上述特殊附加险可根据不同需要而加保，即使已投保一切险者也不例外，因为一切险的责任范围内并不包括上述各种特殊附加险。

基本险中平安险、水渍险、一切险之间的承保范围关系如图 10-3 所示。

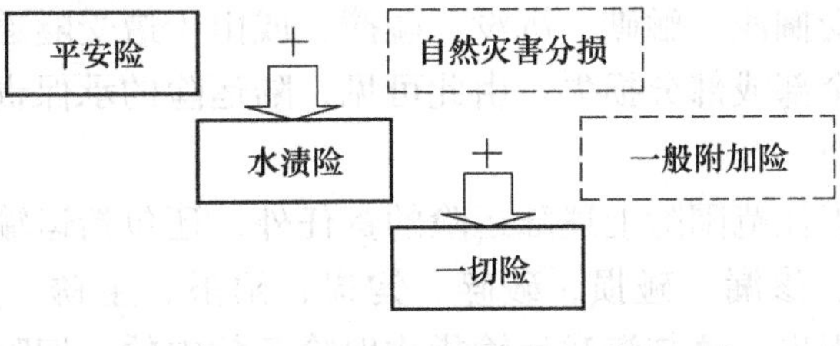

图 10-3　平安险、水渍险与一切险之间的承保范围关系

3. 货运保险基本险的责任起讫期限

保险的责任起讫，是指保险人对被保险货物承担保险责任的有效时间。被保险货物如果在保险有效期内发生保险责任范围内的风险损失，被保险人有权进行索赔。按照国际货运保险业惯例，保险人的保险责任起讫均采用《仓至仓条款》（Warehouse to warehouse，W/W），仓至仓责任不是绝对的，要受如下条件的限制：

知识卡

仓至仓条款

保险的承保责任从被保险货物运离保险单所载明的起运地发货人仓库开始，直到该项货物被运抵保险单所载明目的地收货人仓库为止。

1）当货物从目的港卸离海轮时起算满60天，不论货物是否进入收货人仓库，保险责任均告终止。

2）如上述保险期限内被保险货物需要转交到非保险单所载明的目的地时，保险责任则以该项货物开始转交时终止。

3）被保险货物在运至保险单所载明的目的地港或目的地以后，在某一仓库发生分组、分派的情况，则该仓库就作为被保险人的最后仓库，保险责任也从货物运抵该仓库时终止。

4）被保险人可以要求扩展保险期限。如对某些内陆国家的出口货物，内陆运输距离长、时间长，在港口卸货后无法在保险条款规定的期限内运至目的地（60天），可以向保险人申请扩展，经保险公司同意后出立凭证予以延长，每日加收一定的保险费。

5）当发生非正常运输情况，如运输迟延、绕道、被迫卸货、航程变更等，被保险人及时通知保险人，加交保险费，可按扩展条款办理。

中国人民保险公司《海洋运输货物保险条款》的三种基本险的责任起讫适用于《仓至仓条款》。但战争险则不适用，其责任起讫采用的是《水上险》。《水上险》是指保险人的承保责任自货物装上保险单所载明的启运港的海轮或驳船开始，到卸离保险单所载明的目的地港的海轮或驳船为止。如果货物不卸离海轮或驳船，则从海轮到达目的地港当日午夜起算满15日之后责任自行终止。如果中途转船，不论货物在当地卸货与否，保险责任以海轮到达该港可卸货地点的当日午夜起算满15天为止，等再装上续运海轮时，保险责任才继续有效。

4. 其他货物运输保险条款

（1）陆上货物运输保险条款　中国人民保险公司1981年1月1日修订的《陆上运输货物保险条款》规定：陆上货物运输险分为陆运险和陆运一切险两种基本险别。

1）陆运险与陆运一切险：陆运险的承保责任是指保险公司负责赔偿被保险货物在运输途中遭受暴风、雷电、洪水、地震等自然灾害或由于运输工具遭受碰撞、倾覆、出轨或在驳运过程中因驳运工具遭受搁浅、触礁、沉没、碰撞，或由于遭受隧道坍塌、崖崩或失火、爆炸等意外事故所造成的全部或部分损失。由此可见，陆运险的承保责任范围与海洋运输货物保险条款中的水渍险相似。

陆运一切险的承保责任范围除上述陆运险的责任外，还包括运输途中，由于外来原因造成的短少、短量、偷窃、渗漏、碰损、破碎、钩损、雨淋、生锈、受潮、受热、发霉、串味、沾污等全部或部分损失，这与海洋运输货物保险条款中的一切险相似。

以上陆运险和陆运一切险的责任范围均适用于火车和汽车运输。

2）陆上货物运输保险责任起讫期限：陆上货运保险也采用《仓至仓条款》原则，即保险责任从被保险货物运离保险单所载明的启运地发货人的仓库或储存处所开始，包括正常陆运和有关水上驳运在内，直到该货物送交保险单所载明的目的地收货人仓库或储存处所，或者被保险人用作分配、分派或非正常运输的其他储存处所为止。如果没运抵保险单所载明的收货人的仓库或储存处所，则以到达最后卸载车站之后60天为限。如在中途转车，不论货物在当地卸车与否，保险责任从火车到达中途站的当日午夜起满 10 天为止。如果被保险货物在 10 天内重新装车续运，则保险责任继续生效。

（2）航空货物运输保险条款 中国人民保险公司 1981 年 1 月 1 日修订的《航空运输货险条款》规定：航空运输货物保险分为航空运输险和航空运输一切险两种基本险别。

1）航空运输险与航空运输一切险：航空运输险的承保责任范围包括：被保险货物在运输中遭受雷电、火灾、爆炸或由于飞机遭受恶劣气候或其他危难事故而被抛弃，或由于飞机遭受碰撞、倾覆、坠落或失踪等自然灾害和意外事故所造成的全部或部分损失。航空运输险的责任范围与海洋货物运输保险条款中的水渍险相似。

航空运输一切险的承保责任范围与海洋运输保险条款中的一切险相似，除包括航空运输险的各项责任外，还包括被保险货物由于一般外来原因所造成的全部或部分损失。

2）航空货物运输保险责任起讫期限：航空货物运输保险责任起讫期限也采用《仓至仓条款》，所不同的是如果货物到达保险单所载明的目的地而未运抵保险单所载明收货人仓库或储存处所，则以被保险货物在最后卸载地卸离飞机后满 30 天保险责任即告终止。如在上述 30 天内被保险货物需转送到非保险单所载明的目的地时，保险责任以该项货物开始转运时终止。

3）航空货物运输战争险：在投保航空运输险时，还可以加保战争险等附加险别。航空货物运输战争险与海洋货物运输战争险的有关规定基本相同。值得注意的是，如果被保险货物不卸离飞机，航空货物运输战争险的责任起讫期限则以载货飞机到达目的地当日午夜起算满 15 天为止。

（3）邮政包裹运输保险条款 中国人民保险公司 1981 年 1 月 1 日修订的《邮包险条款》规定：邮包保险分为邮包险和邮包一切险两种基本险别。

1）邮包险和邮包一切险：邮包险的承保责任范围是被保险邮包在运输途中由于恶劣气候、雷电、海啸、地震、洪水等自然灾害或由于运输工具遭受搁浅、触礁、沉没、碰撞、倾覆、出轨、坠落、失踪，或由于失火、爆炸意外事故所造成的全部或部分损失。另外，还负责被保险人对遭受保险责任范围内风险的货物采取抢救、防止或减少货损的措施而支付的合理费用，但以不超过该批被救货物的保险金额为限。

邮包一切险的承保责任范围是除包括上述邮包险的各项责任外，本保险还负责被保险邮包在运输途中由于外来原因所致的全部损失或部分损失。

2）邮政包裹运输险的责任起讫：邮包保险的责任起讫期限是从邮包离开起运地寄件人处所运往邮局开始，至目的地邮局发出通知收件人的当日午夜起满 15 天为止。在此期限内，邮包一经送交收件人处所保险责任即告终止。如加保战争险，则责任起讫期限为被保险邮包经邮局收验后，从储存处所起运时开始生效，直到该邮包运达目的地邮局送交收件人为止。

3）邮包战争险：邮包战争险的保险责任自被保险邮包经邮局收讫后自储存处所开始运送时生效，直至该项邮包运达本保险单所载目的地邮局送交收件人为止。邮包战争险的承保范围与前述几种保险战争险的有关规定基本相同。

5. 国际货物运输保险实务

凡按 CIF 和 CIP 条件成交的出口货物，均由出口企业向当地保险公司办理投保手续。在办理时，应根据出口合同或信用证规定，在备妥货物并确定装运日期和运输工具后，按规定格式逐笔填制保险单，送保险公司投保，缴纳保险费。

（1）保险金额与保险费

1）保险金额是计算保险费的依据，也是发生损失后计算赔款的依据，因此这是投保前必须首先要考虑确定的。按照国际保险市场的习惯，一般是按照货物发票的CIF价另加10%的预期利润作为保险金额。在实际业务中，如已经有了离岸价（FOB），要计算出CIF价格，可先计算出运费，与离岸价（FOB）相加，得出成本加运费价（CFR），然后再按下列公式计算出CIF价

$$\text{CIF}=\frac{\text{CFR}}{1-\text{保险费率}\times(1+\text{投保加成率})}$$

保险金额的计算公式为

$$\text{保险金额}=\text{CIF}\times(1+\text{投保加成率})$$

例如，CFR价为989美元，保险费率为1%，投保加成率为10%，则CIF价为

$$\text{CIF}=\frac{989\text{美元}}{1-1\%(1+10\%)}=1000\text{美元}$$

$$\text{保险金额}=\text{CIF}\times(1+\text{投保加成率})=1000\text{美元}\times(1+10\%)=1100\text{美元}$$

2）保险费是保险金额和保险费率的乘积。保险费率是计收保险费的依据。中国人民保险公司的保险费率是按照不同商品、不同目的地、不同运输工具和不同险别分别制定的。保险费的计算公式为

$$\begin{aligned}\text{保险费}&=\text{保险金额}\times\text{保险费率}\\&=\text{CIF}\times(1+\text{投保加成率})\times\text{保险费率}\end{aligned}$$

上例中，

$$\begin{aligned}\text{保险费}&=\text{保险金额}\times\text{保险费率}\\&=1100\text{美元}\times1\%=11\text{美元}\end{aligned}$$

（2）保险单　保险单是保险人与被保险人之间的一种合同，它规定了双方之间的权利和义务，是赔偿责任的依据。在信用证的交易中，保险单必须符合信用证中有关规定。保险单日期按一般惯例不得迟于货运单据所表示的装运日、发货日或联合运输的收妥待运日（保险单见表10-1）。

另有一种预约保险单，它是保险人承保被保险人在一定时期内分批发运的货物所出立的保险单。它是保险公司与被保险人双方签订的预约保险合同，规定了总的保险范围、保险期限、保险种类、总保险金额、航程区域、运输工具、保险条件、保险费率和保险结算办法等。在这个范围内的被保险货物，一经起运保险公司即自动承保。但被保险人在获悉每批货物装运时，应及时将装运通知书（包括货物的名称、数量、保险金额、船名、运输工具、起讫地点、起运日期）送交保险公司，并按约定办法缴纳保险费，即完成了投保手续。在实际业务中，预约保险单适用于进口的货物保险，这可以防止因漏保或迟保而造成的无法弥补的损失。

（3）保险索赔　保险索赔是指被保险货物遭受承保范围内的风险而造成损失时，被保险人向保险人提出赔偿要求的行为。按CIF价格条件成交的货物，卖方虽应负责办理投保手续并支付保险费，但对于货物在装船后发生的损失，卖方不负责代买方向保险公司索赔，一切索赔手续均应由买方自理。被保险货物运抵目的地后，收货人在提货前如发现整件短少或有明显残损痕迹，应立即向承运人或有关当局（如海关、港务局等）索取货损、货差证明，

并以书面向承运人或有关单位索赔。如提货时发现属于保险责任范围内的损失，应立即通知保险公司或其检验理赔代理人申请检验，列明索赔金额，并附送有关证件，如保险单正本、副本提单、发票、检验报告、承运人拒赔信件等等。

表 10-1 保 险 单

中 国 人 民 保 险 公 司
The People's Insurance Company of China
总 公 司 设 于 北 京
Head Office BEIJING
一九四九年设立
Establish in 1949

保险单号次 NO 1000920
POLICY NO BJ01/T

发 票 号 码:
INVOICE NO
保 险 单
INSURANCE POLICY

中国人民保险公司(以下简称本公司)
根 据
AT THE REQUEST OF ______________________________
(以下简称被保险人)的要求,由被保险人向本公司缴付约定的保险费,按照本保险单承
(HEREINAFTER CALLED 'THE INSURED') AND IN CONSIDERATION OF THE AGREED PREMIUM PAID TO THE COMPANY BY THE INSURED, UNDERTAKES TO INSURE THE UNDERMENTIONED GOODS IN TRANSPORTATION SUBJECT TO THE CONDITIONS OF THIS POLICY AS PER THE CLAUSES PRINTED OVERLEAF AND OTHER SPECIAL CLAUSES ATTACHED HEREON
保险别和背面所载条款与下列特款承保下述货物运输保险,特立本保险单:

标 记 MARKS & NOS	包装及数量 QUANTITY	保险货物项目 DESCRIPTION OF GOODS	保险金额 AMOUNT INSURED

总 保 险 金 额
TOTAL AMOUNT INSURED ______________________________

保 费
AS ARRANGED PREMIUM
费 率
ARRANGED RATE
装 载 运 输 工 具
PER CONVEYANCE S. S

开 航 日 期
SLG. ON OR ABT. ------------------------FROM------------------------TO-------------------
自 至

承 保 险 别:
CONDITION

所保货物如遇出险,本公司凭本保险单及其他有关证件给付赔款所保货物,
CLAIMS IF ANY PAYABLE ON SURRENDER OF THIS POLICY TOGETHER WITH OTHER RELEVANT DOCUMENTS.
所保货物如发生本保险单项下可能引起的损失或事故
IN THE EVENT OF ACCIDENT WHEREBY LOSS OR DAMAGE MAY RESULT IN A CLAIM UNDER THIS POLICY IMMEDIATE NOTICE
应立即通知本公司下述代理人查勘。
APPLYING FOR SURVEY MUST BE GIVEN TO THE COMPANY'S AGENT AS MENTIONED HEREUNDER:

中国人民保险公司北京分公司
THE PEOPLE'S INSURANCE CO. OF CHINA
BEJING BRANCH

赔款偿付地点
CLAIM PAYABLE AT/IN ______________________________
日 期
DATE ______________________________
出单公司地址
ADRESS OF ISSUING OFFICE ______________________________

知识检验

一、填空题

1. 中国海洋运输货物保险条款中规定的基本险别包括：________、________、________。

2. 中国人民保险公司《海洋运输货物保险条款》的三种基本险的责任起讫适用于________，但战争险则不适用，其责任起讫采用的是________。

二、选择题

1. 在海运的三种保险险别中，保险人的保险责任期间均采用了：

A. 门到门原则　B. 仓到仓原则　C. 吊钩到吊钩原则　D. 船到船原则

2. 出口商品 CIF 香港，每公吨 1000 港元，投保一切险，保险费率为 0.6%，投保加成 10%，求每公吨保险费是________港币。

A. 6　B. 6.6　C. 600　D. 660

三、案例分析

1997 年，我国 WK 外贸公司向中国香港出口一批罐头共 500 箱，按照 CIF HONGKONG 向保险公司投保一切险。但是因为海运提单上只写明进口商的名称，没有详细注明其地址，货物抵达中国香港后，船公司无法通知进口商来货场提货，又未与 WK 外贸公司的货运代理联系，自行决定将该批货物运回起运港天津新港。在运回途中因为轮船渗水，有 229 箱罐头受到海水浸泡。货物运回新港后，WK 外贸公司没有将货物卸下，只是在海运提单上补写进口商详细地址后，又运回中国香港。进口商提货后发现罐头已经生锈，所以只提取了未生锈的 271 箱罐头，其余的罐头又运回新港。WK 外贸公司发现货物有锈蚀后，凭保险单向保险公司提起索赔，要求赔偿 229 箱货物的锈损。保险公司经过调查发现，生锈发生在第二航次，而不是第一航次。投保人未对第二航次投保，不属于承保范围，于是保险公司拒绝赔偿。

思考题：保险公司拒绝赔偿是否合理？

分析：保险公司拒绝理赔是正当的。其原因如下：

1）保险事故不属于保险单的承保范围，本案中被保险人只对货物运输的第一航次投了保险，但是货物是在由中国香港至新港的第二航次中发生了风险损失的，即使该项损失属于一切险的承保范围，保险人对此也不予负责。

2）被保险人在提出保险索赔时明显违反了诚信原则。被保险人向保险人提出索赔明知是不属于投保范围的航次造成的损失，其目的是想利用保险人的疏忽将货物损失转嫁给保险人，因此保险人有权拒绝赔付。

课题三　技能训练

任务实施

为问题导入中香港某货运代理制定索赔程序以及考察是否可以选择更优投保方式、填写保单等。

任务目的

考核学生对国际货运代理与保险组织前的准备事项，了解国际物流货运代理与保险的必要性。会制作相关单据。

任务准备

将学生每6~8人一组分为若干组，事先调研了解货运代理保险的种类及各类情况下的最佳选择等。

任务实施

准备好保险单，填写单据。

范例

中国人民财产保险股份有限公司北京分公司 ICC PROPERTY AND CASUALTY COMPANY LIMITED

电话（TEL）：010-59792388　13910809772

传真（FAX）：010-85767002

货物运输保险投保单

APPLICATION FORM FOR CARGO TRANSPORTATION INSURANCE

被保险人（Insured）：香港某货运代理公司

发票号（INVOICE NO.）：NO. FL9036

合同号（CONTRACT NO.）：NO. 10566924

信用证号（L/C NO.）：NO. SR0839

兹有下列物品向中国人民保险公司北京分公司投保。（INSURANCE IS REOUIRED ON THE FOLLOWING COMMODITIESJ

标记 MARKS & NOS.	包装及数量 QUANTITY	保险货物项目 DESCRIPTION OF GOODS	保险金额 AMOUNT INSURED
NO. 1-35	35 包	中国丝绸	×××

启运时间：　　装载运输工具：

DATE OF COMMENCEMENT：1998-××-××　PER CONVEYANCE：Container ship

起运地（From）：中国香港　目的地（TO）：日本

提单号：　　赔款偿付地点：

B/LNO.：B/LNO. CSC/98017　CLAIM PAYABLE AT；×××

投保险别：（PLEASE INDICATE THE CONDITIONS &/OR SPECIAL COVERAGES：）

责任险

请如实告知下列情况：（如‘是’在［　］中打‘√’，‘不是’打‘×’）IF ANY, PLEASE MARK ‘√’ OR ‘×’：

1. 货物种类：　袋装［√］　散装［×］　冷藏［×］　液体［×］　活动物［×］

GOODS：　BAG/JUMBO　BULK　REEFER　LIQUID　LIVE ANIMAL

机器/汽车［×］　危险品等级［×］

MACHINE/AUTO　DANGEROUS CLASS

2. 集装箱种类：普通［√］　开顶［×］框架［×］平板［×］　冷藏［×］

CONTAINER：　ORDINARY　OPEN　FRAME　FLAT　REFRIGERATOR

3. 转运工具：海轮［√］飞机［×］　驳船［×］火车［×］汽车［×］

BY TRANSIT：　SHIP　PLANE　BARGE　TRAIN　TRUCK

4. 船舶资料：　船籍（中国）　船龄（65）

PARTICULAR OF SHIP：　RIGISTRY　AGE

备注：被保险人确认本保险合同条款和内容已经完全了解。

THE ASSURED CONFIRMS HEREWITH THE TERMS AND CONDITIONS OF THESE INSURANCE CONTRACT FULLY UNDERSTOOD.

投保日期：（DATE）

投保人（签名盖章）APPLICANSSIGNATURE

电话：（TEL）010-59792388

地址：（ADD）　　中国香港

本公司自用

（FOR OFFICE USE ONLY）

费率：　　保费：　　备注：

RATE：＿××＿　　PREMIUM：＿××＿　　RATE：

经办人：　　核保人：＿×××＿　　负责人：＿×××＿

BY：＿××＿

任务评价

项目（或任务）编号		学时		学生姓名		总分	

类别	序号	评价项目	评价内容及要求	评价标准	配分	学生自评	学生互评	教师评价	得分
岗位技能评价	1	质量控制	能够完成保险的索赔程序、填写保单	不能完成无分	35				
	2	方法技巧运用	能够运用搜索引擎等技巧掌握各种责任险和保险单据填写要求	会用3种以下总分减半，不会用无分	30				
	3	运用知识能力	能够运用知识点解决案例问题	不能运用知识点无分，能够运用部分知识点减分	30				
	4	完成时间	按时完成任务	不按时完成无分	5				
职业素质评价	5	安全生产	遵守设备（采购软件）安全操作规程	不遵守有关规定扣1~5分					
	6	文明生产	遵守实训室文明生产规则	不遵守有关规定扣1~5分					
	7	沟通交流	积极主动性强	不积极沟通扣1~5分					
	8	团队合作	合作参与意识好	合作不好扣1~5分					

注：按学生自评占20%、学生互评占30%、教师评价占50%计算总分。

任务小结

<table>
<tr><td>授课班级</td><td></td><td>授课时间</td><td></td><td>授课地点</td><td></td></tr>
<tr><td>授课教师</td><td colspan="2"></td><td>任务名称</td><td colspan="2"></td></tr>
<tr><td>学生表现</td><td colspan="5"></td></tr>
<tr><td>存在问题及
改进方法措施</td><td colspan="5"></td></tr>
</table>

任务拓展

国际货运代理人从事第三方物流案

武夷山一客户委托南方物流公司出运一批干木耳，委托书中指示：由南方物流公司安排订舱、装船出运，并为客户出口报关、检验，由南方物流公司安排卡车将干木耳运到南方物流公司仓库装箱。为确定集装箱能否装载干木耳，装箱前南方物流公司向商检提出验箱，商检报告证明可装载。但由于该批货物未能在信用证装运期内出运，因而客户要求船公司出具倒签提单，但船公司不接受倒签提单的签发，于是南方物流公司出具自己的提单给客户办理结汇，再由船公司出具提单给南方物流公司。南方物流公司出具的提单签发日期是信用证规定的转运期，而船公司签发的提单是货物实际装船日期，信用证规定的运输条款是 CY－CY，因而两份提单上均记载 CY－CY。南方物流公司将干木耳装箱后运至厦门港出运，集装箱进 CY 大门时，集装箱设备交接单对进 CY 的集装箱外表状况未作任何批注。装船时，外理也未对装船的集装箱外表状况提出异议；到进口国卸船时，国外公证机构也未对集装箱外表状况提出异议；收货人在进口国 CY 提取集装箱时也未对集装箱外表状况提出异议。根据集装箱整箱货 CY-CY 运输条款规定，承运人与收货人责任以集装箱出大门作为划分点，既然收货人在提取集装箱时对集装箱外表状况、关封状况未提出异议，则表明承运人已完整交货。收货人在将集装箱运回自己仓库拆箱时发现箱内有一部分干木耳受潮，即申请公证行到拆箱现场检验，检验报告证明干木耳受潮是箱子顶部漏水，而且是淡水所致。

（案例来源：http：//www. doc88. com/p－05729792006. html. ）

问题讨论：

你认为收货人应该向谁提出索赔？为什么？

附　　录

附录 A　当前国际物流中应该遵守的主要法律、法规、国际惯例与国际公约

1. 在签订国际商务契约方面重要的法律和国际公约有：各有关国家的民法以及《联合国国际货物销售合同公约》等。

2. 在国际贸易术语方面的国际惯例有：《2000 通则》（INCOTERMS 2000）、《1941 年美国对外贸易定义修订本》和《1932 年华沙—牛律规则》。

3. 在国际结算方面的国际惯例有：《跟单信用证统一惯例》和第 500 号出版物（UCP 500）和《托收统一规则，522》。

4. 在货物进出各国关境方面应遵循各国海关法的有关规定。

5. 在海上货物运输方面的国际公约有：《海牙规则》、《维斯比规则》、《汉堡规则》，以及各国规定的海上货运法或海商法。

6. 在国际铁路货物运输方面的国际公约有：《国际铁路货物运送公约》、《国际铁路货物联运协定》。

7. 在国际公路货物运输方面的国际公约有：《国际公路运输合同公约》、《国际公路车辆运输规定》。

8. 在国际航空货物运输方面的国际公约有：《华沙公约》、《海牙议定书》。

9. 在集装箱运输方面的国际公约有：《日内瓦集装箱海关公约》、《1972 年集装箱海关公约》和《国际集装箱安全公约》。

10. 在国际多式联运方面的国际公约有：《联合国国际货物多式联运公约》。

附录 B　国际货物买卖合同范本

北京 ABC 进出口(集团)公司	BEIJING ABC IMP. & EXP. (GROUP) CORP.
中国北京东三环 8 号长城大厦办公楼 25 ~ 28 层	25 ~ 28 F1. Great Wall Building
邮政编码：100004	8, Dongsanhuan, Beijing, 100004, China
电传：212511ABC CN	Tlx：212511A BC CN
传真：010—65206650	Fax：010—65206650
电报：ABC BEIJING	Cable：ABC BEIJING
售　货　合　同　书	编　号 No
SALES CONTRACT	日　期 Date
To Messrs.	签约地 Signed at

兹 确 认 售 予 你 方 下 列 货 品，其 成 交 条 款 如 下：

We hereby confirm having sold to you the following goods on the terms and conditions as specified below：

(1) 货物名称及规格，包装及装运唛头 Name of Commodity and Specification Packing and Shipping Marks	(2) 数 量 Quantity	(3) 单 价 Unit Price	(4) 总 值 Total Amount

（5）装运期限：收到允许转船及分批装运之信用证________天内装出。

Time of Shipment：Within ________ days after receipt of L/C allowing transshipment and partial shipments.

（6）装运口岸：Port of Loading：____________________

（7）目的港：Port of Destination：____________________

（8）付款条件：Terms of Payment

信用证：买方须于____年____月____日前开抵卖方100%保兑不可撤销可转让及可分割，以卖方为受益人，以________支付包括全部贷款见票即付（________）之信用证，该信用证并注明可在上述装运日期后十五天内在中国议付有效。

Letter of Credit：The Buyers establish 100% Confirmed，Irrevocable，Transferable and Divisible Letter of Credit in Favor of the Sellers to be available by sight draft（or ________ days sight）for the full invoice value in ________ and，The Letter of Credit must reach the Sellers before ________ 19 ________，and remain valid for negotiation by any bank in China until the 15th day after the aforesaid time of shipment.

信用证内容须严格符合本确认书的规定，否则修改信用证费用由买方负担，卖方亦不负因修改信用证而延误装运的责任。

The contents of the covering Letter of Credit should be in strict accordance with the stipulations of the Sales Confirmation；in case of any variation thereof necessitating amendment the L/C，the Buyers should bear the expenses incurred in such amendment，and the Sellers shall not be held responsible for possible delay of shipment resulted from this necessity of amending the L/C.

托 收：货物装运后，卖方出具即期汇票，连同装运单据，通过卖方所在地银行和买方____________________银行提交给买方进行托收。

Collection：The Sellers may present the sight draft（s）together with the shipping documents through the Sellers' bank and Buyers'

____________________ Bank to the Buyers for collection after shipment.

（9）保险：本确认书如以CIF条款成交，保险为发票金额的110%，并按中国保险条款，投保综合险及战争险。如果买方要求增加保险或保险范围，应于装船前经售方同意，因此而增加的保险费则由买方负担。

Insurance：For transactions concluded on C. I. F. basis it is understood that the insurance amount will be for 110% of the invoice value against the all risks and war risk as per the China Insurance Clauses. If additional insurance amount or coverage is required by the Buyers，the Buyers must have the consent of the Sellers before shipment, and the additional premium is to be borne by the Buyers.

（10）商品检验：由中国进出口商品检验局所签发的品质检验证作为交货的品质依据。

Inspection: The Inspection Certificate of Quality issued by China Import and Export Commodity Inspection Bureau shall be taken as the basis for the shipping quality.

（11）不可抗力：因不可抗力不能按期交货或不能交货时，买方不负责任。但卖方必须向买方提供中国国际贸易促进委员会和有关机构所出具的证明。

Force Majeure: The Sellers shall not be held responsible for late delivery or non-delivery of the goods due to Force Majeure. However, in such case, the Sellers shall submit to the Buyers a Certificate issued by the China Council for the Promotion of International Trade or competent organizations as evidence thereof.

（12）异议索赔：买方如对品质提出异议索赔，须于货到目的港之日起三个月内提出，凡属数量异议索赔，须于货到目的港之日起十五天内提出。买方的任何索赔均须提供公证机构出具的检验报告。如果异议索赔应由保险公司、轮船公司或其他有关运输机构和邮递机构负责的，售方不负任何责任。

Discrepancy and Claim: In case of quality discrepancy, claim should be filed by the Buyers within 3 months after the arrival of the goods at port of destination. Any claims should be supported by Inspection Certificate issued by public surveyed. It is understood that the Sellers shall not be liable for any discrepancy of the goods shipped due to causes for which the Insurance Company, Shipping Company, other Transportation Organization or Post Office are liable.

（13）仲裁：凡因执行本确认书或有关本确认书所发生的一切争议，双方应以友好方式协商解决。如协商不能获得解决，应申请并按中国国际贸易促进委员会对外贸易仲裁委员会的仲裁程序暂行规定在北京进行仲裁，仲裁裁决是终局的，对双方都有约束力。除非仲裁委员会另有决定外，仲裁费用均由败诉方负担。

Arbitration: All disputes or divergences arising from the execution of, or in connection with this Sales Confirmation, shall be settled through friendly negotiation should no settlement be reached through negotiations, the case should then be submitted to arbitration to the Foreign Trade Arbitration Commission of the China Council for the Promotion of International Trade, Council for the Promotion of International Trade. The arbitration shall take place in Beijing, and the decision rendered by the said Commission shall be final and binding upon both parties. The arbitration shall take place in Beijing, and the decision rendered by the said Commission shall be final and binding upon both Parties. The arbitration expenses shall be borne by the losing party unless otherwise awarded by the Arbitration Commission.

（14）备注：Remarks。

卖　方	买　方
The Seller	The Buyer

参 考 文 献

[1] 王斌义. 国际物流人员业务操作指引 [M]. 北京：对外经济贸易大学出版社，2003.

[2] 丁立言，等. 国际物流学 [M]. 北京：清华大学出版社，2000.

[3] 张蕾丽，刘志学. 国际贸易与国际物流 [M]. 武汉：华中理工大学出版社，1999.

[4] 王之泰，张铎. 国际物流学 [M]. 北京：清华大学出版社，2000.

[5] 杨志刚. 国际货运代理业务指南 [M]. 北京：人民交通出版社，2001.

[6] 杨志刚. 国际货运物流实务、法规与案例 [M]. 北京：化学工业出版社，2003.

[7] 陈代芬，姜宏. 国际物流报关实务 [M]. 北京：人民交通出版社，2001.

[8] 金乐闻，武素秋. 国际货运代理实务 [M]. 北京：对外经济贸易大学出版社，2000.

[9] 对外经贸大学国际经贸学院运输系. 国际货物运输实务 [M]. 北京：对外经济贸易大学出版社，1999.

[10] 裘克勤. 国际贸易港口 [M]. 北京：人民交通出版社，1997.

[11] 袁永友. 国际商务经典案例 [M]. 北京：经济日报出版社，2001.

[12] 张毅. 现代物流管理 [M]. 上海：上海人民出版社，2002.

[13] 张清，杜杨. 国际物流与货运代理 [M]. 2 版. 北京：机械工业出版社，2004.

[14] 吕军伟. 国际物流业务管理模板与岗位操作流程 [M]. 北京：中国经济出版社，2005.

[15] 李长霞. 国际物流 [M]. 北京：电子工业出版社，2005.

[16] 杨占林. 国际货物运输操作规程 [M]. 2 版. 北京：对外经济贸易大学出版社，2002.

[17] 顾丽亚. 国际货运代理与报关实务 [M]. 北京：电子工业出版社，2004.

[18] 索琳. 货运代理企业运作指南 [M]. 北京：中国经济出版社，2004.

[19] 张嘉生，王春丽. 国际货运代理实务 [M]. 北京：法律出版社，2008.

[20] 谢海燕. 国际货运代理理论与实务 [M]. 北京：中国商务出版社，2007.

[21] 陈金山. 国际货运代理 [M]. 北京：科学出版社，2009.

[22] 张建奇. 国际货运代理实务 [M]. 北京：北京大学出版社，2013.

[23] 陶广华，武立波，杨国荣. 国际货运代理 [M]. 北京：高等教育出版社，2010.

[24] 张敏，周敢飞. 国际货运代理实务 [M]. 3 版. 北京：北京理工大学出版社，2015

[25] 王森勋. 新编国际货运代理理论与实务 [M]. 北京：北京大学出版社，2009.

[26] 姚大伟. 国际货运代理理论与实务 [M]. 北京：中国商务出版社，2012.

[27] 中国国际货运代理协会. 国际货运代理理论与实务 [M]. 北京：中国商务出版社，2012.